LOCUS

LOCUS

LOCUS

LOCUS

from

vision

from96
零偏見決斷法（二版）
Decisive: How to Make Better Choices in Life and Work

作者：奇普・希思、丹・希思（Chip Heath & Dan Heath）
譯者：程嘉君
責任編輯：陳盈華
二版協力：潘乃慧
校對：呂佳真
美術編輯：何萍萍
出版者：大塊文化出版股份有限公司
105022台北市南京東路四段25號11樓
www.locuspublishing.com
讀者服務專線：0800-006689
TEL：(02) 87123898　FAX：(02) 87123897
郵撥帳號：18955675　戶名：大塊文化出版股份有限公司
法律顧問：董安丹律師、顧慕堯律師

總經銷：大和書報圖書股份有限公司
地址：新北市新莊區五工五路2號
TEL：(02) 89902588 (代表號)　FAX：(02) 22901658

初版一刷：2013年12月
二版一刷：2024年4月
定價：新台幣420元
Printed in Taiwan

Decisive

零偏見決斷法

Chip Heath & Dan Heath 著
程嘉君 譯

目次

引言
007

1 決策會遇到的四大惡棍
017

W 擴增更多選項

2 避免陷入偏狹的框架
045

3 分頭並進
067

4 找到曾解決類似問題的人
089

R 真實驗證假設

5 反向思考
117

6 大範圍觀照，近距離檢視
145

7 試水溫
171

A 抽離自我情緒

8 克服短暫的情緒
197

9 尊重核心優先事項
221

P　準備迎接錯誤

10 拉出未來的區間
245

11 設置絆腳索
277

12 信任程序
303

讀完本書之後，可以做的幾件事
323

進階閱讀建議書單
325

個案診療室
329

克服障礙
343

致謝
351

註釋
355

獻給我們的妻子
蘇珊與亞曼達
妳們是我們此生所做的最好決定

引言

香儂是某家小顧問公司的主管。這陣子，有件事讓她傷透了腦筋：到底該不該開除公司資訊部門的主管克里夫？過去幾年，他只做分內該做的事，多的一概不理。克里夫不是沒能力，他才華洋溢，在技術問題上，經常可以想出既便宜又獨特的解決竅門。但他從來都不主動。更糟的是，與同事互動的態度也不理想。會議上，他經常批判其他人的想法，甚至到了尖酸刻薄的地步。

然而，如果克里夫離開，公司在短時間內可能會有些麻煩。因爲，維護公司的客戶資料庫這事，沒人比他更上手。

如果是你，會給香儂什麼樣的建議呢？該不該請克里夫走路呢？

如果我們回頭檢視剛剛那幾秒鐘內腦袋裡出現的念頭，或許會驚訝地發現，自己的判斷居然會這麼快就開始形成！以克里夫的案例來說，多數人會覺得，已經有足夠的訊息可以給香儂建議了。或許會建議請克里夫走路，也或許會建議再給他一次機會。問題是，當我們給出這些建議的時候，絲毫不覺得有何不妥。

二〇〇二年諾貝爾經濟學獎得主丹尼爾．康納曼（Daniel Kahneman）是位心理學家，專事研究人類的決策行爲。他對傳統經濟學者認爲人類行爲是絕對理性（strict rationality）的假設，提出了不同的見解。他說：「人類心智活動中有個非常了不起的面向，就是我們幾乎不會被卡住。」[1]他在《快思慢想》（*Thinking, Fast and Slow*）這本著作中，說明了人們在下結論這事上，是多麼的輕鬆和不在意。「我們心智活動所處的狀態，對於來到面前的所有事情，幾乎都有直覺的感受和見解。你會在還沒眞的熟識某人的時候，就做出喜不喜歡的判斷；也會沒來由地信任或不信任某個陌生人；或是在還沒深入瞭解某個企業的經營狀況時，就一頭熱地認定它會做得起來。」

康納曼認爲，人之所以會很快對事情做出結論，是因爲我們過度倚重當下掌握的訊息，而忽略了尚未浮出檯面的部分。他把這種傾向稱爲「所見即是」（what you see is all there is）。順著康納曼這種視覺上的譬喻，我們則稱此現象爲「聚光燈效應」（spotlight effect，想像一下劇場裡的聚光燈是如何吸引我們的注意力，聚光燈下的景物是何等鮮明）。

就以上面提到的克里夫這事來說，很清楚的是聚光燈效應的顯現。關於克里夫我們知道：他只做最少的工作、極度被動且態度糟糕，他的主管可能請他走路。於是，我們就準備下結論了。

然而，聚光燈其實只照亮了很小的範圍，之外的東西是看不清楚的。以克里夫這案例來說，人們通常不會馬上想到應該再問一些顯然需要澄清的問題，例如：是不是可以讓他轉換一下工作內容，讓他的專長有更大的發揮？（他不是很擅長以經濟有效的方法解決技術困難嗎？）或者可以給克里夫搭配一位他信得過的職場導師，協助他訂出高一點的工作目標，也想辦法讓他不再刻薄地批評同事。

如果再深入瞭解一點，說不定會發現，其實有不少同事還挺欣賞他這種直來直往的臭脾氣！（也許他是科技界的怪醫豪斯〔Dr. House〕。）是什麼讓我們認爲香儂對克里夫的看法就完全沒有瑕疵呢？說不定她並非一個稱職的主管！當我們把聚光燈的位置來回移動，情況必然有所不同。如果不試著移動聚光燈，就不可能對克里夫的未來做出更好的決定。當然，如果只要有想法就好，不移動聚光燈是比較簡單。

本質上，這就是決策的核心困難所在：要做出一項睿智的決定，聚光燈必須照亮事物的全貌，但我們經常忘記該移動它。有時人們根本忽略了還有這盞聚光燈的存在。因爲長久以來，我們處在一盞小燈的光影下，忘了燈光照射的範圍外還有更廣闊的天地。

＊＊＊

仔細探究人們所做的決定以及這些決定創造的結果，或許會發現，人類在這類事情上的表現，還眞是不怎樣。

以人們職場生涯的選擇爲例，半途而廢或後悔不已的情況所在多有。美國律師協會（American Bar Association）的調查發現，有四四%的律師建議年輕人不要進這一行。另一項針對二萬名高階主管所做的調查顯示，有四〇%的人在受聘十八個月內被解雇或自行離職。在四年內離開教職的教育從業者則高達五〇%以上。事實上，在費城地區學校所做的研究發現，離開教職的老師比中輟生還多一倍！②

企業界的決策更是千瘡百孔。就以影響最重大的企業購併決策來看，某個研究顯示，有高達八三％的購併案並沒有為股東帶來任何利益。另一個研究則邀請二二〇七位企業高階主管，評估自己在組織中做決策的情形，六〇％的受訪者認為，自己所做的決策好壞各半。③

在個人事務的決定上，似乎也好不到哪去。多數人所存的退休金都不敷使用。有人認真地存了老本，卻又在股票市場上買高賣低而虧蝕累累；有些年輕人則誤交損友，影響終生；中年人則讓工作嚴重影響家庭生活；老年人則後悔沒有在更年輕的時候，多花點時間聞聞玫瑰的芬芳。④

為什麼做出好決定這麼困難？這幾年，很多立論精闢的書籍與文章都在探討人類做決定時遭遇的問題。或是人類與生俱來的偏見與執著，或是人類的不理性有以致之。或許可以這麼說，當人們做決定的時候，腦袋似乎不是那麼管用！若真是如此，那另外一個必須探討的課題是：既然我們的腦袋已經長成這副德性，讓我們經常做出很笨的決定，那要如何才能改善？這方面的探討似乎較為少見。*

在做重要決定時，有人會勸我們要相信自己的本能直覺（guts）。令人遺憾的是，我們的本能直覺本身就充滿各式各樣根本靠不住的意見。終極紅絲絨起士蛋糕（Ultimate Red Velvet Cheese-

---

＊作者註：請參考本書的「進階閱讀建議書單」。不過，要瞭解我們在做決定時所面臨的問題，一定要參閱上面提過的康納曼的著作《快思慢想》，以及丹・艾瑞利（Dan Ariely）的《誰說人是理性的！》（*Predictably Irrational*）。這一長串書單裡，對於如何做決定提供較佳建議的是理查・塞勒（Richard Thaler）與凱斯・桑斯坦（Cass Sunstein）合著的《推力》（*Nudge*），這本書是寫給企業與政府機構中建構退休、器官捐贈規畫等政府決策系統的「選擇設計師」（choice architects）看的，已被用於改善美國、英國與其他國家的政策。

cake）是連鎖餐廳起士蛋糕工廠（The Cheesecake Factory）供應的甜點，非常好吃，一份就有一五四〇大卡的熱量，相當於三份麥當勞的雙層起士漢堡，再加上一包 Skittles 彩虹糖。這是正餐用完後才吃的東西。[5]

然而，終極紅絲絨起士蛋糕正是我們直覺就會喜歡的東西。當然，不會有人錯把本能直覺給我們的引導當成有智慧的舉動。再者，從來也不曾有人在精心規畫一個進食計畫後，得到的結論是：多來幾份甜點！

在大事情的決定上，我們的本能直覺依然好不到哪去。記得一九七五年十月十日，伊麗莎白・泰勒（Elizabeth Taylor）和李察・波頓（Richard Burton）舉行的快樂結婚典禮吧！這是泰勒女士梅開六度，波頓先生則是第三次結婚。英國十八世紀散文家強生（Samuel Johnson）曾說，所謂的再婚是「希望戰勝了經驗」（triumph of hope over experience）。以泰勒女士與波頓先生過去的婚姻紀錄來看，應該可以說是：希望戰勝了巨量實證（這次婚姻也只維持了十個月）。

我們的本能直覺其實經常是拿不定主意的。二〇〇九年，在美國有六一五三五個刺青被要求塗去。英國某項研究則發現，三千多位曾在新年許下新希望的人，有八八%沒有著手實踐。[6]即便訂出像是「要更享受人生」這種決定的人，也有六八%的人沒有去做。美式足球著名的四分衛布萊特・法佛（Brett Favre）宣布退休，之後復出，然後又退休。在本書付梓時，他眞的退休了。

如果沒辦法相信自己的本能直覺，那該相信什麼？許多企業界人士是以詳細的分析評估讓自己有信心。分析評估可以讓人們有多大的信心呢？雪梨大學教授丹・洛瓦羅（Dan Lovallo）與麥肯錫（McKinsey）顧問公司的研究主管奧利維・席波妮（Olivier Sibony）進行了一項研究，他們找出過去五年企業界的一〇四八項重要決策，諸如新產品或新服務的推出、組織結構的調整、進軍海外新市場或購併某家公司，分別深入瞭解當初是怎麼做出這些決定的，以及這些決定帶來的營收、利潤與市占率等結果。⑦

研究發現，大多數決定都經過團隊的嚴密分析，他們建構周詳的財務模型，並評估投資人可能的反應。

除了瞭解這些分析評估以外，兩位研究人員還詢問決策團隊有關決策程序（decision process）的問題，也就是屬於決策的軟性層面課題。決策團隊成員是否曾針對既有的不確定狀況，有過毫無保留的討論？與高階主管意見不同的觀點是否曾放在檯面上討論？對於有不同看法的人，是否曾鼓勵他們積極參與並表示意見？

研究人員探討，要產生好的決策，爲企業帶來更多營收、利潤與市占率，決策程序與分析評估到底哪個比較重要？他們發現，「決策程序比分析評估更重要，其程度甚至高達六倍之多。」好的決策程序會讓分析評估做得更好！比方說，有機會將有瑕疵的邏輯，從思維幽暗的洞穴中趕出來。但好的分析評估則未必能產生好的決策：「除非在決策過程中能讓各種意見有機會表達，否則再厲害的分析評估也是枉然。」

對於大多數組織決策程序的弱點，席波妮用以下的例子打了個比方：

想像一下我們走進法庭，那是進行中的審判庭，檢察官用二十張非常具說服力的圖表簡報提出控告，認為被告有罪。之後，承審法官針對檢方提出的事證做出質疑。檢察官對法官的質疑一一做出適當的回應與說明。於是法官下了決定，判決被告有罪。沒有人會覺得這樣的程序是合宜的，對不對？所以，如果我們覺得法院裡出現這樣的審理程序是不像話的，那為什麼當我們做某項投資決策時，沒聽聽另一方的反對意見，卻是可以接受的呢？

當然，上面這段敘述過分簡化，但絕大多數公司都是以這樣的程序在做決策。決策團隊通常只專注在一個面向的意見討論，形成想要的論點，找到支撐這些論點的理路。這樣的程序，讓最後做決定的人，一方面必須提出質疑，一方面得做出最終的裁定。如果能夠建構好的決策程序，可相當程度地確保這種缺憾不致發生。

洛瓦羅教授說，他跟幾位企業領導談到企業需要這樣的決策程序時，對方通常都不以爲然。「他們多半不相信決策程序這種軟實力比分析評估更重要。他們很少花時間在決策程序上。每個人都自以爲知道該怎麼做。」然而，資料顯示，關注決策程序的企業會得到較豐碩的成果。也就是說，一個好的決策程序可顯著提升決策的成果，財務面的報償當然也會伴隨而來。

好的企業決策者採行的決策準則，包括發掘各種可能的觀點、確認尙存的不確定性、設法尋找跟自己信念不符的事證等；這對我們的居家生活與維繫親朋關係也有幫助。務實的程序不只有益於企業經營，應用在生活中也會得到好處。

爲什麼「程序」這麼重要？因爲光是知道自己的缺點，也於事無補。難道知道自己有近視，就可以讓我們看得更遠嗎？知道自己脾氣不好，就能壓下壞脾氣嗎？同樣地，即使知道自己的心智充滿偏見執著，要修正卻是困難重重。

我們在考慮重大決定的時候，例如是不是該請克里夫走路、該不該換工作，或該如何安置行動不便的高齡長輩時，幾乎很少用上「程序」這個概念。目前唯一被廣泛使用的決策程序，是「正反意見表列法」（pros-and-cons list）。這個方法的好處是讓我們更謹慎，避免結論下得過於倉促。在克里夫的例子裡，我們可以動一動聚光燈，找到正、反兩面的意見，直到我們覺得可以做出決定為止。

或許人們不知道，「正反意見表列法」有著輝煌的歷史淵源。一七七二年富蘭克林（Benjamin Franklin）的一位同事接到邀請，要去出任某個不太尋常的職務，因而請教他的意見。富蘭克林寫了封信回覆他，由於所知情況有限，沒辦法建議他接受或不接受這項工作；但富蘭克林建議這位同事運用某種程序為自己做決定。富蘭克林說，方法是這樣的，「用筆在一張紙的中間畫一條線，一邊寫下正面的理由，反面理由則寫在另一邊。」在未來的三、四天，只要想到什麼，就寫在這張紙上的適當位置。然後他說：

當一眼看到這些寫下來的東西時，我會試著評估這些因素之間的相對重要程度。如果發現正反兩邊都有一個同等重要，就把它們槓掉；如果發現一個正面的理由和兩個反面的理由同樣重要，就把這三個一起畫掉；如果有反面的兩個理由加起來跟三個正面理由有同樣的比重，就再刪去這五個。依此類推，花了相當長的一段時間，才終於理清楚那些仍留下來的東西。再經過一、兩天的沉澱思考，如果沒有繼續發現正反兩面的重要考慮因素，就是我必須下決定的時候了。

富蘭克林給這方法取了個名字叫作「心智代數」（moral algebra）。[8] 兩百多年後的今天，他在這封信寫下的方法，在人們做決定時仍廣泛使用（當然是在人們不相信自己的本能直覺的時候）。或許我們未必會按照富蘭克林的建議，逐一刪去同等比重的理由，但是在精神上，我們是遵循這樣的程序。當我們面對選擇時，會比較正、反兩面的考量因素，之後做出自認爲比較有利的選擇。

這方法大家都很熟悉，幾乎是衆所周知的常識了。不過，這方法也有很嚴重的缺點。過去四十多年心理學領域的研究發現，人們在思考行爲上確實存在一大堆的偏見與執著，讓我們做決定時慣常使用的「正反意見表列法」日暮途窮。如果我們眞的希望能做出更好的決定，就必須瞭解，偏見與執著是怎麼發生的；當然，也得學習（如何用另一種比「正反意見表列法」更有力的工具）和這些偏見與執著奮戰。

請準備好來面對做決定時會遇上的「四大惡棍」（the four most pernicious villains），以及該用什麼樣的程序來降低它們造成的影響。

1 決策會遇到的四大惡棍

1.

史迪夫．寇爾（Steve Cole）在非營利組織希望實驗室（HopeLab）擔任研發副總裁。實驗室成立的宗旨，是希望運用科技來提升青少年的身體健康。他說：「生活中，我們總會想：『我到底該做這件事或那件事？』要不要試著這樣問：『有沒有什麼方法，能讓我同時做這件事和那件事？』或許令人難以置信，但在多數情況下，人們是可以同時完成兩件工作的。」①

寇爾帶領希望實驗室的團隊執行一項重要企畫，要尋找具專業設計能力的夥伴，一起完成某種行動裝置，以衡量青少年的運動量。舊金山灣區具備這種能力的公司至少有七、八家。依商業議約的常規，希望實驗室會請這幾家廠商各自提出建議書，之後從中挑出最好的一家簽約。

但寇爾這次沒這麼做，他用的是「賽馬模式」（horse race）。他縮減了工作範圍，使之僅涵蓋此企畫的第一階段，然後同時請五家廠商各自進行第一階段的工作（特別要澄清的是，寇爾並未把預算變成五倍——作爲非營利組織，希望實驗室的資源有限。寇爾知道，他在第一回合學到的東西，會讓後續幾個回合更具效益）。

經過這樣的程序，寇爾掌握了行動裝置幾種不同的設計腹案。在接下來的設計工作中，或是選取他最喜歡的設計，或是擷取各家精華；他還可以把配合度不好或效率不佳的廠商先刷掉。

寇爾這種做法是在對付決策行爲上會遇到的第一個惡棍——「偏狹的框架」（narrow framing）。也就是在界定選項時，經常過於狹窄，甚至掉入非黑即白的二分法。有人會問：「到底要不要跟夥伴拆夥？」而不是問：「有沒有什麼方法可以搞好跟夥伴的關係？」有人會問：「該不該買部新車？」而不是問：「要讓我們一家人生活更優裕，錢該怎麼花才是最上算的？」

在引言中提到的例子，若是問：「香儂該不該請克里夫走路？」思維就卡在偏狹的框架裡了。也就是說，我們只聚焦在單一選項，而放棄了所有其他可能。

寇爾採取的賽馬模式，是跳出陷阱的一種方法。這種做法並不容易爲人所理解，他必須在組織內部據理力爭。「起初，同仁都覺得我瘋了。因爲初期要投入不少錢，也需要時間。不過，現在大家都這麼做了！（用這種方法）我們有機會見到更多人，瞭解這個產業更多的面向。你得以整合不同的議題，所以你清楚那都是正確的，並且也學會欣賞每家公司的獨到之處。這些都不是跟某人聊聊天就可以掌握的訊息。況且，五家廠商都知道還有其他四家競爭對手，必定會把最好的拿出來。」

看看這跟「正反意見表列法」有什麼不同。寇爾可以針對每家廠商分別列出優缺點，分析評估後就做出決定。然而，這會陷入偏狹的框架中。也就是說，下意識裡，我們會認為只有一家廠商獨具能力，可以提出完美的解決辦法，而且只要從廠商提出的建議文件就可以做出判斷。②

2.

還有一個不容易覺察的面向是，當寇爾跟廠商分別接觸後，很難避免會有自己的偏好，總有比較合得來的廠商。理智上，他或許知道，個人偏愛的廠商未必能做出最好的產品，但是在表列正反意見時，頗有可能會偷偷給這家廠商加重計分。寇爾自己甚至未必能覺察這樣的情況。因為，不管正面、反面，全是自己腦袋的產物，我們極容易會有偏見。當我們自以為在做不偏不倚的比較時，腦袋卻是聽從本能直覺在運作。

生活中慣常的習性是這樣的：面對某種情境，迅速產生某種信念，之後再去尋找支撐這個信念的訊息。這種大有問題的習性稱為「確認偏誤」（confirmation bias）。這是決策行為會遇到的第二個惡棍。

一九六〇年代，與抽煙相關的研究很多。最經典的例子是：當時的醫學研究對抽煙產生的危害並不那麼清楚，當抽煙者面對「抽煙不會導致肺癌」與「抽煙將導致肺癌」兩份報告時，願意看前一篇的人總是多一點③（如果要知道這種習性會如何導致品質不良的決策，可以設想一種情境：你的老闆盯著面前的兩份報告——「支持你的意見的佐證資料」與「反對你的意見的佐證資料」，看看在會議上，哪一本被提出來的機會比較大）。

研究人員一次又一次地得到相同的結論，當人們有機會從這個世界蒐集資訊的時候，多會傾向選取可支撐他們既有態度、信念或行動的相關訊息。政黨人物會找支持他們的媒體作爲發聲的管道，從來不會找另一方的見解來檢視自己的信念。急著買新車或電腦的人，會找到理由合理化自己的購買行爲，卻不會同樣賣力地找出該延遲購買的理由。

「確認偏誤」的弔詭，在於它可以看起來很「科學」。我們不是一天到晚在蒐集資料嗎！引言裡提過的專事研究決策的洛瓦羅教授說：『「確認偏誤」或許是企業人士唯一最大的課題，即使是最具經驗的管理工作者也會算計錯誤。人們忙進忙出，到處搜羅資料，卻渾然不覺自己根本是在造假！」④

在工作與生活中，我們經常假裝想要得到眞相，骨子裡其實是在尋找自信。「這件牛仔褲讓我看起來很肥嗎？」「你覺得我這首詩寫得如何？」這類發問，是沒有辦法得到誠實的回答。也見過連音階都抓不準的拙劣歌手參加電視歌唱比賽，當評審給出無情的評論時，卻是一臉錯愕，受到嚴重打擊的樣子。於是我們瞭解，這可能是他這輩子第一次聽到最誠實的意見。或許是急於尋求更進一步的肯定，這些人的聚光燈就只停留在親朋好友給予的鼓勵和支持上。不難理解的是，在這類的肯定聲中，他們自然而然地認爲，自己有機會成爲新的人氣偶像。殊不知，這是從一堆極度扭曲的資料所推導出來的合理結論。

這是「確認偏誤」之所以可怕的地方：當我們希望某件事是眞的，就會把聚光燈打在支持這件事的事證上，之後，就從燈下所見的事物，推導出想要的結論，然後恭喜自己做了非常合理的決定！眞是傷腦筋！

3.

安迪・葛洛夫（Andy Grove）在他的回憶錄《十倍速時代》（*Only the Paranoid Survive*）中提到，一九八五年他擔任英特爾（Intel）總裁時，面對的重大決定是，要不要砍掉記憶晶片這條產品線。英特爾是從記憶晶片起家。早期，它是市場上唯一的供應來源。然而，一九七〇年代末，有十多家競爭者相繼加入市場。

當時，英特爾已經發展出另一項產品——微處理器（microprocessor）。一九八一年ＩＢＭ的新產品「個人電腦」選定英特爾這款微處理器作爲核心，更是一項重大突破。於是，英特爾匆忙建置了微處理器的生產線，因應可能的市場需求。

這時候，英特爾成了有兩種主力產品的公司：記憶晶片與微處理器。當時，記憶晶片是公司的主要營收來源。一九八〇年代初期，日本廠商進入市場，威脅了英特爾原本具備的市場優勢。「從日本參訪回來的人所描述的狀況，令人心驚。」葛洛夫說。當時，有人說，某家日本公司同時進行數個世代的記憶晶片設計，十六Ｋ的設計小組在一個樓層，六十四Ｋ的設計團隊在樓上，二五六Ｋ則在更上面一個樓層。

英特爾的客戶這時開始吹捧日系廠商記憶晶片的品質優異。「事實上，日系廠商宣稱的品質水準，以我們的理解，是根本做不到的。」葛洛夫說：「我們直覺的反應就是否認。然而，這眞是錯的離譜。就像多數人遇上類似狀況時那般，異口同聲猛烈抨擊，認爲這些訊息不正確。直到自己人確認了客戶之前的說法大致可信後，才開始改善品質。於是，我們被遠遠地拋在後頭了。」

一九七八年到一九八八年這十年間，日系廠商的市占率從三〇%成長到六〇%。如何因應日本廠商這波攻勢，英特爾內部掀起了熱烈的討論。有人主張投資規模更大的記憶晶片新廠，在生產技術上躍進，超越日本人；有人主張繼續投入更先進的設計技術，讓日本人追不上；還有第三陣營則主張加倍投入公司進入特定領域市場的新策略。

爭論持續了一陣子，沒有結論。公司虧損愈益嚴重。雖然微處理器業務成長迅速，但記憶體業務的下滑，拖累了公司的獲利能力。葛洛夫回憶一九八四年時是這麼說的：「那是極度嚴酷和挫折的一年。我們努力工作，卻根本看不清楚要怎麼做才能翻轉公司的狀況。完全失去了方向。」

又經過了幾個月沒有結果的爭論，到了一九八五年中，葛洛夫與英特爾的董事長兼執行長戈登．摩爾（Gordon Moore），在辦公室討論這個陷入無所適從的記憶晶片業務。他們兩位已經被公司內部沒完沒了的爭論，搞得疲憊不堪。那時，葛洛夫突然有了靈感：

我望著窗外遠處大美洲主題樂園（Great America amusement park）裡旋轉中的摩天輪，一陣子後，轉身對戈登說：「如果我們被掃地出門，董事會找來新的執行長，你覺得他會怎麼處理這件事？」戈登毫不遲疑地回答道：「他會要我們退出記憶晶片業務。」

我面無表情地看著他，過了好一會，開口說：「那，要不要我們兩個走出這道門再走進來，自己解決這個問題？」⑤

那眞是個清醒的時刻。從沒有歷史包袱、遠離內部爭議的外人的視角來檢視，收掉記憶晶片事業是再清楚不過的選擇了。轉換視角——「如果是別人接手，會怎麼做？」——終於讓戈登和葛洛夫清楚地看到更廣闊的天地。

當然，要退出記憶晶片市場不是件容易的事。內部激烈反對的人不在少數。有人認爲記憶體技術是英特爾的核心能力所在，放棄這項產品，終將導致相關技術領域的研發失去活水源頭。有人則堅信，英特爾的業務團隊如果沒有辦法同時提供全系列的記憶晶片與微處理器產品，就沒有辦法得到客戶的青睞。

在業務團隊咬牙切齒發了好一陣子牢騷之後，葛洛夫堅持要求他們向客戶明確表示，公司未來不會再銷售記憶晶片。多數客戶聽到這消息時的反應是打個大呵欠，有個客戶說：「你們這個決定可眞是花了不少時間哪！」

一九八五年英特爾做了這個決策後，主宰了微處理器的市場。如果在葛洛夫靈光乍現那天，投資一千美元在英特爾，到二〇一二年，市值則高達四萬七千美元（比標準普爾五百指數的七千六百美元高出很多）。可以很篤定地說，當時葛洛夫的確做了正確的決定。

＊＊＊

葛洛夫的這段敘述，點出了許多專家學者對決策的看法有著嚴重的缺陷。檢視與決策相關的諸多研究文獻，可以發現，許多所謂的決策模式，基本上都只是洋洋灑灑的一套試算表。如果你打算買棟房子，或許會把看過的八間標的物，依照價位、地點、坪數等幾個重要的考慮因素排序，之後再給這些因素不同的權重（例如：價位比坪數重要），然後開始計算，找出答案（嗯，還是搬回去跟父母住吧）。

這類分析少了一個關鍵因素——情緒。葛洛夫面對這項決定時，困難之處並不在於缺乏資訊，也並非不知道選項，而是他感受到很多矛盾，腦中充滿短期壓力、公司裡不同陣營各執己見的紛擾，凡此種種，讓他看不見必須退出記憶晶片市場的長期考量。

這是決策行為會遇到的第三個惡棍——「短期的情緒」（short-term emotion）。遇上困難的決定時，人們會思緒翻騰，腦袋重複著相同的論述，對於所處的情境焦慮不安，每天都有不同的想法冒出來。如果要做的決定眞的是只用試算表就可以呈現，只要沒有新的訊息加入，基本上，試算表中的數字是不會變化的。⑥然而，腦袋並不是這般運作的，我們的腦子不斷揚起大量的沙塵，使我們看不清前方的道路。這時候，最需要的是找到不同的視角。

富蘭克林很清楚這種短暫的情緒會造成什麼樣的結果。他在「心智代數」裡給了很有智慧的建議：寫完正反意見之後，多放幾天，讓某個特定的想法可以隨著情緒起伏而有所增刪。畢竟，深度評估選項與放大視野是截然不同的兩種方式。毫無疑問的，葛洛夫在這幾年間，肯定曾列出該不該退出記憶晶片市場的所有正反意見。然而，分析到最後還是卡住了。所幸他能快速抽離，從接手的人會怎麼做的視角來思考，順利過了這關。

4.

（核子反應爐）發生爐心熔毀的機會，一萬年才會有一次。⑦

——威達利・斯開亞洛夫（Vitali Sklyarov）

烏克蘭電力部部長，車諾比核電廠出事前兩個月

哪些傢伙會想聽演員講話？⑧

——哈利・華納（Harry Warner）

華納製片公司，一九二七年

這家公司做出來的電子玩具能有什麼用處呢？⑨

——威廉・歐通（William Orton）

西聯電報公司（Western Union Telegraph Company）總裁

一八七六年他錯失良機，沒能買下貝爾（Alexander Graham Bell）發明的電話專利權

談到決策行爲會遇到的第四個惡棍之前，先把時間倒回一九六二年一月一日。當時四個年輕人組成的搖滾樂團披頭四（Beatles），應英國主要音樂製作公司之一的德卡唱片（Decca Records）之邀，到倫敦試唱。「我們非常興奮，」約翰・藍儂（John Lennon）在回憶時說道：「是德卡耶！」

在一個鐘頭的試唱裡，披頭四演唱了十五首曲子，多是知名曲目。唱完後，披頭四跟樂團經紀人布萊恩．艾普思坦（Brian Epstein）滿心期待地等著，希望能把合約簽下來。

最後等到的回覆是：德卡決定放棄。唱片公司傑出的星探迪克．羅威（Dick Rowe）寫了封信給艾普思坦：「我們不喜歡這些年輕人的樣子，我認爲多人組成的樂團沒有前景，吉他四人組的樂團更是看不到未來！」⑩

羅威不久後就會發現，他碰上了決策行爲中的第四大惡棍——「過度自信」（overconfidence）。我們都自認知道的夠多，能掌握未來所有的事情。

回到前面的案例，葛洛夫的同事不是振振有詞的認爲，如果英特爾不再生產記憶晶片，我們會失去技術研發的活水源頭；業務團隊也將因爲產品線不完整而無法有所成就。事實證明這是錯的：英特爾的技術研發和業務一直非常健全。然而，很有意思的是，當時提出這些看法的人絲毫不覺得有什麼不確定性，也不會用模稜兩可的說法來表達看法，像是「有沒有可能會……」或「我有點擔心，總有一天會……」。他們就是很篤定自己的看法絕對正確。

有個研究發現，醫生們判定爲絕對正確的診斷，有四〇％是誤診。一群學生認爲只有一％錯誤率的事，事後發現錯誤率高達二七％。

我們就是太相信自己對未來的看法。當我們對未來的事情表達意見時，會把聚光燈照在手邊可以掌握的訊息，並且只根據這些導出結論。想像一下，某家旅行社的負責人在一九九二年是這麼說的：我們是鳳凰城地區的市場領導者，客戶關係維繫得非常好。這地區的市場會快速成長，未來十年擴充一倍易如反掌。我們得跑在市場前面，新的分公司得趕緊設立。

問題是，我們不知道有什麼事情是我們不知道的。哎呀！網際網路來了。關於這家旅行社就先談到這裡了。

未來總是有股神秘的力量讓我們震驚。對於不知道的事情，連聚光燈該怎麼打恐怕都束手無策。

＊＊＊

談到這裡，先做個整理。正常的決策程序通常包含以下四個步驟：⑪

- 面臨抉擇。
- 分析選項。
- 做出選擇。
- 安於現狀。

從前面的討論我們可以看見，每個階段都會遇上讓人頭痛的惡棍：

- 面臨抉擇。但「偏狹的框架」讓我們少了很多選項。
- 分析選項。但「確認偏誤」讓我們只蒐集支撐自己想法的訊息。
- 做出選擇。但「短期的情緒」常引誘我們做出錯誤的決定。
- 安於現狀。但「過度自信」讓我們誤以為可以掌握未來發生的所有事情。

說到這裡，大家應該很清楚我們眞正面對的是什麼了吧！我們知道，決策會遇到四大惡棍，還知道「正反意見表列法」不足以對抗這四大惡棍，說白一點，連最起碼的應付都做不到。

瞭解了這些之後，我們來把注意力轉移到樂觀一點的想法上：要用什麼樣的程序，方能打敗這幾個惡棍，做出好一點的決定呢？

5.

一七七二年秋天，約瑟夫．普利斯特里（Joseph Priestley）⑫正苦惱著職場生涯該何去何從。他做決定的方式或許可以指引我們找到答案。

普利斯特里具備多項專長，才華洋溢，很多工作機會等著他。他原本在英國里德（Leeds）的非國教教會（Dissenting church，是一種與英國國教教會系統不相隸屬的教會）擔任牧師。他興趣廣泛，在諸多領域的歷史上都占有一席之地。他主張宗教應該要有更大的包容，致力在英國建立一神論（否認三位一體）的基督教教會。他是哲學家，在形而上學的相關著作上對於後世的影響，受到約翰．斯圖爾特．穆勒（John Stuart Mill）和傑里米．邊沁（Jeremy Bentham）的高度推崇。

普利斯特里還是一位成就卓著的科學家，他發現的氣體多達十種，包括氨與一氧化碳。多數人之所以知道他，是因爲最重要的氧氣也是由他發現的。*

法國大革命期間，普利斯特里發聲支持起義的群衆，引起英國政府與民衆的疑慮。之後，群眾的情緒一發不可收拾，暴民縱火燒掉了他的房子和教堂，他先逃往倫敦，再輾轉來到美國，之後終老於斯。

普利斯特里是神學家、化學家、教育家、政治理論家，有妻有子。他著作等身，超過一百五十本，涉獵領域極廣，從電學沿革到英文文法都有重要貢獻。汽水也是他發明的，所以，我們喝健怡可樂的時候，其實也該向普利斯特里說聲謝謝。

簡單的說，普利斯特里的生涯像是十八世紀版的阿甘（Forrest Gump）——如果阿甘是個天才的話。他親身經歷了無數關鍵的歷史時刻，也締造了很多重要的科學里程碑。但是，一七七二年的秋天，他遇到了最俗氣的麻煩——錢。

普利斯特里就像每個家庭的父親，煩惱著微薄的收入無法支應食指浩繁的開銷。牧師年薪一百英鎊，不足以養活八個孩子。他必須另闢財源。經他人介紹，普利斯特里認識了英國國會上議院的西爾博尼伯爵（Earl of Shelburne）。伯爵熱心於科學研究，也大力支持非國教教會的發展。那時，伯爵夫人剛過世，伯爵正想找個有學問的人做朋友，也幫忙教教小孩。

西爾博尼伯爵給普利斯特里的工作是家庭教席兼顧問，年薪兩百五十英鎊。工作內容，一是督促西爾博尼幾個小孩的功課，一是針對他議會工作中與政治、政府相關的事情，提供意見。普

＊作者註：普利斯特里有一次把陽光投射在一個裝有氧化汞的密閉罐子裡，他很驚訝地發現，裡頭的老鼠在釋出的氣體中活得很好。他親自做實驗之後宣稱：「比一般我們呼吸的空氣要好上五、六倍。」

利斯特里對這份工作極有興趣，尤其是那優渥的待遇。然而，在簽合約之前卻也特別謹慎。他寫了幾封信給他敬重的朋友，其中包括他在撰寫電學沿革時結識的富蘭克林，請他們給點建議。

＊＊＊

富蘭克林回了普利斯特里那封寫著「心智代數」的信，建議他用「正反意見表列法」來引導自己的決定。

普利斯特里給朋友的信很幸運地留存了下來，讓我們得以知道他是怎麼運用心智代數的。好處是：不錯的薪水，家小們可以更安心。

壞處卻也不少。為了這份工作，可能得搬到倫敦，這讓他很傷腦筋。從他「在家的時候，極度快樂」的說法看來，他不願跟家人長期分處異地。另外，要跟伯爵維持什麼樣的關係，也讓他煩心。會是主僕嗎？剛開始或許會以禮相待，時間一久，說不定就厭煩了，屆時該怎麼辦？最後，他更擔心這份工作沒辦法容許他去做更重要的事。他會不會每天只忙著教小孩各式各樣的功課，而無法繼續精進於宗教與科學領域上的探索？

單從「正反意見表列法」的視角看，接受伯爵的邀約可能不是上算的決定。只有一個大大的好處——錢很多，卻有一串需要認眞對付的壞處。所幸，普利斯特里把富蘭克林的建議放在一邊，找到方法，巧妙避開了決策會遇到的四個惡棍。

首先，他克服了「我接不接受伯爵的邀約？」這個「偏狹的框架」，試著找到更多更有利的選項。他考慮了各種增加收入的方法，比方說，巡迴各地演講，發表科學上的工作成果。以兼籌並顧（and）而非二選一（or）的精神，跟伯爵談更好的條件。在那個時期，一般人比較不容易跟大人物討價還價。他向伯爵保證，會幫小孩找到一個比他更好的家庭教席。這樣他留在鄉下跟家人在一起的時間就多了，只有在伯爵眞正需要他的時候才去倫敦。

其次，普利斯特里避開了自己的「確認偏誤」。早些時候，他收到一個朋友措詞強烈的回信，建議他絕對不要接受伯爵的工作，認爲會受到羞辱，甚至終將依賴貴族的施捨度日。他很嚴肅地看待這個負面意見。據瞭解，在某個時點，他的確傾向於不接受這份工作。然而，他並沒有對著寫下來的正反意見表發愁，而是向外尋求更多訊息。他去找眞正熟識伯爵的朋友，聽聽他們的意見。結論一致且清楚：「跟伯爵有交情的人都鼓勵我接受他的邀約，跟伯爵泛泛之交的朋友，則勸我不要去。」換句話說：跟伯爵愈親近的人，愈持正面的看法。彙集這些意見之後，普利斯特里傾向於謹慎地考慮接受這份工作。

然後，普利斯特里把自己抽離「短期的情緒」。除了請朋友們提供看法之外，也找了立場中立，像是富蘭克林這樣的人給意見。然而，他並沒有被加薪一五○%沖昏了頭，或有朋友認爲他依附權貴會是件令人難以啓齒的事等這類情緒，影響他的決定。他的決策考量是兩個長期的重要因素：確保家庭生計與自主進行學術研究。

最後，普利斯特里沒有落入「過度自信」的陷阱。雖然，他自認可以跟伯爵維持很好的關係，但他設想，事情未必盡如人意！他特別擔心，萬一伯爵變卦，一家老小將馬上失去財務上的依靠。所以他跟伯爵談出了類似保險保單的條件：無論雇傭關係是否存續，只要他活著，伯爵就得支付他每年一百五十英鎊的薪水。

普利斯特里最後接受了伯爵的邀約，一起工作了七年。這段日子是他創造力最旺盛的時期。

他完成了一部哲學上最重要的著作，氧氣的發現也在這個階段。

七年後，他跟伯爵終究還是分手了，原因不詳。根據普利斯特里的說法，兩人是好聚好散。伯爵履行了承諾，給重新自主過日子的普利斯特里每年一百五十英鎊，直到他過世為止。

6.

雖然無法完全確定，但是我們認為普利斯特里在伯爵的工作邀約這件事情上，做了很好的決定。或許把時間用在這份工作，讓他沒辦法做出更多世界級的貢獻（肉桂捲？電動溜冰鞋？）。然而，普利斯特里採取的決策程序令人激賞。這個案例清楚地說明，我們有機會戰勝決策行為會遇到的四大惡棍。

當然，普利斯特里不是唯一得到勝利的人。前面提過的寇爾，以兼籌並顧而非二選一的精神，戰勝了「偏狹的框架」。葛洛夫只問了「如果是別人接手，會怎麼做？」這個問題，就克服了「短期的情緒」。

我們沒辦法讓自己不產生「確認偏誤」，但運用適合的行為準則，可以抵消部分「確認偏誤」所造成的不良影響。針對每個惡棍的特質，我們提出了徹底擊垮他們的對策：

1面臨抉擇。但「偏狹的框架」讓我們少了很多選項。所以……

→**擴增更多選項**（Widen Your Options）。如何發掘更多選項？我們深入訪談了幾位擅長此道的高手，瞭解他們的工作習慣，包括一位升學顧問，幾位企業主管。這些主管任職的公司順利度過全球經濟危機，有些甚至逆勢成長。其中幾家是世界級的品牌廠商，如黑莓機（BlackBerry）和奔騰（Pentium）。

2分析選項。但「確認偏誤」讓我們只蒐集支撐自己想法的訊息。所以……

→**真實驗證假設**（Reality-Test Your Assumptions）。如何讓自己跳出思考慣性的框架，找出信得過的資料？我們會學習如何巧妙地提出問題，如何在三十秒內讓爭論不休的會議變得有生產力，以及對什麼樣的專家意見必須戒愼恐懼。

3做出選擇。但「短期的情緒」常引誘我們做出錯誤的決定。所以……

→**抽離自我情緒**（Attain Distance Before Deciding）。如何克服情緒的影響以及諸多矛盾的感受，做出更好的決定？本書將告訴你如何戰勝擅長擺布客戶的汽車業務員、爲什麼損失五十美元的痛苦會大於賺到五十美元的快樂，以及問哪些簡單的問題，可以讓我們完全紓解面臨決策時的焦慮不安。

4安於現狀。但「過度自信」讓我們誤以爲可以掌握未來發生的所有事情。所以……

→**準備迎接錯誤**（Prepare to Be Wrong）。如何掌握充滿不確定性的未來，讓我們的決定有最大的成功機會？我們會用例子跟讀者分享，某位女士是如何透過事前的心智模擬，成功地讓主管為她加薪。當你的另一半有個瘋狂的生意點子時，要如何才駕馭得住？當新同事覺得自己的工作很窩囊時，該如何聰明地讓他感覺溫暖？

本書的目的，是希望跟讀者分享好決策的四部曲（four-step process），簡稱為「WRAP」，取自前述四個動詞的字首。這個字的另一層意義是，我們試著把人們慣常的決策行為「打包」(wrap)起來，免得這些「確認偏誤」造成不良影響。

決策四部曲「WRAP」有一定的順序。一般情況下，讀者可依順序往前推進，當然也不是一成不變，有新的事證時就必須回頭檢視。比方說，當走到「眞實驗證假設」這一步，必須蒐集相關資料的時候，或許會發現之前沒想到的選項。有些情況則根本不需要一步步這麼做。如果是個渴望已久的升遷機會，在接受新職開香檳慶祝之前，肯定沒有必要抽離自我情緒。

決策四部曲「WRAP」的中心思想，是驅策我們將思維模式裡的聚光燈，從「自動模式」轉成「手動模式」。也就是說，避免在不理性的本能情緒下，只採用自我合理化的訊息，在過度自信的偏頗下做出決定。讓我們勉強自己內心的聚光燈去照亮攸關全局之處，讓聚光燈得以掃視更寬廣的範圍，顯示隱而未現的角落。

＊＊＊

如果在生活和工作中做決定時，都虔心遵循這四步驟，定將許你一個富足的人生，你將不虞匱乏，親朋好友也將口耳相傳你是個智者。如果參考了我們的經驗，你做出壞決策的比例將無損於大局。

本書的目的是：希望讀者得以具備好一點的能力、做出好一點的決定，也希望協助大家可以更果決地（以適當的信心，而非過度的自信）做出好決策。更希望讀者可以成爲同事以及所愛所關心的親友在做決定時較好的諮商對象。旁觀者清，看見別人的「確認偏誤」會比看見自己的容易些。

超過五分鐘才能做出決定的事是本書討論的範圍：要不要換新車？是否轉換職場跑道？該不該跟男友分手？如何處置難搞的同事？部門如何適切地分配年度預算？要不要創業？

在幾秒內就必須做的決定，像是美式足球的四分衛該把球傳給哪個隊友，本書是幫不上忙的。近年來，探討精準快速直覺式決策[13]的文獻很多，但是（這是關鍵的「但是」）精準的直覺只適用於經過切實訓練過的領域。直覺式決策能力的訓練只能在可預測的環境中進行，必須經過無數次的重複與快速的修正才得以養成（書後的註釋有較詳細的討論）。

如果是弈棋高手，應該相信直覺（經過長時間的練習與實戰，必須快速地回應）。如果是管理工作者雇用新的工作夥伴，請不要相信直覺（過去幾年只有少數幾次經驗，且新夥伴適用與否，需要較長的時間才能知道，並且還有其他的影響因素）。

希望讀者能欣然接受本書討論的決策程序並持續運用、養成習慣，成爲自己的第二天性（second nature）。就以準備購物清單去賣場添購家用品來說，像我們這麼健忘的人，出門買東西不帶著清單是很難想像的。隨著時間拉長、次數增加，對這樣的例行事務就變得敏銳了。於是，有一天你會記住在腦海中出現過的所有該補充的家用品。到了賣場，你會確信該買的東西都不會漏掉。購物清單是用來彌補我們健忘的習性，這比強迫自己不要健忘更有用。

爲了讓決策四部曲「WRAP」實用且方便記憶，我們盡可能讓它簡單。這可不容易。討論決策的文獻既多且雜，我們不得不割捨許多有用又有趣的研究成果，目的是讓最亮眼的東西可以凸顯出來（如果想知道更多，請參閱本書最後建議的書單）。

決策四部曲「WRAP」的應用，偶爾會出現全壘打般的頓悟。像寇爾在選擇合作夥伴時採用比稿的做法，或是葛洛夫問出「如果是別人接手，會怎麼做？」這種問題的時點。多數情況下，WRAP只會讓你在做決策這件事情上，一次得到一點小進步。然而，這是非常重要的。以棒球選手的打擊率來說，如果球員在一個球季、每四個打次擊出一支安打，打擊率是〇・二五〇，算是普通。如果三個打次擊出一支安打，打擊率則上升到〇・三三三，就晉升爲明星級選手。如果球員的棒球生涯可以保持這個成績，肯定能進入棒球名人堂。這兩者間的差距極小，只不過是在十二個打次中多擊出一支安打而已。

要能持續進步，必須知道方法，也要實際演練，也就是需要一個完整的程序。決策四部曲「WRAP」的價值在於，它讓我們得以專注在習慣上會忽視的細節——沒有思考過的選項、不以爲然的訊息，以及可能忽略掉的必要準備。

決策四部曲「WRAP」更細微之處，是可以協助我們，確保自己知道該做某些決定了。下面是大衛・李・羅斯（David Lee Roth）的故事。⑭

＊＊＊

羅斯是一九七〇年代中期到八〇年代中期范海倫（Van Halen）樂團的主唱。當時樂團陸續推出多張暢銷專輯：「Runnin' with the Devil」、「Dance the Night Away」、「Jump」、「Hot for Teacher」等。

樂團在一九八四年，馬不停蹄地巡迴各地演出，場次多達百餘場。在這個動人心弦的重金屬樂團背後，是很專業的一群作業團隊。當時，范海倫是第一個把表演舞台設施帶著走的樂團。羅斯在他的自傳裡這麼說：「我們必須用九輛十八輪的大卡車才能裝載樂團的演出設備，其他樂團最多只需要三輛。」

樂團的演出設計複雜到令人咋舌。根據羅斯的說法，組裝演出設施的合約巨細靡遺，像是一本中文黃頁電話簿。其中包括了許多技術細節，極其複雜，看起來像外國文字般難以理解。合約裡有段經典的文字是這樣的：「平均每二十英尺的空間要有一個十五安培的插座，提供十九安培的……」

樂團有自己的工作夥伴，在運送舞台設備的大卡車到達之前，他們必須完成開演前的大部分準備工作。然而，樂團團員經常處於緊張狀態，擔心表演場地的組裝有所閃失，讓成員受到傷害。這時期，麥可・傑克森（Michael Jackson）在拍攝百事可樂的廣告時，曾發生被舞台煙火燒到頭髮的事件。然而，樂團長年四處奔走，到每個場地時，不可能完整地做好舞台組裝的品質檢查，樂團要怎麼知道他們是否暴露在風險下呢？

這時期，跟樂團有關的稀奇古怪傳聞不勝枚舉。樂團成員在派對上一向惡名昭彰，在那時，搖滾樂團成員喜歡參加派對，本來也不是件值得大驚小怪的事。范海倫本人也表明自己在某種程度上是喜歡頹廢風的唯美主義者。羅斯在自傳中說：「我們也聽過這樣的傳聞，說我們把電視扔到窗外，以及如何弄到夠長的延長線，才能讓電視掉到地面時，電源插頭還插著。」

有時候，樂團成員的行徑看起來比較不像是一群愛開玩笑的重傷害罪犯，而像是病態的極端自我主義者。關於樂團最荒唐的傳言是，范海倫的舞台組裝合約附件裡有這麼一條：舞台幕後要有一大碗的M&M巧克力，裡面不能有褐色的巧克力糖。有一次羅斯走進舞台後，盯著這碗M&M中的一顆褐色巧克力，然後發瘋似地把更衣間砸得稀爛。

這傳言是眞的。「M&M糖碗裡不能有褐色的巧克力」，成了這位搖滾明星最完美也最令人驚嚇的行爲表徵。樂團提出這個看似荒誕的要求，只因爲他們可以這麼做。

你的看法要準備來個大轉彎了！

這「M&M條款」之所以出現在樂團合約，是有特定用處的。合約第一百二十六條是這麼寫的：「舞台的後台裡不得出現褐色的M&M巧克力，如果被發現而導致表演中斷或被迫結束，廠商須負完全的賠償責任。」這條文埋在合約中數不清的技術細節規範裡。

羅斯每次抵達表演場地的第一件事，就是走到舞台背後，看看那一大碗M&M巧克力，只要發現有一顆褐色的，他會要求組裝廠商把表演場地徹底檢查一次，「保證會抓到一些技術性的錯誤，」他說，「他們（承包商）沒有仔細看合約……有時這會毀了整個演唱會。」

換句話說，羅斯不只是個優秀的歌手，還是舞台作業專家。他必須有辦法知道：每個地方的舞台組裝人員是否夠用心？是否仔細讀過合約？是否認眞依約執行？也就是說，他要有方法迅速改變「自動駕駛」的心智模式，讓自己清楚知道必須做決定的時刻。在范海倫樂團裡，一顆褐色的M&M巧克力，就是個絆腳索。

＊＊＊

難道我們就不能在生活中用上類似的絆腳索機制嗎？有些人會設定某個體重數字，讓自己必須開始運動；有些人會設定特定的日期，來檢視與某人的關係，看看自己的付出是否足夠。有時候，做出好決策最困難的地方，就是要知道該做決定了。

生活裡，我們多半在「自動駕駛」的模式下過日子。每天可能只做幾件思慮周詳、神志清醒的決定。然而，這些看似花不了太多時間的決定，卻對我們的人生帶來不成比例的影響。心理學家羅伊．包美斯特（Roy Baumeister）用開車行為打了個比方：在車上，我們有九五％的時候是直直往前走的，但決定我們會到什麼地方的則是轉彎。⑮

本書討論的就是這些「轉彎」。在後面的篇章裡，會告訴你如何運用決策四部曲，增加抵達目的地的機會。

重點摘要

1 丹尼爾．康納曼：「人類心智活動中有個非常了不起的面向，就是我們幾乎不會被卡住。」

● **香儂該不該請克里夫走路？我們可以毫不費勁地形成自己的意見！**

2 聚光燈下有的東西＝最容易取得的訊息＋賦予這些訊息的意義。然而，只有這些並不足以做出好的決定。

3 我們的決策「成效」並不理想。無論是靠著本能直覺或建構精密的分析模式，都沒有辦法克服這個問題。但一個好的程序肯定會有幫助。

● **研究顯示：「程序要比分析管用得多——多達六倍！」**

4 學習移動我們的聚光燈，可以打敗決策時會遭遇的四大惡棍。

5 四大惡棍之一：「偏狹的框架」（限制了我們考慮的選項）。

● **希望實驗室請五家廠商同時進行第一階段的工作項目；「我們可以兼籌並顧嗎？」**

6四大惡棍之二：「確認偏誤」（讓我們只會尋求支持自己信念的訊息）。

● **五音不全的歌唱比賽參賽者。**

● **洛瓦羅：「確認偏誤或許是企業人士唯一最大的問題。」**

7四大惡棍之三：「短期的情緒」（受情緒影響的決策終將落空）。

● **英特爾的葛洛夫用「如果是別人接手，會怎麼做？」這個問題，讓自己抽離情緒。**

8四大惡棍之四：「過度自信」（過於相信自己對未來的看法）。

● **「吉他四人組的樂團更是看不到未來！」**

9正反意見表列法不足以克服這些問題，但決策四部曲「WRAP」的程序可以做到。

● **普利斯特里打敗了四大惡棍！**

10用決策四部曲「WRAP」的程序做出更好的決定：

W　擴增更多選項。

R　眞實驗證假設。

A　抽離自我情緒。

P　準備迎接錯誤。

W　擴增更多選項

R　真實驗證假設

A　抽離自我情緒

P　準備迎接錯誤

2 避免陷入偏狹的框架

1.

二〇一二年七月，在 Ask.com 這個「問答社群網站」上，有位名叫克萊拉蓓蕾（claireabelle）的網友問了這個問題：

克萊拉蓓蕾：要不要分手算了？我不知道該怎麼辦？每次去我男友家或是在那裡盤桓幾天，經常被他家人指指點點。他妹妹跟我年紀差不多，常常把氣出在我身上。他哥哥更討厭我，還對著我罵髒話。他媽媽也很粗魯，講的笑話讓我很不舒服。我該怎麼辦？我很喜歡我的男友，但是我受不了跟他家人在一起時受到的批評，他們認為我是怪咖。

一天之內，有超過一打的網友給她不同的回應。看看下面幾則：

夏莉333：如果是我，只要妳的男友不是用這樣的態度對妳，就不會跟他分手。盡量減少跟他的家人在一起的時間！

愛蜜絲74523：不要胡扯了！如果妳的男友喜歡妳，就該站出來幫妳說話！如果我的家人這樣對待我的女友，我會叫他們去死啦！妳要跟妳的男友說，因為他家人的對待，妳必須選擇離開。看他怎麼說！妳會知道到底他愛不愛妳！

悠悠1212：跟著感覺走吧！

145威泰：如果男友對妳不錯，就不要分手，想辦法到別的地方去住。跟他好好溝通，如果他不能理解，也無法瞭解妳的感受，那也不值得妳留戀了！

永遠愛你：前面說的有道理，如果他對家人這樣的態度還是保持沉默的話，就表示他的確是不在乎的。

酷客伯格：快閃……趕快閃！這一家子很機車！

「要不要分手」之類的問題，是青少年生活中會遇到的典型決策事項。還有，要不要跟人家穿同樣的衣服？要跟誰拍拖？買什麼樣的車？要等多久之後才能把它弄壞？有沒有留意到，當克萊拉蓓蕾問出「要不要分手？」這個問題時，其實已經陷入偏狹的框架裡了。有些提供意見的網友也在這個狹窄的框框裡打轉：「快閃……趕快閃！」但也有人試著讓她有更多選項：「想辦法到別的地方去住，跟他好好溝通！」之類的意見。

任教於卡內基梅隆大學的巴魯·費契賀夫（Baruch Fischhoff）教授，爲了深入瞭解青少年決策的方式，跟幾位研究同仁在賓州的匹茲堡（Pittsburgh）和奧勒岡州的尤津（Eugene），先後訪問了一百零五位女孩，請她們仔細回答在七個生活面向上最近一陣子所做的決定，包括：學校、父母、衣著、同學、健康、金錢和課餘時間等。

訪談中發現，有些青少年給的答案頗爲奇特。一般來說，在想到決策這兩個字時，通常是遇到的情境，必須在兩個或更多的選項中，選定其中之一。要去哪家餐廳吃飯？肯德基還是麥當勞？該買什麼顏色的襯衫，深藍、黑色還是白色？然而，研究人員發現，青少年的決策行爲中，似乎很少見到這樣的思考理路。費契賀夫教授把青少年的決策方式歸類之後發現，最常見的樣態是完全沒有其他選項的決定，他把這樣的狀況稱爲「決定的表述」（statement of resolve）。一個典型的例子是：「我以後再也不會亂責怪別人了！」

青少年的決策行爲中第二種常見的樣態是，只考慮一個選項，諸如：「我在想要不要跟朋友一起去抽煙？」或是像克萊拉蓓蕾：「我在想要不要跟男友分手？」（這類的決策，我們稱爲「要不要」的決定。）就只單純針對單一選項說要或不要，這跟「去肯德基還是麥當勞吃東西」這種有多重選項的決策是不一樣的。

「決定的表述」與「要不要」這兩種決策樣態，大約含括了青少年決策的六五％。換句話說，青少年做決定的時候，其實並沒有眞正的選擇。

（先岔開主題一下，當看到費契賀夫教授帶領的團隊做出的研究結果時，我們著實吃了一驚。青少年是如此不關心他們決策時可能有的選項。然而，當跟自己的妹妹分享這件事的時候，她一點都不覺得有什麼不對！她有兩個青春期的小孩。「他們要怎麼做才符合你的期望呢？」她說：「青春期的小孩，是荷爾蒙在作祟，會有好幾年的時間，他們是在沒有大腦前額葉的作用下過日子。」）

青少年做選擇的時候，幾乎是盲目的。他們經常卡住，問的問題多半是「我要不要去參加派對呢？」派對是他們心智聚光燈照得到的地方，也就只能看著這件事思考，根本不會去想其他選項。如果是個比較開竅的小孩，或許會讓他的聚光燈動一動：「該整晚都待在派對裡？或是跟幾個朋友去看場電影？或是先去打場籃球，再到派對裡去打個招呼，坐個幾分鐘？」①

簡單說，青少年很容易掉入「偏狹的框架」裡，也就是決策會遇到的第一個惡棍。其實，他們應該要有寬廣的選項，可惜只看見很少的一部分。然而，就做決策這件事來看，多數組織其實跟青少年有不少雷同之處。

2.

一九八三年，貴格公司（Quaker）執行長威廉・史密斯伯格（William Smithburg）大膽地決定，以二億二千萬美元買下開特力（Gatorade）的母公司。綜合當時許多報導的說法，史密斯伯格是在一時衝動下買了開特力。他用舌尖味蕾做了這個購併決策。他喝過開特力的飲品，覺得很喜歡。後來證明他的味蕾的確有智慧。在貴格公司的積極行銷之下，開特力迅速成長。二億二千萬美元買下的公司，後來市值曾高達三十億美元。

十多年後，一九九四年，史密斯伯格再次建議用更嚇人的十八億美元，買下另一家飲料公司思樂寶（Snapple）。市場分析師認爲，這比合理價格多了十億美元。但由於開特力購併案的成功，貴格的董事會沒有出現反對的聲音。

在史密斯伯格看來，購併思樂寶只不過是再做一次像當年購買開特力一樣的事。有個好機會，大膽的再押上一注。俄亥俄州立大學商學院教授保羅・納特（Paul Nutt）在一份研究報告裡是這麼寫的，史密斯伯格在開特力的購併案上獲得極高的讚美，所以希望能夠再做一次大型購併案。他認爲，思樂寶是小衆市場的利基型品牌，有機會進一步拓展進入大衆市場。

史密斯伯格很清楚，出這麼高的價錢，會讓貴格揹上極大的負債。但在那個時點，他卻認爲是件好事。貴格當時正面對市場上可能發生的惡意購併，公司的高負債或許有機會阻斷市場派購併的念頭。因此，在董事會的首肯下，史密斯伯格快速前進。這個案子在一九九四年就完成了。

結果是場大災難。

貴格購併思樂寶，可能是商業史上最糟糕的決策之一。貴格發現，思樂寶跟開特力完全是兩碼子事。思樂寶的茶飲跟果汁產品系列，在生產和配銷上跟開特力完全不同。而且，貴格把思樂寶原本賴以成功的俏皮純眞的市場形象，弄得一團亂（如果貴格高階主管在購併之前，願意做點功課，是有機會讓這些課題先浮出檯面的）。

思樂寶的業務沒有像開特力那樣迅速成長，於是成了高階主管必須處理的燙手山芋。債務負擔也危及公司的生存。三年後，思樂寶在很短的時間內以三億美元賣給崔亞客公司（Triarc Corporation），價錢是當初的六分之一。史密斯伯格辭去執行長職位，羞愧下台。

他之後回想起來這麼說：「買進一個自己有腳會走路的新品牌，實在不是件稱心如意的事。當時在評估購併的時候，應該要有幾個人站在反對的一邊來給點意見。」

這樣的懺悔令人驚訝。在史密斯伯格的領導下，貴格進行有史以來最大的購併案，金融市場的產業分析師質疑交易條件過於離譜，吵得沸沸揚揚。令人無法置信的是，整個貴格公司居然沒有任何人發聲反對！

貴格的這個決策樣態，甚至連「要不要」的選擇都談不上，它是在做「要」就是「要」的決定。②

＊＊＊

貴格公司的這個決策或許是眞的荒唐了點，不過，輕率決定的購併案並不少見。KPMG研究了七百個購併案③（在引言裡提過的），有八三％並沒有爲股東帶來更多價值。這個研究結果讓企業領導者有個簡單的概算：如果花了幾個禮拜、甚至幾個月評估了購併對象，所有蒐集到的資料都讓你覺得可以出手的時候，請先喊停，六次中有五次會是做了正確的決定。

當然，企業購併決策的參與者都帶著強烈的自我意志、情緒及競爭壓力，未必是典型的企業決策事項。或許你會因此而認爲，管理工作者在做一般決策的時候，應該不會像青少年般掉入決策陷阱吧！

要知道答案，我們就來看看納特教授和他的研究。納特教授可能是在世人物裡，最清楚管理工作者如何做決策的人。納特教授二〇一〇年從俄亥俄州立大學退休，過去三十年，他幾乎是以集郵迷的精神蒐集各式各樣的企業決策案例。他研究的範圍包括企業的決策，例如麥當勞在店鋪裝修新設計的考量；非營利組織的決策：一家二百五十個病床的鄉間醫院決定是否採購戒除毒癮的設備；政府機關的決策：佛羅里達州的醫療衛生計畫，如何防止詐欺性的醫療費用申報案件持續增加。

納特教授的資料蒐集工作都嚴謹地遵循一定的方式。首先，他會面訪主要的決策者，通常是執行長或營運長。接著，他會再找兩位知情人士，通常是一路看著決策進展的資深主管，進行多方查證。最後，他會評估這個決策是否成功。基本上他不會相信主要決策者的說法，因爲他們會傾向於表達對自己有利的意見。所以，他是從知情人士的看法來判斷決策的品質。這個決策是否找到一個爲人接受並執行的選項？成功是否持續了一段時間？

一九九三年，納特教授耗費心力分析了一百六十八個決策案例，得到的結論令人目瞪口呆。他接觸的決策團隊只有二九％在決策時有超過一個以上的選項（「要不要」樣態的選項，只能算是一種選項）。④在費契賀夫教授所做的青少年決策研究裡，超過三〇％的決定有超過一個以上的選項。

就納特教授的研究成果看來，多數組織的決策程序跟荷爾蒙作用下的青少年輕狂決策行爲，其實沒有兩樣。

組織在做選擇這件事上，幾乎跟青少年一樣盲目。然而，前者的影響是更大的。納特教授還發現，「要不要」這種樣態的決策，就長期來看，有五二％是失敗的；有兩個以上選項的決策，失敗率則只有三二%。

爲什麼「要不要」這種樣態的決策失敗率比較高？納特教授的看法是，當企業主管只有單一選項的時候，會把大部分的時間花在這樣的問題上——我該如何搞定這件事？我該如何讓同事都支持這個想法？殊不知，在此同時，他其實忽略了更重要的問題：「有沒有更好的方法？還可以做些什麼？」

「有沒有更好的方法？還可以做些什麼？」要找到這些問題的答案，就是決策四部曲「WRAP」中「擴增更多選項」的主要目標。我們有沒有辦法學習跳出偏狹的框架，找出更好的選項？

邁向目標的第一步，就是先學習避開「要不要」這種決策的樣態。具體地說，當看見或聽見這種說法的時候，腦袋裡要有個會響起警報的裝置，提醒自己是不是陷入偏狹的框架裡了。

如果願意花點力氣進行更廣泛的搜尋，通常會發現比初始時更多的選項。

3.

海蒂．普萊斯（Heidi Price）女士之前因爲小孩選讀大學的事，受到很大的挫折，但卻因此開創了一番新事業，幫助許多家庭不再重蹈覆轍。二〇〇三年，她的女兒高中畢業，她忙著爲她選擇一所好大學。她發現，要找到有參考價值的相關資料，是件折磨人的事。大學的宣傳資料都差不多，一定會有這麼一張照片：各種膚色的學生在樹下看書（這些照片也該與時俱進，換成各種膚色的學生用智慧型手機上維基百科抄襲作業的照片吧！）。

折騰了幾個月，她女兒最後選定堪薩斯大學的資優生學程。尋找資料的困難，讓普萊斯女士深感挫折。大學的資料多如牛毛，很容易被淹沒。但要梳理出什麼是重要的，卻相當困難。在好奇心驅使下，她開始深入瞭解大學教育：是什麼因素讓學生有所不同？有了心得之後，便開始跟朋友分享。慢慢地，很多人開始請她幫忙：我們家小孩該選讀哪一所大學比較合適呢？

在這樣的經歷中她確信，用一種更好的程序為小孩選擇大學，是有市場需求的。於是，她跟另一位夥伴在堪薩斯市開了一家叫「大學媒合」（College Match）的小公司，協助高中生找到適當的大學。早期有個客戶是她在德州長大的外甥，名為考菲德・胥納格（Caufield Schnug）。跟想像中的德州小孩不太一樣，他不喜歡運動，不迷美式足球。他大方、陽光，但也有點古靈精怪。高中時期熱中吉他，參加樂團。得過寫作方面的獎狀，也幫他老爸編寫過劇本。

但是，他覺得學校的功課讓他悶得難受，成績也就平平。要進排名前面的州立大學，像是德州大學、德州農工大學是有困難的。父親帶他去看幾家他還願意上的大學，都要連哄帶騙地才能叫他下車。

到了某所大學的時候，剛好看到一群男生的社團活動——喝了點酒的幾個學生，拿著水管相互噴灑戲耍。「我腦袋裡閃過幾個念頭，一方面覺得滿好玩，另一方面卻也覺得有點野蠻。」胥納格說。野獸屋般的大學對他沒有一點吸引力。「我當時覺得自己是不是有毛病？我很想找到答案！我是不是真的擅長些什麼呢？我覺得自己還算聰明，我有自己的興趣。但那些人是怎麼了？我不想跟一群人喝完半打啤酒後嘻鬧一番，這好像不是我要的大學生活。」

普萊斯給了胥納格幾個建議，其中特別在她腦海浮現的是阿肯色州康威市（Conway）的漢德利士學院（Hendrix College）。這是一所以通才教育爲宗旨的小學校，以藝術與自由的校風聞名。胥納格沒聽過，但他願意去看看。完全不同的氛圍讓他非常喜歡，他願意離開新潮的大城市奧斯丁，搬到阿肯色州這個毫不起眼的小鎮讀書。「我在那裡可以像修道院的修士一樣，」他回想當時這麼說道：「可以好好專心讀書！」

胥納格在漢德利士學院是如魚得水般的快樂，這是適合他的環境。「在漢德利士的第一年，每星期可以讀上三、四本書，也可以花一整天看一到三部外國電影。還選修了和哲學有關的課程，我居然成了喜歡讀書的大學生！」他說。

胥納格在學業上的進展相當不錯，雙主修電影跟英文，還去國外當交換學生兩個學期。他在牛津大學待了一個學期，去巴塞隆納旅行的時候，還拍了一部高第（Gaudí）建築物的紀錄片。

這跟喝啤酒、噴灑戲水的大學生生活眞的是天差地別！

最後他決定要拿個電影博士學位。在進漢德利士學院之前，他的家人無法想像他會去念博士。他申請了幾個學校的博士班入學許可，最後進了哈佛大學。二〇一二年的電影與視覺學程錄取的學生只有三位，他是其中之一。⑤

＊＊＊

普萊斯女士幫助許多學生和家長拿掉了眼睛上的遮罩，讓他們看見可以選擇的不只是那二十家排名頂尖的大學，而是全美二七一九所提供四年大學學位的學校。這些學校幾乎是只要申請就能去讀。排名頂尖的大學肯定是好學校，然而，知道排名標準的人恐怕不多。《美國新聞與世界報導》（*U.S. News & World Report*）所做的大學排名，是根據教職員薪水狀況、校友捐款的比率等統計數字做出來的，這跟學生在學校能夠體驗到什麼根本毫不相干。許多父母知道這件事之後相當驚訝（大學的排名跟學生是否喜歡他們的大學生活、是否學到什麼東西，一點關係也沒有）。

還有，當人知道自己的天賦並能善加運用之後，他一輩子能賺到的錢，其實跟讀哪個大學是沒有關係的。換句話說，如果你的聰明才智進得了耶魯大學，從將來能賺多少錢的角度來看，跟選讀便宜很多的州立大學，是不會有什麼差別的。⑥很多父母知道這件事之後更是張口結舌。

普萊斯女士認爲，準備上大學的高中生該問的問題並不是：「願意接受我的排名最前面的學校是哪一家？」而是要問：「我這輩子到底要幹嘛？有哪些最好的選項可以讓我達成目的？」這是兩個截然不同的問句，當家人懂得思考後面這個問句的時候，往往會發現，其實有比想像中更多更好的選項在等著。

常有人會去拜望宗教上的精神導師，他們也做這類框架調整（reframing）的工作。博蘭斯菲德神父（J. Brian Bransfield）是美國天主教教區聯合會的副秘書長。他說，教區居民找他給意見的情況，也跟普萊斯女士的客戶一樣，在選項上都極度狹窄。人們多半也帶著兩難的問題來找他：我應該跟這個人結婚嗎？我該接下這份外地的工作嗎？我該成爲一個傳教士嗎？

教區居民經常很焦慮的說：「眞不知道上帝要我怎麼做？」然後眼巴巴地望著神父，希望他是上帝的發言人，能夠回答這個問題。「如果你認爲上帝要你做的只有一件事，那恐怕是你誤解了。」他說：「我們經常花了極多時間理清頭緒，卻害怕會做錯！」博蘭斯菲德神父常導引人們放寬眼界來看待事情：

如果你要選擇，相信上帝會很樂意給你十八種選項。在成為傳教士這件事上，你並不是進退維谷：要不要跟這個女人結婚，也不是件被逼到牆角沒有生路的事。地球上有六十億人，你卻跟我說上帝看著你，然後說：「你這輩子只有一件事可做，我知道是哪件事，但你得自己先猜一猜！」你不覺得是自己把限制加在上帝的頭上嗎？⑦

教友聽神父這麼一說，通常都會很吃驚的回應：「是眞的嗎？」當他們知道，不是沒有別的選擇的時候，都有鬆了口氣的感覺。其實，他們只是眼睛戴上了遮罩而已。

爲什麼要看到更寬廣的選項這麼困難？要知道是什麼讓我們陷入偏狹的框架裡，從下面這個看似簡單的選購音響的例子，或許可以找到其中潛藏的複雜因素。

4.

一九九〇年代初期，賢尼・費德理克（Shane Frederick）在溫哥華讀研究所時，有一回逛街買音響。他有兩種選擇：一千美元的先鋒牌（Pioneer）和七百美元的索尼（Sony）。要選哪一家的產品，令他猶豫不決了好一陣子。焦慮不安持續了將近一個鐘頭。後來，有個店員走到他身旁問道：「先生，要不要這樣想：是想要先鋒牌這套音響？還是索尼的音響組合再加上價值三百美元的音樂CD？」這個問題瞬間打通了費德理克卡住許久的腦袋。他決定買下索尼的產品。先鋒牌有更多功能，很吸引人，但是跟一堆新的音樂ＣＤ比起來，就顯得不那麼令人嚮往了！

那天，在這家店裡，費德理克除了買到新的音響之外，還讓他開啓了後來職場研究生涯裡一系列相關的探索。買音響的那年，他攻讀的是環境科學碩士學位，之後他轉換跑道，改讀決策科學的博士學位。他成爲博士生的第一個研究，就是回到那次購買音響的經驗，探討消費者對機會成本的看法。

「機會成本」是經濟學上的名詞，意思是，我們爲了某個選擇必須放棄的東西。比方說：你跟你的另一半，星期五晚上花四十美元在墨西哥餐廳吃了頓晚餐，之後再花二十美元看場電影，那你的機會成本是：六十美元的壽司晚餐加上回家看電視的時間。以同樣的金錢和時間來看，最好的第二選擇就是壽司和看電視了。如果你喜歡的是逛街購物和散步，那機會成本會是星期六下午逛購物中心，之後去旁邊的公園走走。有時我們遇上的事情會有很高的機會成本，比方說，在美式足球超級杯的決賽當晚，請你到社區活動中心唱歌同樂。如果你神智清醒，就一定會拒絕，因爲機會成本實在太高了。

音響店店員提出的問題，是思考機會成本時最經典的問句。對費德理克來說，花一千美元買先鋒牌音響，意味的是必須放棄七百美元的索尼音響加上三百美元的音樂ＣＤ。這種思考方式引發了費德理克的好奇，因爲他壓根就不曾有過這樣的想法。有些經濟學者認爲，消費者想當然爾會計算機會成本。有篇研究論文綜合敘述了這樣的假設：「當決策者看到櫥窗裡擺著魚子醬，必然會計算，同樣的價錢可以買多少個漢堡……人們會直覺的把機會成本納入考慮。」

然而，費德理克很清楚，在音響店店員介入之前，他沒有做過這樣的分析。他認爲，其他消費者也可能掉進同樣的陷阱裡。所以他與幾個同事設計了一個研究，試圖瞭解消費者會不會自發性地考量機會成本。

這個研究裡有個問題是這樣設計的：

試想這陣子存了一筆閒錢，可以買點東西。最近一次逛影音產品店的時候，有部電影DVD正在促銷。電影主角是你最喜歡的明星，也是你喜歡的電影類型（喜劇片、劇情片或是驚悚片）。而且，這部片子剛好是這陣子在找的。特惠價十四．九九美元。這樣的狀況，請問你會如何處置？請在以下選項中擇一。

(A) 買DVD。

(B) 不買。

結果是，有七五％的受訪者會買，只有二五％選擇不買。或許你也做過類似的決定，畢竟是你最喜歡的演員（李奧納多．迪卡皮歐），是你最喜歡的電影種類（船難片），而且是你想了好久的東西。

之後，研究團隊找了另外一組人，問同樣的問題，但做了點小小的修改（問題後面用黑體字印刷的部分）。

(A) 買下 DVD

(B) 不買。**留下十四・九九美元，買別的東西**。

這幾個黑體字，似乎有點多餘。這是再清楚不過的事，甚至還會讓人有點不舒服。拜託！不買DVD、省下錢去買其他東西這種事，還需要別人提醒嗎？

不過，問卷加上這個簡單而且有點蠢的提示之後，有四五%的人決定不買了。就這麼簡單的提示，讓不買的人幾乎增加了一倍。這個研究的結果讓我們好奇地想知道，貴格當初的問題如果是這麼問的話，不知道會不會有助於扭轉它的決定：

(A) 買下思樂寶。

(B) 不買。**留下十八億美元，買其他公司**。

這個研究爲我們帶來非常好的訊息。也就是說，即便是一個不起眼的選項提示——**如果願意的話，你可以用這筆錢買別的東西**——就足以改善我們的購物決策。*

＊作者特別補充說明：不是說買這片DVD是個不好的想法。對某些人是對的決定，對某些人來說卻不見得，要看他銀行戶頭有多少錢，以及他蒐集電影DVD的饑渴程度。不過，有一個概念是清楚的：如果沒考慮過這筆錢還可以用來買其他東西之前，就做出這樣的決定，那肯定不是個好決定。

或許你會有點懷疑，要改善決策能力真的這麼簡單嗎？要修正我們認知上的偏見，肯定沒有這麼簡單。要是你聽說只要拍拍手掌就可以治好你的禽流感，肯定會覺得匪夷所思吧！

事情弔詭的地方就在於：如果不知道自己得了禽流感，你就不會去拍拍你的手，對吧？或者，跳開這樣的譬喻，也就是說，如果不知道自己忽略了其他選項，就不會想到有其他更多選項可供選擇。事實上，人們就是經常覺察不到自己已經陷入「偏狹的框架」裡了。

回到費德理克選購音響時遇到的困境：他的聚光燈下有什麼？兩組音響設備。他上下左右看著它們，腦袋裡不斷地做比較，外觀、功能、價錢等。可真不簡單。收音機的頻譜寬一點，到底值多少錢？喇叭設計酷一點，又值多少錢？由於深陷在聚光燈照得到的範圍裡，自然忽略了聚光燈以外的事物：像是買便宜的音響，省下的錢可以買音樂ＣＤ。換句話說，是他讓自己的專注力矇騙了自己。

在分析選項的時候，專注力是有用的。但在觀察事物的時候，卻是可怕的。就拿我們的視覺能力來說吧，當焦點放在某件東西的當下，我們是看不見周邊的景物的。這種現象並沒有生物性的修正機制，當我們專注於某個東西時，生命本身不會主動中斷我們的專注，把注意力移到別處。

音響店店員的善意出人意料。她打斷了費德理克的專注，很快的讓他思考機會成本的問題。如果是一個想拿到更多業績獎金的現實店員，就不會這樣幫忙了。她會想辦法讓費德理克把聚光燈放在貴一點的音響組合上：「先生，你很清楚，這終歸是品質的問題，多付一點錢，讓你聽音樂時更清晰，不是很值得嗎？」（你應該沒有遇過汽車業務員建議你買入門車款，然後用多出來的錢帶全家人去度假吧！）

人們疏於注意機會成本是司空見慣之事。一旦人們覺察並承認自己有這種傾向的時候，通常會很驚訝。費德理克和他的研究成員特別提到共和黨總統艾森豪（Dwight D. Eisenhower）將軍在一九五三年接任第一次任期後數月，發表的一篇演說：「一架最新的重轟炸機的機會成本，是在三十個城市分別蓋一所磚造的學校；可以蓋兩家發電廠，每家電廠足以供應六萬居民的小鎮用電；可以蓋兩家配備完整的醫院；或五十英里的水泥路面高速公路。一架戰鬥機的代價，相當於五十萬蒲式耳（bushel）的小麥，爲一艘驅逐艦蓋個新基地的費用，可以爲八千個人提供住宅。」

如果有更多人像艾森豪這樣願意考慮機會成本的話，我們的決策有沒有機會變得更好？如果每次做決定的時候，可以先問個簡單的問題：「在做這個選擇的時候，我們究竟放棄了哪些東西？用同樣的時間，同樣的錢，可以做些別的什麼事？」⑧

5.

跳出偏狹的框架還有另一種方法，叫作「選項消失測試」（Vanishing Options Test）。想像一下，阿拉丁神燈裡的精靈還有一個古怪的哥哥，他不但不會給你三個願望，而且會任性地拿走你手上現有的選項。我們用最常見的例子來說明什麼是「選項消失測試」，你可以自行運用在遇到的狀況上。

如果你不能選擇目前考慮中的任何一個選項時，你還可以怎麼做？

從以下這段瑪格麗特·桑德絲女士的故事裡，可以知道如何運用「選項消失測試」跳出偏狹的框架。桑德絲女士是某大學公共行政研究所的職場輔導室主任，她正陷入天人交戰的困境，不知道是該繼續容忍這位績效不彰的同事，或套用她的話說：「開始進行冗長又荒唐的程序，持續記錄這位員工績效不彰的事證，才好將她解聘。」（本個案中的人名純屬虛構，以避免不必要的困擾。）

這位問題同事是她的行政助理安娜。安娜有兩項工作：一是相關的行政工作，像是費用報支的登記與追蹤，以及資料庫的維護；一是擔任辦公室的窗口，也就是辦公室的門面，凡是到辦公室求職的同學或求才的廠商都由她負責接待。前面一項工作，安娜做得很好。但要她處理必須與人互動的工作，卻讓她很掙扎。桑德絲女士跟她面談的時候，才發現安娜比想像中還內向很多。「我想，要她每天跟這麼多人說話，的確是件痛苦的事。」桑德絲女士說。然而，這個職務本身跟人的互動是非常重要的。安娜的害羞內向，多少會影響到單位的績效。

然而，要請安娜離職並不容易。學校在解聘員工這事上有嚴格的規定，費時甚長。在安娜離開之前，在這只有五個人互動密切、大家一起工作的小辦公室裡，彼此的互動會有很長一段時間非常尷尬。

就在桑德絲女士困擾著「要不要」解聘安娜的時候，本書作者丹·希思有機會跟她聊了一下。先岔開主題一下，當看到「要不要解聘安娜」這句話的時候，希望你腦袋中「偏狹的框架」的警鈴已經響起。這句「要不要」，就是在還沒有找出所有選項之前，最經典的警示訊號。

在這樣的思路之下，丹試著請桑德絲女士做了「選項消失測試」。

丹：想像一下，假如我跟妳說，妳必須無限期跟安娜一起工作，而且也不能再依賴安娜擔任門面工作，也就是說，她再也不能擔任接待這項工作，妳會怎麼辦？

桑德絲：嗯……我會把她調離接待的工作，然後再想別的辦法來解決門面的問題。或請其他同事每人輪班一小時，不足的部分，再聘幾個工讀生來做！

丹：這選項確實可行嗎？有足夠的經費雇用工讀生嗎？

桑德絲：工讀生超便宜的！時薪只要正職員工的四分之一，每個鐘頭大約是兩塊半美金吧！

有沒有注意到，桑德絲女士在一點小小的刺激下，就突破了她思考上偏狹的框架。在不到一分鐘的時間裡，她就有了另一個合情合理的選項：請工讀生擔任接待，請安娜全職擔任行政工作。這個選項可以解決她的問題，而且每天只花二十美元！（再者，安娜處理會計工作和維護資料庫的時間增加，還會帶來更多效益。）⑨

像桑德絲女士經歷的類似突破並不少見。當人們想像被逼得沒有其他選擇時，會強迫自己把心智聚光燈移動到其他地方，這會是眞正確實的移動，並且通常是長久以來的第一次（如果人們只是被要求想出另外的選項時，通常是心不甘情不願的把聚光燈移個幾吋，然後提出跟原來差不多的選項）。

俗話說，「需求是發明之母」，似乎在這裡得到一點驗證。除非是被逼著找出新的選項，否則多半會死守在既有的想法裡。所以，這個古怪的精靈乍看之下有點殘忍，無情地拿走現有的選項，卻可能是好心幫了大忙。把既有的選項拿掉是好事，這讓我們注意到自己其實身處一片廣大的田野，卻讓自己卡在小角落裡（當然，必須知道的是，相較於刻意拿掉人們的選項，用隱喻會讓人比較願意欣然接受）。

＊＊＊

在桑德絲女士面對這項問題的時候，丹試著擔任決策諮詢者的角色，就如同普萊斯女士爲高中生提供選校諮商，博蘭斯菲德神父爲教友提供服務一樣。這是我們熱切期望讀者將來可以扮演的角色，協助你的工作夥伴、家人和朋友。

當人們該做決策卻還停留在「要不要」的思維裡，或在有限的選項裡轉不出來的時候，我們要能聽到「偏狹的框架」的警報響起，以便促使他們「擴增更多選項」。提醒他們思考機會成本：用同樣的時間和金錢，還可以做些別的什麼事？或是來一次選項消失測試：如果現下的選項消失，他們會怎麼做？

當人們陷入「偏狹的框架」裡的時候，是很難自我覺察的。從外部諮商者的角度，可以清楚看見同事或者孩子是如此讓自己缺乏選項。視角寬一點，有時候會有很大的不同。

重點摘要

1 青少年經常陷入「偏狹的框架」裡，他們的決策幾近盲目。

● 「我到底要不要去參加派對呢？」

2 令人遺憾的是，多數組織做決策的方式跟青少年差不多。

● 責格在購併思樂寶的案子上，三年損失了十五億美元。

● 納特教授的研究顯示：只有二九％的組織在決策時有超過一個以上的選項（青少年的決策則有三〇％）。

3 我們可以有的選項其實比想像中多很多。

● 大學選填志願諮商專家普萊斯女士協助高中生探索全方位的選項。

4 為什麼會卡在「偏狹的框架」裡呢？專注現有的選項，也意味著其他選項藏在聚光燈照不到的地方。

● 費德理克在兩組音響的選擇上卡住了，他未能考慮到其他選項。

5如何跳出「偏狹的框架」？考慮機會成本。

● 留下十四．九九美元買別的東西。

● 艾森豪：一架轟炸機＝在三十多個城市各蓋一所磚造的學校。

6或是做一次「選項消失測試」：如果現下的選項消失，你會怎麼辦？

● 桑德絲女士瞭解她有更好的選項，不需解雇安娜——那位內向的接待員。

● 當既有選項消失的時候，人們就會被迫移動聚光燈。

7旁觀者比較容易覺察到「偏狹的框架」。作爲決策的諮商者，好好注意這個現象。聽到「要不要」類型的決策時，警鈴要記得響起。

3 分頭並進

1.

美國加州梭沙立托（Sausalito）有家叫雷思康（Lexicon）的小公司，公司雖小，但經由它命名的知名品牌，市值高達一百五十億美元。諸如黑莓機、達沙尼（Dasani）、Febreze、OnStar、奔騰、Scion、Swiffer 等。這些響亮的產品名稱，不是在腦力激盪會議裡，突然被閃電擊中後的靈光乍現所創造出來的——沒有人會被閃電打到十五次。雷思康不可思議的力量，來自它獨特的創意發想程序，讓創意團隊不會陷入「偏狹的框架」中。

二〇〇六年，高露潔（Colgate）打算推出用後即丟的小牙刷，請雷思康幫忙取個名字。這小牙刷含有少量的特製牙膏，設計的目的是讓刷牙後不需要漱口。人們可以隨身攜帶，在計程車上或飛機的洗手間裡使用，用過就扔。

雷思康的創辦人兼執行長大衛・普拉塞克（David Placek）第一眼看到這款牙刷時，他說，最顯眼的是，它真的很小。如果雷思康創意團隊的心智聚光燈就放在這支「小」牙刷，或許會把重心全放在這個「小」字上。由此發想的產品名稱，或許就會在 Petite Brush、Mini-Brush、Brushlet 之類的名字上打轉。注意到了嗎？如果在這樣的主軸上開動腦會議，團隊就已經被框架緊緊的卡住了。這個框架包含了兩個假設：一、名稱裡一定要有個「小」字；二、一定要把「刷」這個字放進去。

所幸，雷思康的團隊已經知道如何不被這些先期想法所限制。客戶上門時，通常會同時帶進一個先入爲主的狹隘觀念，告訴雷思康什麼樣的名字才是好名字。比方說，英特爾的人就曾經表達「Pentium」應該叫作「ProChip」；寶僑（P&G）的人則覺得「Swiffer」應該叫作「EZMop」。雷思康很清楚地知道，好名字是來自我們所謂「分頭並進」（Multitracking）的做法，也就是說，必須同時進行幾種選項的探討。

爲了認識它的特性，雷思康的承辦團隊每天使用這種小牙刷。剛開始，刷牙的泡沫不能吐出來，讓他們覺得很彆扭（我們習慣上都是把泡沫吐掉的）。所幸，這把小牙刷跟其他牙刷不一樣，並不會產生大量的清涼泡沫。比起一般的牙膏，口感清新些也舒服些，比較像是口腔清潔條（Breath Strip）之類的產品。換句話說，不會產生很多泡沫正是這把小牙刷最獨特的地方。因此創意團隊覺得，這把牙刷的名字不需凸顯「小」的字意，而要能展現出「清新」、「乾淨」、「柔軟」三種特性。

有了這樣的瞭解，普拉塞克兵分幾路展開後續工作。他要求散居五十個國家的七十位語言專家，針對「清新」這個字展開動腦會議，找出各種可能的類似象徵、發音，以及可能使用的字詞組合。專家們各自獨立進行工作，備選的產品名稱大幅增加。

同時，他要求公司裡的兩位同事以「偏離團隊」（excursion team）的方式參與計畫。他不僅不讓他們知道客戶是誰，也不讓他們知道這是什麼樣的產品，還要他們執行假想性的計畫。他告訴團隊，美妝品牌歐蕾(Olay)打算推出口腔保養的新產品，團隊的任務是幫歐蕾想出新產品的點子。

普拉塞克選了歐蕾，是因爲他相信這把小牙刷的賣點跟「美感」的暗示有關聯：「口腔保養得當，意味著會有一口潔白的牙齒，而潔白的牙齒讓人賞心悅目。」經過一陣子的發想討論跟研究後，偏離團隊提出了好幾個讓人驚豔的產品構想，其中包括用了會讓人牙齒閃閃發亮的「歐蕾閃亮漱口水」（Olay Sparkling Rinse）。

最後是「清新」的概念受到較多認同，而不是「美感」。語言專家也提出一長串可能的用字或用詞。其中「wisp」*這個字跳了出來，展現在普拉塞克團隊的面前。這個字代表的意義，跟這把小牙刷用起來的感覺，形成完美的聯想。這新產品很輕，也沒有很多泡沫，就是個小小的東西。這是高露潔 Wisp（Colgate Wisp）產品名稱的由來。

注意到了嗎？雷思康的決策過程沒有出現的場景是：一群人坐在會議室裡，睜大眼睛盯著這把小牙刷，一起動腦想名字（「嘿！就叫 ToofBrutch 吧！這個名字連網址〔URL〕都有現成的！」）。

*譯註：本意是指纖弱的人或東西，小稻草或是小掃帚。

雷思康是不允許單線作業的。接受客戶委託進行產品命名的工作，通常會有三個小組的人力投入，每個小組有兩名成員。各小組分別從不同角度切入，其中有一組是所謂的「偏離團隊」，不知道誰是客戶，也不知道是什麼產品，他們的任務是在相關領域裡尋找類似的東西。李維（Levi's）的 Curve ID 牛仔褲，是爲不同體型的人都可以合身穿著而精心製作的產品。雷思康公司在爲它命名時，偏離團隊調查研究的範圍甚至涉及量測和建築領域。

雷思康這種分頭並進的做法常有做白工的情況發生。以 Wisp 的案子來說，偏離團隊的成員發現，他們分配到的「歐蕾」這個任務，後來走進了死胡同。然而，也正是因爲願意同時投入、忍受沒有效率的做法，才有機會讓案子找到突破點。雷思康最出名的案子之一，是爲ＲＩＭ（Research in Motion）出品的黑莓機命名，計畫的進行也有類似情況。

當ＲＩＭ跟雷思康談妥這件案子的時候，普拉塞克和他的團隊清楚地知道，他們必須解決稍早個人數位助理（ＰＤＡ）產品在消費者心中殘存的負面聯想——嘈雜、振動、惹人生氣、讓人緊張。普拉塞克給偏離團隊所下的任務指示是：去找出世界上可以給人快樂、步調放緩、輕鬆的所有事物，並加以歸類。目標是找到某些名稱，有機會抵銷消費者對ＰＤＡ的負面聯想。

很快就有了一長串的清單：露營、騎車、星期五晚上的一杯馬丁尼、洗個泡泡澡、釣魚、烹飪、星期四晚上的馬丁尼等。後來，有人說要加入「採草莓」這個項目。這時，另一位成員跳出來抓住了「草莓」（strawberry）這個字。不過，語言學專家說，這個字不好，Strawberry 的發音讓人聽起來有點慢吞吞的感覺（同樣母音的字還有 drawl、dawdle、stall，都有拖拖拉拉的感覺）。

於是 strawberry 很快就被刪掉，在下面補上了 blackberry 這個字。有位成員提出了看法，他說

PDA上面這些鍵盤看起來就像黑莓上的種子。瞧上帝顯靈了！

然而，實際情況卻不是如此。RIM在剛聽到這個建議的時候，因爲有預設立場而不以爲然。他們傾向於取個像是「EasyMail」之類凸顯產品特色的名稱。普拉塞克說：「很多客戶覺得，若是個完美的名字，在他們看見的當下就會知道。但事實並非如此。」

最後，「blackberry」這名字還是獲得了最多認同，其他的都成了歷史。①

客戶初期的反對是有啓發作用的。有時當我們看見某個選項，就知道是合適的；但有時連我們自己也不知道它適不適合。不過，後面會說明，即便在尋求其他選項時只做了簡單的表面工夫，甚至最後放棄它，都有助於做出更好的決定。

我們已經知道陷入偏狹框架的危險，以及找出更多選項的價值所在。接下來要談的是另外一個新的概念——同時考慮幾個選項的做法，還有預料之外的驚人威力。

＊＊＊

有個以平面設計人員爲對象的研究顯示，「分頭並進」能夠產生更高的價值。一群爲某家網路雜誌社設計網頁廣告橫幅的工程師，隨機分組使用兩組不同的創意程序。其中半數設計人員被要求一次只設計一款橫幅，每次設計完成後就請客戶提供修正意見。每位設計人員從第一款橫幅的設計開始，給客戶看稿修改五次，最後總共有六個版本。另外一半的設計團隊則被要求以「分頭並進」的程序進行。設計人員一開始就設計出三款橫幅，同時拿給客戶看，在數次來回修改後從中選出兩款，再選出最後定稿的作品。②

所有設計人員最終都完成六個版本的橫幅，也都經過客戶同樣次數（五次）的修改，不同的只是作業程序——「三款同時」與「一次一款」。

從最後結果來看，程序的影響至關重大：同時進行三款橫幅設計的人員所產生的作品，獲得雜誌編輯與廣告ＡＥ較高的評價；在網路實測時，讀者的點閱數也高出許多。爲什麼呢？研究人員試著解釋，爲什麼請設計者同時進行三款設計的效果比較好：「因爲三個創意構想，可以同時獲得業主的意見，所以設計人員在解讀批評意見時可以同時考量。直接比較三款初稿，或許讓設計人員更能瞭解業主要求的關鍵設計原則，從而讓後續作品的修改，更能契合這些原則。」

換句話說，以「分頭並進」的方式，設計人員可以得到更多有用的訊息，容易掌握問題的癥結。雙方可以從三個初始設計稿的相互比較中，把不要的拿掉，把好的元素挑出來，集合放在下一版的修正稿中。

讀者可以回想第一章提到的寇爾，他總是想辦法「兼籌並顧而非二選一」。他在解釋爲什麼同時找多家廠商進行同一個計畫會有好處時，其實是運用了同樣的思維模式。他說：「意見分歧的課題會收斂，會更清楚哪些做法是正確的；也可以看出每家廠商獨到的能力。這些都不是跟某個人聊聊天就可以掌握的訊息。」

「分頭並進」還有令人意想不到的好處：它讓人覺得舒服多了。前面這個研究結束後，研究人員分別訪談了兩組設計人員。當被問到計畫進行過程中，業主給的意見用處大不大時，分頭並進的組員中有超過八〇%的人表示是有幫助的；另一組設計人員則只有三五%表示相同意見，有超過半數的組員甚至覺得業主給的意見根本是在找碴（分頭並進的組員則完全沒有這樣的感覺）。

分頭並進的組員在經歷這樣的過程後，對自己的設計能力有了更多信心。另一組設計人員則不表同意。

爲什麼實驗裡「一次一款」組的設計人員會如此挫折？研究人員認爲，極可能是因爲，單軌作業的設計人員容易把作品跟自我意識過度連結，把業主的意見當成「針對唯一選項的責難」。參與研究的史考特・克萊姆（Scott Klemmer）說：「如果只提出一款設計，那它就會跟設計者的自我意識完全連在一起。如果一次拿出好幾款設計稿，作品跟設計者的自我意識就可以切割開來。」

這是重點——「分頭並進」可以阻截自我意識。如果你的主管手上有三個很得意的計畫想要推動，那她可以敞開心胸，聽聽直率的批評。如果手上只有一個計畫，要她聽進眞心話會很困難。她的自我意識會很強烈的跟這個計畫連結在一起。

可是，分頭並進既然有這麼明確的好處，爲什麼絕大多數組織沒辦法欣然接受呢？許多企業主管的疑慮在於，找出更多選項需要更長的時間。這樣的疑慮有其道理。然而，學者凱瑟琳・愛森哈特（Kathleen Eisenhardt）的研究卻發現，事實正好相反。她研究的對象，是以速度聞名的矽谷的高階領導團隊。她發現，有機會評估更多選項的企業主管，決策速度其實是比較快的。

這跟我們的直覺好像不太一樣。愛森哈特提出了三點說明：首先，有機會做多種選項的比較，主管會更瞭解全貌：有哪些可能和哪些不可能，有哪些不確定的因素。這樣的瞭解會讓決策者更具信心，快速地做出決定。

其次，多選項的比較可以降低組織內的政治性對立。較多選項讓人不至於特別執著當中的某一個，當對選項有更多瞭解後，改變立場的自由度就大些。在廣告橫幅的個案研究裡可以看到，「分頭並進」能讓自我意識得到適當的控制。

第三點，企業主管在評估多種選項之後，很自然的會知道有哪些選項可以留做備用。舉例來說，愛森哈特研究過的一家公司，同時跟幾家廠商談判合作機會。當優先議約的廠商沒能談成時，公司執行長很乾脆的就跟第二順位的廠商簽約了。如果當初只選定和一家廠商談判，那就會拖上一段時間，因為企業主管會想盡辦法留住這筆生意（而且，有可能會為了談成而做出太多退讓）。③

＊＊＊

對於某些決策，找到更多選項是簡單的，只要去找就一定會有。比方說，找新員工，你可以選三個人面談，不要只談一位；買房子，可以去看個五間、十間，畢竟我們不可能搬進一間連見都沒見過的夢幻之屋。

然而，買房子要看幾間，用新人要面談幾位，並沒有一定。經驗法則是這樣的：你要不斷地去找，直到遇上兩個最愛的為止。比方說，某個職位要找新員工，如果適當人選只有一位，你會強烈的說服自己：就用這個人吧。然而，這正是我們的「確認偏誤」。即使看到這個人的缺點，你也會試圖為她辯解：她請我們不要打電話給她的前老闆查證，我想這應該也還好吧，聽她說來，她之前的主管還真是有點古怪……

買車、選學校或是就業都可以用上同樣的邏輯。當然，也有所謂常識上的限制：買吹風機的時候，不需要找到兩種最愛的款式再做決定；如果在婚姻大事上用這個邏輯，到頭來可能會需要上帝幫忙！

本章到目前爲止強調的是幾個選項分頭並進的好處，也就是說，選項愈多愈好。不過，不知道你有沒有過這樣的經驗，走進冰淇淋店卻被眼前太多選擇弄得無所適從。所以，所謂的「多」也有一定的上限，這是在分頭並進時必須考量的重點。心理學家巴瑞．史瓦茲（Barry Schwartz）曾撰文討論「選項過多」（choice overload）的危險。當可以選擇的東西太多時，可能會愣在當下。分頭並進的做法會不會讓我們陷入這種困境呢？

的確也有研究顯示，過度的分頭並進是有害的。哥倫比亞大學的教授席娜．艾耶格（Sheena Iyengar）和馬克．雷博（Mark Lepper）曾做過一個很經典的研究，④他們觀察食品雜貨店裡的消費者行爲。有一天，店裡的試吃桌上擺了六種不同的果醬，顧客很喜歡。再有一天，試吃桌上擺出了二十四種不同的果醬，顧客更是開心得不得了。可是令人不解的是，從收銀台的資料看來，在六種果醬試吃桌前停留、並實際購買果醬的客人，要比在二十四種果醬前試吃的人多出十倍。從這個研究結果看來，在二十四種果醬前試吃是有趣的事，但要選擇買哪一種卻是痛苦的。我們的選擇能力癱瘓了！

當然，絕大多數的決策並不需要在二十四種選項裡做選擇。記得前一章提過的：大部分的人或組織，在做決定時只有一個選項，一種果醬（我正在考慮要不要買這罐草莓果醬）。

我們認爲，即便只在桌上增加一種可供選擇的果醬，也就是在決策中多加一個選項，都會顯著改善決策品質，也可以避免選擇能力癱瘓的事情發生（書後的註釋附有文章，詳細說明了爲什麼我們不認爲「分頭並進」會導致選擇能力癱瘓。有興趣的讀者可以自行參閱）。⑤

再舉一個案例來說明，多加一個選項可以提升決策的品質是眞實不虛的。這是一家德國中小型科技公司的個案，研究團隊是德國基爾大學（University of Kiel）的教授，研究內容則針對公司的每項重要決策。研究人員發現，這家公司所有的會議內容都有詳實紀錄，包括跟決策相關的討論（這些紀錄也送交主要股東，讓他們充分掌握公司動態）。

研究團隊選定了一段爲期十八個月的時間，從檔案資料裡整理出高階主管討論過，並做成決議的八十三項重要決策。結果發現，決策選項都不超過三個，四〇％屬於「要不要」的決策，五五％是有兩個選項的決策（從數據看來，比起前面納特教授所做的研究，這家公司的決策團隊在閃避「偏狹的框架」上，的確是精明老練的）。

研究團隊選取的檔案都是多年前的決策，所以在主管的協助下，接著展開決策品質的評估，看看究竟哪些是成功的，又有哪些是失敗的。經過長時間密集的討論、甚至是爭吵的評定程序後，這些主管把八十三項決策區分成三類：「很好」、「滿意」、「很差」。

研究人員分析這些決策主管評議出來的數據後，結果讓人印象深刻：超過一個以上選項的決策得到「很好」的比例，是「要不要」類型決策的六倍（有四〇％的多選項決策被評爲「很好」，「要不要」類型的決策只有六％）。這樣的結果是有顯著性的。⑥

所以，這是爲什麼我們相信，在絕大多數情況下，決策能力癱瘓的狀況是不會發生的。增進決策品質，眞的只要多一、兩個選項就夠了。忘掉那二十四種不同口味的果醬吧！只要有兩、三種口味，就可以讓我們開心地就範了！

2.

並不是所有的選項都天生平等。在廣告横幅設計的案例裡，「分頭並進」組的設計人員提出的三種設計稿，如果只是形式大小的不同：你比較喜歡十一級字還是十二級字？這就不是眞正的「分頭並進」，反倒比較像是分頭削弱（multiweaking）。要得到「分頭並進」的好處，必須找出有不同實質意義的選項。

要特別注意的是，避免弄出「假選項」。假選項的作用只是讓眞選項看起來順眼一點而已。打個比方，有不少房屋仲介承認他們會先帶客戶去看一間爛房子，爲的是讓第二間房子看起來更吸引人。

假選項的技巧在政治人物間用得比較頻繁。老闆需要幕僚給幾個選項，卻經常不留意這些選項的品質。舉個例子好讓讀者更清楚假選項的特性，這是美國前國務卿亨利．季辛吉（Henry Kissinger）在他的回憶錄《白宮歲月》（*White House Years*）裡提到的。季辛吉號稱是最難對付、也最懂得操弄假選項的實務高手。

他在書裡敘述了當時白宮幕僚用來玩弄尼克森（Richard Nixon）總統的非常典型的官僚把戲。當時尼克森針對歐洲的某個問題，要做出一個政策方向，國務院提給尼克森一份包含三個選項的備忘錄。季辛吉當時就發現，其中兩個選項是註定不可能被採行的，只有一個看起來比較有道理：⑦

這是典型官僚體系的產物，他們會讓決策者只有一個真的選項可以選擇。而且為了容易區分，這個選項通常都放在中間。舉個典型的例子——我是開玩笑的——他們會在政策決策者面前擺出這樣的三種選擇：發動核子戰爭、維持現狀，或是投降。

尼克森總統可能以為他是有選擇的，但事實並非如此。他自始至終都陷在偏狹的框架裡。

如果連總統都會掉進這個陷阱，那我們就更容易了。企業主管必須設法找出有效的選項，而不是假選項。想知道部屬提出的選項是眞是假，可以請他們投票表示意見。若有反對意見，那是極好的徵兆，表示這些選項是眞的。反之，如果大家很容易就達成共識，那可能就要有所警覺。

尤其，當我們對某件事有理所當然的看法時，要找出不同選項是很困難的。部分原因來自前面提過的聚光燈效應。比方說，我們想在家裡裝上木質地板，思路會自然而然地去想要用什麼材質的地板。如果眞要跳出思考的框框，其實可以考慮裝修家裡的其他地方。然而，所謂眞正不同的選項——鋪地毯？把現在的地板染成其他顏色，省下來的錢可以去夏威夷玩一趟？根本不要管什麼地板了，買部車吧？——是比較不容易產生的，因為這需要讓聚光燈有較大幅度的轉動。

當我們的心智安頓在某些陳舊的習氣裡時，要發想出獨特的選項更加困難。人類心智狀態常見的習氣有兩種，幾乎在做每個決定時，都有它們的痕跡。相關的研究很多。當我們想避開禍事的時候會出現一種習氣；當我們在尋求好事的時候會出現另一種習氣。而且，當我們處於一種狀態時，通常會忽略另一種狀態的存在。

舉個例子來說明這樣的心智狀態。有天早上，小孩跟你討論他在學校擔任學生會會長的事，你還頗引以為榮，但你同時也希望他清楚知道他的義務是什麼；出門在車道上遇到隔壁鄰居，他提到，街尾那棟六個月賣不掉的房子，最近終於以低於底價很多的價錢脫手了；在上班的途中，廣播節目談的是某種新科技的潛在危險。

一個鐘頭後你進了辦公室，老闆把你叫到一旁說，有個新的職缺，要帶領一個小團隊開發並推出新產品，風險不小；但老闆認為潛力十足，問你有沒有興趣。算是個平調的職位，管轄的同仁還少了幾個，但新產品如果做起來，發展潛力很大。

對於老闆的邀約，你本能的反應會是什麼？你可能會傾向於謹慎保守。這聽起來不太像升官，首先，你得帶領團隊把新產品弄出來。萬一推出市場不順利，該怎麼辦？會不會因此毀了職場前程？你肯定會仔細考慮一下是否接下這份工作。事前小心謹慎，總比事後遺憾要好點吧！

現在，再設想另一個不同的早上。兒子跟你分享他在學校社團裡有個大展鴻圖的構想，他的雄心壯志讓你這個做父親的十分得意；鄰居跟你分享他花園裡的香草植物長得有多棒，也引發你的興趣，想在自家後院也種點東西玩玩；上班的途中，廣播節目談的是某種新科技帶來很多新機會。一個鐘頭後進了辦公室，跟前述的場景一樣，老闆跟你說有個新工作……

如果是這樣的情境，你的本能又會怎麼反應？這一次說不定你會比較願意接受，也多一點信心與熱情。老闆信任你，請你去領導一個非常有潛力的新產品部門！不入虎穴，焉得虎子！

簡單地說，一個人對這樣的工作邀約會如何反應，要看邀約當下他的心智狀態而定。面對新機會時，我們的動機與接受度受到兩種完全相反的心智狀態的影響，心理學家分別稱為「預防型焦點」（prevention focus）與「促進型焦點」（promotion focus）。⑧前者會促使我們避免得到負面結果（避凶），後者則會使我們追求正面結果（趨吉）。

在第一種情境，你進辦公室時是處於避凶的心智狀態，也就是抱持著警戒心：你擔心小孩到底能不能勝任學生會會長的工作；你想著房子變得不值錢；你希望制訂政策者可以阻止新科技帶來的危害。所以，當老闆告訴你有個新職缺時，你的心智聚光燈就會停留在事情會出錯，自己會遭受損失之類的想法上。然而，在第二種情境，你處於趨吉的心智狀態，也就是抱持著熱切的期望，而非警戒狀態；你對新的想法和新的體驗，採取開放的態度。

兩者各有用處，生活中不同事情的決策常在兩者間擺盪。它們很難並存，我們沒辦法同時擁抱這兩種心智狀態。

然而，最有智慧的決策是既有避凶的謹慎，又有趨吉的熱情。三位哈佛大學教授古拉提（Ranjay Gulati）、諾立亞（Nitin Nohria）及巫吉周仁（Franz Wohlgezogen），以四千七百家上市公司爲對象，研究它們是如何度過三次全球經濟不景氣（一九八〇到一九八二年、一九九〇到一九九一年，以及二〇〇〇到二〇〇二年）。⑨他們仔細分析各公司的財務報表，瞭解這些企業在艱困的市場環境下如何因應。有一七％的公司沒能熬過不景氣；有四〇％的企業在不景氣過後三年，營業額以及獲利能力都沒有回升到不景氣發生前的水準。

研究人員根據這些企業因應不景氣的做法，區分成兩大類：趨吉心智狀態以及避凶心智狀態。以避凶態度來面對不景氣的企業，多採守勢策略，勒緊腰帶，減少冒險性的作爲。以趨吉態度面對不景氣的企業，多採攻勢策略，持續進行策略性的投資。

這兩類企業都因爲過度著重某種特定做法，導致日子都不好過。研究人員指稱，避凶類型的企業，重點是削減成本，採取的是「受圍心態」（siege mentality）。研究報告這麼寫著：「這些企業裡，彌漫著悲觀的氛圍，中央集權、嚴格管制，每天都有更進一步削減成本的威脅，人人自危。無論是個人還是組織，焦點都在只求自保。」

另一方面，趨吉類型的企業則顯得有點天眞，反應遲緩。研究人員指稱，這類型的企業形成了「樂天的文化，讓組織成員長期否認危機的嚴重性」。

成功度過不景氣的企業，看來多是採行「分頭並進」的高手，同時擷取了趨吉與避凶兩種策略的長處。舉例來說，在二〇〇〇年不景氣的時候，辦公室用品供應商史泰博（Staples）一邊關掉幾個表現不佳的分店以節省營運成本，另一方面則多進用了一〇%的員工，推行高附加價值的新服務。它的主要對手歐飛思倉庫（Office Depot）則採避凶策略，除了資遣六%的員工之外，也沒有在新業務上做相對的投資。因應的方式不同，財務報表上的獲利數字自然也就不一樣了：不景氣過後三年，史泰博的獲利能力超過歐飛思倉庫三〇%。

史泰博這類企業算是懂得分頭並進的高手。節省成本提升效率，而非資遣員工，並持續投入研發，掌握新事業的機會。既保守又積極，兩面兼顧的手法大大地增加了未來蓬勃成長的機會。研究人員發現，這類成功的企業在不景氣過後的反彈力道極大，無論是銷售金額或利潤成長，都高過競爭對手至少一〇%以上。採取「分頭並進」策略的企業，在不景氣過後高度成長的家數，比單獨採用「趨吉策略」的企業要多出四二%；比起單獨採用「避凶策略」的企業，這數字則高達七六%。所以，看起來兼籌並顧的策略，比起二選一的策略要好得多。

＊＊＊

簡單地說，智慧決策的妙方就是配搭使用這兩種心智狀態。當我們發現已經傾向於某種心智狀態時，必須有所警覺。在大砍預算的氛圍裡，避凶的心智狀態必然占了上風：如果一定得砍掉某些預算，要如何讓傷害降到最低？要如何保護自己避開這場災難？如果有機會在這類場景裡擔任決策諮商工作，先想辦法把同事拉回趨吉的心智狀態：「我們都知道得砍掉五％，但想想看，如果可以砍掉八％，是不是會多一筆錢可以投入最有機會的新事業？如果要有跳躍式的成長，機會在哪裡？」

相反的，如果遇上剛搬到洛杉磯的劇作家，雄心萬丈地想像著無窮無盡的機會——令人興奮的新劇本、迷人的新朋友、帶來大把銀子的新合同、夜夜狂歡的晚餐聚會。如果你是他的朋友，而且是有同情心的朋友，務必要引發他的避凶心智狀態：在等待這些大好機會來到你面前的同時，要不要有什麼行動，確保你不會被廉價地榨乾？

兩種心智狀態的配搭運用，不只在組織的決策中適用，對個人生活上的決定也有所助益。但我們只靠自己是不容易做到的。密西根大學的心理學家蘇珊・諾蘭赫克希瑪（Susan Nolen-Hoeksema）在她的著作裡，描述了朵琳和法蘭克夫婦的案例。朵琳是洛杉磯郡社福部門負責個案的社工員，工作認眞負責，卻不容易控制自己的情緒。她遇到冷漠、沒有自力更生動機的個案當事人，脾氣就會發作；看到極度貧困的個案當事人被主管排除在救助名單之外，更會讓她心碎。

這種高低起伏的情緒，給她造成極大的壓力，甚至影響到家庭生活。諾蘭赫克希瑪是這麼寫的：「有好幾個晚上，朵琳不是爲了晚餐時小孩沒把電視關掉之類的芝麻小事發脾氣，就是整晚把自己關在書房裡，聽著無數惹人厭煩的聲音繞著房子，忍住脾氣不要發作。」

後來實在是走投無路了，朵琳去見了她在教堂熟識的教友。教友鼓勵她用主動的態度來管理她的壓力。過了一陣子，她在一張紙上列下幾個可能的解決途徑：

1 辭掉工作。
2 工作半天。
3 想辦法讓小孩不那麼惹人心煩。
4 請法蘭克多花點時間管管小孩。
5 換個壓力小一點的工作。
6 在回家之前，先找到紓壓的管道。

在找出多個選項這件事上，朵琳做得非常好。遇上同樣狀況的人，通常會陷入「偏狹的框架」裡，只弄出一個選項，像是要不要把工作辭掉，來對付面臨的處境（或要不要買副口罩給小孩戴上，讓他安靜點）。

選項看似不少，遺憾的是許多選項是不可行的。家裡需要她這份工作的收入，前面兩個選項就先出局了。選項3、4看起來也不太容易：小孩不可能突然間變成不吵鬧的乖寶寶；把擔子加在已經有相當負擔的法蘭克身上，似乎也不是很妥當。這才發現，問題不是出在小孩身上，也不是老公，而是自己對生活上的煩瑣事務反應過度了。

有了這樣的瞭解，她把心力放在第五個選項：換個壓力小一點的工作。找個比較不會牽動情緒起伏的工作，馬上可以減除壓力。然而，這似乎背離了自己宗教信仰上的核心理念——幫助不幸的人是無可迴避的責任。

這條路看起來也走不通。她於是跟老公討論最後一個選項，有沒有機會在回家前找到紓壓的方法。法蘭克丟出了幾個想法：回家的路上聽聽輕鬆和緩的音樂？（朵琳在車上聽的是新聞台的節目，內容多半是各式各樣的麻煩事、貪污舞弊之類的新聞，讓她的情緒更受刺激。）或早點離開辦公室，回家前去ＹＭＣＡ做做運動，消耗一點體力。

這都是些簡單的想法，很多人都有機會遇上類似情境。要特別強調的是，朵琳在日常生活中展現的智慧：她直覺地去跟老公和教堂的教友討論各種選項，以及法蘭克巧妙地轉移老婆的注意力焦點。當朵琳在思考如何避免或減低壓力的時候（她想的是辭職或減輕小孩教養責任之類的選項），法蘭克適時提醒她，有沒有方法可以增加她的快樂（運動消耗體力，聽聽美好的音樂）。法蘭克在朵琳原來的避凶心智狀態下，加入了趨吉的心智狀態。⑩

配搭運用這兩種不同的心智狀態，可以幫助我們所愛所關心的人或同事，走出情緒的死胡同。

＊＊＊

當生命給我們的選擇是「不是這個，就是那個」的時候，我們應該要有膽量去問，正確的答案有沒有可能是「兩個都要」。

前一章談到的是找出更多選項，跳出偏狹的框架是何其有價值的事。在本章，我們增添了新的點子：同時耕耘幾個選項，會有意想不到的好處。在德國科技公司的案例裡所敘述的，同時有幾個選項的決策，最後的結果會比只有一個選項的決策要好上許多。

經驗顯示，有些企業主管會為自己單線作業的方式找藉口：「雖然現下考量的只有一個選項，但這絕對不是那種『要不要』的決策。過去幾年，我們已經考慮過很多選項了。」誠如在廣告橫幅設計的案例裡提到的現象，依序提出選項，經過一段時間後，雖然也會產生多個選項，但作用肯定比不上同時進行幾個選項所產生的威力。分頭並進讓我們得以更清楚地瞭解即將面臨的情境，也可以在第一時間彙整所有選項的優點，還可以知道是否有太明顯的自我意識包藏於其中。

數個選項分頭並進的做法，有時是困難的。因為我們的心智能力不習慣「這和那」的思維模式。比方說，我們經常會在「趨吉」或「避凶」兩種心智狀態的選擇上卡住。如果可以兼籌並顧，找出傷害最少、機會最大的選項，比較可能眞正地挖出範圍內全部的選項。

雖然這麼說，不過我們是先跳過了一個課題沒有討論。本章裡提到的幾個案例都有很多選項：雷思康有好幾打的名字可以選擇；廣告橫幅設計師發想了六個選項；朵琳也有六個選項（沒有計入法蘭克提出的建議）。但若遇到不容易找出選項的情況，該怎麼辦？如果你眞的陷入死胡同了，該如何處置？

這是下一章要探討的課題——可以去哪裡找到新的選項？

重點摘要

1分頭並進＝同時考慮一個以上的選項。

●專業的命名公司雷思康把一項工作交付給多個團隊分頭進行，其中包括一個「偏離團隊」，從完全不同的領域著手。

2當我們同時進行多個選項時，對問題的輪廓可以掌握得清楚些。

●廣告橫幅設計師同時提出多份稿子，無論在創意和效果上都得到較高的評價。

3分頭進行可以讓自我意識受到控制，而且速度實際上會快得多！

●如果你提出的選項只有一個，那自我意識就牢牢的綁在裡頭了。

●愛森哈特研究矽谷科技公司的結果發現，分頭並進可以減低組織內部政治性的對立，而且自然會有備用選項到位。

4有人或許會認爲，選項太多會導致決策能力癱瘓。我們認爲只要多一至二個選項，就足以獲得極大的好處。

●我們並不認為必須有二十四種口味的果醬讓大家選擇。某德國科技公司的經驗顯示，有兩個以上選項的決策，事後被評價為「很好」的，是單一選項決策的六倍。

5 要注意「假選項」的出現。

- 季辛吉：「發動核子戰爭、維持現狀，或是投降。」
- 有助於判斷的狀況：如果團隊對於選項有反對意見，表示這些是真的選項。

6 配搭運用「避凶心智狀態」與「趨吉心智狀態」。

- 「避凶心智狀態」＝閃避負面的結果。「趨吉心智狀態」＝尋求正面的結果。
- 配搭運用兩種策略的企業，在不景氣過後，績效顯著提高。
- 朵琳的老公法蘭克導引她別只是設法減少壓力，而是增加快樂。

7 想辦法追求同時做到「這和那」，而非「這或那」。

4 找到曾解決類似問題的人

1.

規模超級龐大的沃爾瑪（Walmart），常引發人們敬畏、恐懼、崇拜、厭惡等複雜的混合情緒。二〇一二年營業額四千四百四十億美元，相當於地球上的每個人貢獻六十四美元。①然而，人們是健忘的。沃爾瑪在美國阿肯色州邊頓市（Bentonville）起家的時候，也是家名不見經傳的小公司。創辦人山姆・沃爾頓（Sam Walton）後來成了全球商業鉅子，但他也是從小生意人開始的。

沃爾頓在一九五四年創立沃爾瑪之前，在邊頓市經營一家小賣場。他經常去逛其他店家蒐羅好點子。風聞明尼蘇達州某位班・富蘭克林（Ben Franklin）開的賣場，在結帳動線的安排上有新的做法，他馬上跳上巴士，展開六百哩的旅程，前往明尼蘇達州的派普史東市（Pipestone），只爲了先睹為快。

想像一下，坐十二小時的巴士，參訪同行的新做法會是什麼樣的感覺。沃爾頓來到當地，看到的東西讓他印象深刻。店裡結帳的客人魚貫進入店面前端的集中式結帳區。這大大不同於當時賣場各百貨部門各自結帳的標準做法。包括沃爾頓自己經營的多數賣場，買廚房用品的客戶得在廚房用品的櫃台結帳；如果還買肥皀，就得再去衛浴用品的櫃台付錢。

沃爾頓充分瞭解，把結帳櫃台集中有幾個重大的好處：收銀員人數減少，薪資成本降低；現金處理程序簡化，錯帳和偷竊有機會減到最低；而且顧客只要掏一次錢包。

當他認同了店主的做法，馬上把新概念引進自己的店裡。一直沿用至今，其他大賣場也相繼跟進。

沃爾頓一輩子都在外頭尋覓好點子。他曾經說：「我做的每件事幾乎都是從別人那裡複製過來的。」在折扣商店開始以連鎖方式經營的前幾年，他跑遍全國各地尋找最好的實務經驗。他拜訪過的連鎖賣場，從東北部的思巴坦（Spartan）、馬莫思（Mammoth），到加州的飛德瑪（FedMart）。跟飛德瑪的某位主管見面聊過之後，沃爾頓釐清並確立了自己對未來商品配銷的看法，從此以後，他堅信這終將是沃爾瑪展現優勢的地方。他對克雷吉（S.S. Kresge）在密西根州花園市創設的凱瑪（Kmart）賣場裡的商品組合和陳列方式甚為推崇。「我敢打賭，我進 Kmart 賣場的次數多過任何人。」沃爾頓說。②

終其一生，沃爾頓找到聰明的解決方案的方法，就是不斷地問自己：「還有誰跟我一樣在為這個問題傷腦筋？我可以從他們那裡學到什麼？」

＊＊＊

跳出偏狹的框架，需要增加新的選項；而產生新選項最基本的方法，就是找到曾解決類似問題的人。如果你有親戚酗酒成癮，不知如何處理，建議你找曾經歷類似磨難的人聊聊（這是類似Al-Anon這樣的社群之所以存在的理由）。如果不熟悉某基金會申請補助的程序，就去找曾經走過一遍的人聊聊。

沃爾頓到競爭對手的賣場尋找更好的點子已經成爲習慣。如今，深入分析競爭對手的做法，已經成了多數企業主管慣常的工作了。向標竿的競爭對手學習，引進行業最佳實務經驗，已是各行各業行之多年的做法。養成這類習慣有其用處，卻不容易讓組織眞正與衆不同。好的做法會很快擴散，當賣場都導入集中結帳區這種最佳實務做法後，任何業者都無法據以形成競爭優勢。

案例顯示，在某組織很好用的做法，未必適合另一組織，就像器官移植會產生排斥作用（如果麥當勞學習電影院的做法，可口可樂一瓶賣十二美元，你想會發生什麼狀況？）。所以，在外尋覓好點子的同時，不要忘記在組織內部找找看。有時候，解決問題的人就在自己的組織裡。凱瑟帕曼內特（Kaiser Permanente）是美國規模龐大的健康維護組織（Health Maintenance Organizations，簡稱HMOs），有九百萬個會員。它的領導人就領悟到了這件事。

二〇〇八年初，亞蘭．惠比（Alan Whippy）醫師注視著手上一堆令她震驚的資料。她是帕曼內特醫療集團北加州的醫療品質與安全主管。爲持續改善醫院的服務品質，惠比醫師帶領的團隊要求北加州二十一間集團所屬醫院的相關主管，分別針對每家醫院最近死亡的五十位病人，做深入的專案研究。結果發現，醫院非常關注的重點死因心臟病變，只占三．五％。然而，有另外一個高出這數字十倍之多的死因——敗血症——卻沒有受到集團醫院應有的關切，似乎其他醫院也是如此。

惠比醫師用譬喻解釋了什麼是敗血症：「如果你的皮膚受到感染，就會紅腫，呈現紅色、腫脹以及發熱。感染本身並不會讓皮膚變成紅色，而是身體對感染做出的反應。」敗血症則是在血液受到感染後，身體出現的反應。這類的發炎反應會擴散到身體各部分，連距離感染器官很遠的部分也會被影響，比方說，肺部發炎可能引發腎功能衰竭或腦部傷害。

惠比醫師的團隊發現，醫生對器官的感染，比方說肺炎，都會小心謹慎地處理；但是對於併發的敗血症卻不會積極處置。而這卻經常是病人死亡的眞正原因。

先暫停一下。惠比醫師手上的難題是：爲了改善集團所屬醫院處置敗血症的情況，她需要選項，她該從什麼地方找出這些選項？

她在醫院體系找到了聖塔克萊拉（Santa Clara）院區的黛安・葛雷格（Diane Craig）醫師和她的團隊。他們在對付敗血症的工作上已經努力多年，也已經把這院區因敗血症死亡的人數比例降低了一些。然而，速度並沒有預期的快，讓他們感到很沮喪——特別是敗血症的療法早在二〇〇二年就已經清楚了。當年有篇論文發表在《新英格蘭醫學期刊》（*New England Journal of Medicine*），如果病人在確診後可以迅速且密集地接受治療，有機會顯著降低死亡率。

然而，說比做容易。以葛雷格醫師個人的經驗來看，迅速和密集的治療在實務上是相當困難的。主要原因有二：首先，敗血症不容易被發現，病人早上看起來還不錯，到了午餐時間就可能出現緊急狀況，此時傷害已迅速層層蔓延，處理起來就困難多了。再者，論文建議的敗血症療程必須以大量抗生素和生理食鹽水打進病人的身體，這本身也有相當的風險。

葛雷格醫師說：「任何人聽到這樣的說法，都要一段時間才回得了神：病人目前看起來狀況不錯，但現在要在他的頸部插進一條導管，推進加護病房，灌入大量生理食鹽水。而且是在病人目前看起來非常好的情況下這麼做。」相關研究的確支持這種先期的處置做法，有風險，但值得一試。但在醫生「不造成傷害」的醫事人員職業信念下，要按照論文建議的程序進行快速、強制的處置，是有困難的。

葛雷格醫生和惠比醫生因此瞭解，要跟敗血症戰鬥，必須解決兩個困難：一是讓敗血症易於被發現，二是讓醫務人員知道不採取行動的危險。

在惠比醫生的支持下，葛雷格醫生的團隊開始在聖塔克萊拉院區醞釀解決問題的新方法。一個簡單有效的做法是，只要有醫生要做病人的血液組織培養，就表示已有血液受到感染的疑慮，這時就自動加入一項乳酸量測試（血液中的乳酸含量是敗血症的重要指標）。讓病人的重要數據受到影響之前，早期偵測到敗血症的徵兆。

團隊還推動了幾項改善措施，目的是讓聖塔克萊拉院區的醫護人員對敗血症有更進一步的瞭解。張貼海報、印上敗血症重要徵狀的隨身小卡片等，還有一份文件以圖表呈現不同狀況病患的死亡率。「讓醫護人員知道，他面前的病患即便看起來狀況很好，卻有二〇%的死亡率。這是非常有用的工具。」葛雷格醫生說。

團隊還要求只要醫護人員發現任何敗血症徵狀，就撥打「敗血症熱線」（sepsis alert），這做法類似病人心跳停止時發出的藍色警戒（code blue），會有一組醫護人員迅速到達病房，視狀況密集展開必要的救治療程。

創新的做法開始產生效果。敗血症引發死亡的比率下降了。惠比醫生密切注意計畫的進展，這項由聖塔克萊拉院區醫護人員從血液組織培養程序切入、發展出的完整程序，她認爲可以推廣到其他院區。在這同時，其他院區各自發展的若干關鍵作業程序也都整合進來，讓罹患敗血症的病人能在很短的時間內接受大量的生理食鹽水。

在惠比醫生的督導下，花了短短幾個月的時間，對治敗血症的作業程序就推廣到所有院區。二〇一二年夏天，北加州的凱瑟帕曼內特——包含二十一家醫院、服務三百三十萬名會員——成功地將敗血症的風險調整後死亡率（risk-adjusted mortality）降低了二八％，低於全美醫院的平均值。

這種對治敗血症的療程還有驚人的潛力。如果全美國的醫院都比照凱瑟帕曼內特醫療集團，把因敗血症而死的病人比率減少二八％的話，相當於救活了每年因前列腺癌和乳癌而死亡的所有人數。③

＊＊＊

凱瑟帕曼內特的主管是先從組織內部尋找「亮點」（bright spots），*也就是從資料的產生與分送的過程中發掘問題所在。比方說，在對治敗血症的療程發展上，葛雷格醫生的團隊也是一個亮點，因爲他們成功降低了死亡率。

---

*作者註：亮點是我們在探討如何啓動改變的《改變，好容易》一書中提出的概念，這是該書的中心思想。有興趣的讀者可以免費參閱網頁：http://www.fastcompany.com/1514493/switch-dont-solve-problems-copy-success。

亮點隨處可見。如果想養成某個時段固定運動的新習慣，那麼亮點可能就藏在上個月去了四次健身房的事證裡。如果願意花點時間瞭解亮點所在，可以回想一下，那四天是怎麼讓自己去健身房的？通常會找到原先意想不到的答案。或許會發現，其中三次是在午餐時間，那是比較有空檔的時段。於是你知道，以後就把這個時段留下，不排其他行程，空出時間去健身房動一動。

亮點美好之處，在於它源自本身的自我經驗，不會有移植排斥的麻煩。它是你自身的成就，你願意繼續複製。

亮點和最佳實務可以是我們靈感的源頭。當面對兩難的抉擇需要新的選項時，可以像沃爾頓一樣在外面尋求新的點子，或是像凱瑟帕曼內特的主管一樣從內部找答案。要提醒讀者注意的是，這兩種做法在本質上是被動的：你遭遇困難，才去尋求解答。如果把這樣的經驗結果留存下來進一步運用，就可以把被動的尋找答案轉化成主動的指導準則。

這是什麼意思呢？比方說，某位主管手下有一位才華洋溢、企圖心旺盛的同事，熱切地希望有機會更上層樓，擔負更大的責任。但主管手上沒有明顯的籌碼可以運用，升遷管道不明，短時間內也沒辦法拉高他的薪酬。那要如何才能讓這位同事保持工作熱情，甚或是如何避免他另謀高就呢？

主管找出選項的第一步，就是看有沒有既有的最佳實務可以參考。世界上有成千上萬各種組織，一定有人碰過同樣的問題。再者，也可以在自己的組織裡尋求亮點，找幾位資深主管聊聊，看看有沒有可以參考的經驗。

如果主管更進一步，把學到的東西用文件記錄下來，那麼一個月或一年以後，凡是遇上同樣狀況的主管，都可以從做好的建議清單上得到解答。這份清單或許會有以下這些想法：有沒有什麼方式可以讓他試試自己手上層次高一點的工作？有沒有可能弄個專案計畫，讓他帶頭去做？有沒有辦法讓這位同仁因爲優異的工作表現接受公開表揚？

把這些建議做成文件，就像完成一份「播放清單」（playlist），這會是管理工作者的暢銷金曲——該提的問題、進行協商的原則、可以考慮的構想。

這個「清單」的構想，可以化被動（誰曾經解決過這種問題）爲主動（我們已經找到曾解決類似問題的人，他們的建議是……）。

狄翁．休斯（Dion Hughes）與馬克．強生（Mark Johnson）曾在廣告界運用這種「清單」的技術，獲得很好的成果。他們有一家名爲「說服力藝術與科學」（Persuasion Arts & Sciences）的公司，當廣告公司的創意部門遇上撞牆期時，就找來他們當救援投手。他們經常在重要簡報的最後關頭，進場提供新鮮的點子。

兩位都曾在廣告業的頂尖公司工作。強生的代表作，是以「終極駕駛機器」（ultimate driving machine）爲ＢＭＷ做市場定位。休斯獲獎的作品則是爲澳洲啤酒 Foster 做的廣告：「如何表達澳洲人」（有張海報是這樣的：桌上插著一把亮閃閃的匕首照片，文案是「澳洲人的牙線」。旁邊是一張 Foster 啤酒的照片，寫著「澳洲人的啤酒」）。

休斯說：「搞廣告創意的人都很寶貝自己的想法，有了熱中的想法後，就會投入大量個人情緒。所以，時間都花在深入那一個或兩個創意裡，而不是想辦法把翅膀張開，讓自己可以看得更高更遠。如果大家都這樣，那我們就來個反向操作！」收到廣告公司創意總監的求助電話之後，他們倆會試著在一週內給對方十來個可能的方向指導（也就是分頭並進的概念）。

要發想出這麼多點子，他們會一次又一次地回到同一個清單。比方說，這個品牌有哪些可以運用的圖像材料？圍繞著它們可以弄出什麼東西？以優比速（UPS）的專案來看，就是盾牌狀的商標、古典棕色的駕駛制服或長盒子狀的載貨卡車。清單裡的其他問題包括：

- 這個品牌有沒有主要的使用色系？
- 這項產品的競爭對手有哪些？
- 如果是市場的領導品牌，那這個品牌該給人什麼樣的感覺？
- 如果是市場新秀，該如何處置？
- 可以把產品擬人化嗎？

二〇〇八年，有家只有冰凍巧克力香蕉這項產品的小品牌「黛安娜的香蕉」（Diana's Bananas）找上他們。公司的創始人是芝加哥的某位女士，在過世後，把這家「只有一個班次員工的小工廠和小公司」（這是休斯的用詞）留給她的先生。

休斯和強生被這個故事感動了，願意為黛安娜的店做點小事。業主說只有八萬美元的預算，他們兩位只能很客氣地告訴他，這樣的預算是沒辦法打電視廣告的。在動腦會議討論廣宣構想時，他們兩位確知必須克服兩個問題：首先，到賣場買東西的人，會把「冰凍巧克力香蕉」列入購物單的是極少的少數；再者，在賣場做促銷看來也不可行，因為店家沒有預算，貨品在冰櫃區沒辦法放在顯眼的位置，多半會被擱在冰櫃的底層。

幾個問題引發他們這樣的思考：買這種巧克力香蕉的多半是小孩，有沒有可能讓小孩哀求爸媽買這種東西？問題是，小孩子根本就不知道賣場有這種東西，所以得先把小孩吸引到正確的位置。該怎麼做呢？

當他們回頭去看清單時，在一個問題前停住了：這個品牌有哪些可以運用的圖像材料，圍繞著它們可以弄出什麼東西？產品包裝上有隻穿著尿褲的小猴子，於是就從這裡出發，想著香蕉跟這隻小猴子：嗯，如果有隻吃香蕉的小猴子，身後是一串剝下來的香蕉皮，像循著麵包屑找到麵包那樣，會有什麼效果？

這點子讓他們興奮異常，於是設計出一系列鮮黃色的香蕉皮轉印貼紙，貼在賣場地板上，形成一條導引小路，把人帶到巧克力香蕉的冰櫃前。小孩一下子就被這樣的設計給吸引住了，像是尋寶般的跟著香蕉皮貼紙往前走。

當這條小路在某個連鎖賣場完工後，休斯和強生打了個電話給業主，問他廣宣效果好不好。業主說：「我們每天得補貨一到兩次，才跟得上客戶的需求。」這條香蕉皮小徑像是有魔力般地發揮了作用。

目前爲止，休斯和強生最了不起的成就是下面這個案子。某家名列財星（Fortune）一百大的公司，向它的廣告公司下了最後通牒：如果再提不出新鮮的點子，上億美元的廣告預算就要換人做做看了。這家廣告公司驚惶失措，急忙找了四十多位創意人員，住進某大工業城郊區的機場旅館，休斯和強生也在其中。這群人像是一級謀殺案的陪審團般被隔離起來，這段期間，連家住當地的創意人員也不准回家過夜。

休斯說：「我們看著房間裡的這群人，心裡想著：『房間裡集合了這麼多優秀人才，然而，要怎麼打贏這場仗呢？』」他們知道，其他想切進這案子的廣告公司，會花上幾天的時間精心調製出一、兩個創意構想。於是，休斯和強生再次檢視清單上各式各樣的問題後，決定要用速度和數量來打贏這場硬仗。

他們決定第二天一早就跟創意總監開會。「我們不看任何廣告片，也不會提出任何平面稿。」休斯說。「我們只說：『這些大大的空格，是這次任務會包含的部分。』我們一想到點子就塞進格子裡，這樣我們就擁有一個空格了。一週後，當其他創意團隊來見這位總監時，他只約略看看他們的工作成果，然後說：『不好意思，我已經從狄翁跟馬克這邊得到差不多的東西了！』」

這種方法眞的管用。這家廣告公司總共提了六個構想給客戶，最後得到客戶認可的四個，是休斯和強生提出來的。清單再次獲勝。④

＊＊＊

休斯和強生採用的方法看似粗略，他們強迫自己去看那些早就寫好的問題，一次一個往下看，藉由這方法找出新的選項。也就是說，藉由一個看似陳舊的問題清單的刺激，就可以激發出新的想法。更令人驚喜的是，這種粗略的方法，居然也可以在特別重視創意與獨特性的廣告業發揮作用。如果清單在廣告業用得上，相信也會對你有所幫助。

你能否發展出自己的清單，用來協助同事找出新的選項呢？不妨回想一下自己的組織過去所做的決策，有哪些是有共同特性的。比方說，最讓人不舒服又最常見的，就是砍預算的決策。如果組織裡最聰明的腦袋可以做出一份清單，讓砍預算的人有方向可遵循，會是怎麼樣的景況呢？

- 有沒有可能把某些支出計畫延後一段時間，而非砍掉現有的開支？
- 是不是已經翻遍所有可能的收入來源，讓預算削減的壓力小一點？
- 抗拒齊頭式削減預算的衝動，務必找出更具策略性的預算削減方案。
- 有沒有可能再多砍一點預算，把多出來的錢投入令人興奮的新機會？

如果能仿效休斯與強生使用清單的做法，主管便可以很快整理出可能的選項。再舉個例子，有位地方政府官員正爲了圖書館的預算傷腦筋，上頭說要砍掉一〇%。一開始或許她有兩種打算，一是齊頭式的把圖書館開放的時間都砍掉一〇%；二是把某分館關閉。如果適切運用清單，可以看到更寬廣的選項：

- **有沒有可能把某些支出計畫延後一段時間，而非砍掉現有的開支**？可以考慮延遲聘雇幾位資訊工作人員。這會有點幫助，只是不大。
- **是不是已經翻遍所有可能的收入來源，讓預算削減的壓力小一點**？這部分不太樂觀，目前的氛圍不可能增加稅收。我們可以試著尋求企業贊助，但是這要明年才能看見成果。
- **抗拒齊頭式削減預算的衝動，務必找出更具策略性的預算削減方案**。把開放時間做些調整和限制，說不定是聰明的策略性做法。比方說，學校附近的圖書館，晚上開放的時間不變，早上開館的時間可以晚一點；在退休人員較多的地區，早上開館時間不變，閉館的時間可以提早。

- **有沒有可能再多砍一點預算，把多出來的錢投入令人興奮的新機會**？這倒是相當可行的想法。如果關掉使用率最差的分館，再加上調整開放時段，大約可以省下兩百萬美元。可以擴充圖書館的網路線上服務，讓社區居民隨時都能得到服務。

所有組織都可以得益於這樣的決策輔助工具。（有沒有壞處？）清單和企業內常見的檢核表（checklist）都是有用的工具。然而，組織裡或許有很多檢核表，卻沒有清單。檢核表的使用時機，是在每次都必須複製相同行爲的地方，性質上屬於指令的下達，避免執行者犯錯。而清單的使用時機，是在需要給予刺激的時候、是挖出新點子的方法，性質上屬於醞釀新的想法，避免忽略可能的選項（別忘了把聚光燈照一照這裡）。

清單的另一個功能，是促使我們分頭並進。前一章討論過，如果可以同時具備避凶與趨吉的心智狀態，效益會更大。清單可以強迫我們這樣做。前面提到的削減預算的例子，最後一個問句是：「有沒有可能……把多出來的錢投入令人興奮的新機會？」就是讓我們把心智轉移到趨吉的狀態。這樣的刺激有它的用處，在預算削減的過程中，決策者多半會陷在避凶的心智狀態裡，只關心如何避免受害。

當然，清單不是萬靈丹。比方說，從來沒遇過的決策肯定不會有所謂的清單，以現今變化快速的環境，這類決策出現的頻率非常高。當必須做決定，卻沒有清單可以參考，沒有最佳實務可以學習，也沒有亮點可以諮詢的時候，該怎麼辦呢？

簡單地說，如果真的卡住了，該怎麼辦呢？

2.

凱文．敦博（Kevin Dunbar）針對「科學家是如何思考」這個問題，展開了系統性的探討。科學家是如何解決問題的？他們的突破源自何處？敦博在「科學性思考」這個主題的興趣，巧妙地結合了他的科學研究（在大學攻讀五年的分子生物學）和思考（擔任心理學教授）兩個主題。

敦博很快就理解到，傳統的心理學工具，並不適合拿來研究全新的、以現實世界科學爲特色的解決問題方式。在典型的心理學實驗中，大學生——也就是心理學的白老鼠——可能會被要求花十分鐘在一個足以被二十來歲、無技術專業者破解的一般問題上。相較之下，科學的進展乃經年累月而非短短幾分鐘，且科學家在其專業領域都具有深厚的學養，因此敦博非常確定，研究科學家心智活動的方式，將完全不同於用在大學生身上的那套快速測試方法。

敦博仿效戰地記者藏身軍隊的做法，花了一年時間緊跟著四組先進的分子生物學實驗室的科學家，觀察並記錄他們的工作。觀察的焦點是這四間實驗室每週例行的研究報告會議。會議中通常會有實驗室的博士研究生或博士後研究生，提出某項計畫的進度和成果。

經過相當長一段時間的側面旁聽、面對面的訪談及整理分析，敦博發現，明確支撐著科學思考、之前卻沒被看出來的，是「類比」（analogy）。

科學家在實驗工作上遇到難題是幾乎每天都有的事，他們從「小範圍類比」（local analogy）中獲得相當的助益——也就是比較以類似的微生物進行的類似實驗。如果有位科學家因噬菌體研究的成果不如預期而咳聲嘆氣，就會有同仁分享他是如何在自己的實驗裡克服類似的難題。「這類的推理討論，幾乎在我去參加的會議裡都能見到，而且在一次會議裡會出現非常多次。」敦博說。

有時科學家會遇上比較大的問題，不只是一個實驗項目出狀況，而是一系列的實驗出現一致但非預期的結果。敦博發現，科學家在會議裡的討論方式，會跳出「小範圍類比」進入「大範圍類比」（regional analogies）。典型的操作方式，是找出同族微生物的研究計畫來參考。比方說，科學家如果想知道某個新品種的病毒是如何複製的，就可以從已經爲人所知的病毒下手，例如從天花的病毒中找到可以類比的參考訊息。

「讓研究工作可以向前推進的主要機制之一，就是這種類比的做法。」敦博說。這種類比做法成功的關鍵，在於科學家是否能摘要說明「現下問題的決定性特質」爲何。也就是說，科學家必須從整體概念的層次上思考問題，之後再「找出過去曾被解決的類似問題」（找到曾解決類似問題的人）。

有趣的是，科學家似乎不知道這種類比的做法在他們解決問題的方式上，扮演如此重要的角色。某個特別的實驗室會議結束後幾天，敦博去拜訪與會的科學家，他們能回想起當時做了什麼樣的結論，卻不記得那個引導他們得到結論的類比連結（敦博後來寫了幾篇報告，鼓勵科學教育工作者在培養新血的時候，如何更明確地傳授這種類比做法，運用它產生的力量）。

敦博的研究還有一項意外的發現，當時有三個實驗室團隊持續使用類比的工作方法，第四個團隊則完全不用，結果是這樣的：

在完全不使用類比做法的實驗室，科學家在研究工作遇到問題時，採取了不同的做法；他們調整實驗的各種變數，像是提高溫度或改變化學品的濃度等方式來解決問題。因此，原本參考類似實驗（小範圍類比），或以另一種微生物做實驗（大範圍類比）就可以解決的問題，並沒有被處理，必定留下不少短時間內無法解決的問題，有些甚至拖延了更長的時間。

事實上，其他三個實驗室也都遇上類似的研究問題，然而用小範圍類比和大範圍類比，解決問題的速度是快得多。

不採取類比做法的實驗室，使用的方法既慢且粗糙。找到曾解決類似問題的人——也就是採取類比的做法——意味著從全世界各式各樣的答案中找到你要的東西。如果不願意用這種方法找答案，每次都親力親爲，當然也可以——但這並非有智慧的做法，肯定也快不起來。⑤

＊＊＊

敦博發現，單一明確的問題可以從小範圍類比得到益處；觀念層次的問題則可以從大範圍的類比得到幫助。事實上，問題的關鍵特質愈清楚，就可以把類比的範圍拉得更遠。由克里斯汀生（Bo T. Christensen）和項恩（Christian D. Schunn）兩位學者針對醫療塑料設計團體所做的另一個研究發現，設計師採用的類比對象五花八門，像是拉鍊、信用卡、衛生紙、鞋子、牛奶盒、聖誕裝飾、水車、拼圖、百葉窗和女性的貼身衣褲等。⑥

從這裡可以瞭解，當我們卡住時，可以採取「爬樓梯拾級而上」（laddering up）⑦的做法，找到更多解決問題的靈感。站在樓梯低處的梯階，可以看見跟我們非常相似的情境，由於情況類似，可以找到顯而易見的解決方案，成功的機會當然是比較大的。當爬上樓梯的高處，有機會看到從其他領域引發的更多選項。然而，這些選項需要跳躍式的想像力，或許會帶來無法預期的突破，但也蘊藏高度失敗的風險。就好比醫療塑料和女性貼身衣物兩種完全不同的世界相互交流時，一定會發現自己經常走進死胡同（就好比穿上又硬又不舒服的胸罩一樣）。

舉個例子來說明「拾級而上」的概念。瓊斯先生是高中校長，他希望學生在學校的自助餐廳裡等候取餐的時間可以縮短。他覺得，學生花在等候的時間愈少，在下午上課前就有愈多時間做些戶外活動。

要達成這樣的目標，瓊斯校長可以從什麼地方找到選項？以我們現在所知，首先，他可以從身邊開始。從學校的教職員裡，能找到亮點嗎？說不定，其中一個結帳櫃台前的隊伍，移動速度看起來經常比另一個快，這就可以先探究一下這位收銀員是怎麼收錢、找錢的（或許就像公路收費站的收銀員，會事先把各種可能用到的零錢準備好）。校長可以把這樣的做法推廣到其餘幾個結帳櫃台。

萬一身邊沒有明顯的亮點，可以試著往樓梯上爬，看看行政區裡有沒有其他學校的做法可以參考。如果找不到，那就再爬高一點，下一步可以把尋找範圍擴大到其他有結帳作業的組織，或許是便利商店，或許是社區游泳池（這種爬樓梯的做法，就像科學家所做的大範圍類比，從其他類似的機制中學習）。

當他爬上梯子，看待問題的角度就更加寬廣了。他追尋的對象不再只是曾想出有創意結帳方式的人，而是擅長解決大量人潮流動的專家——體育場、遊樂場或購物中心的主管（比方說，可不可以從迪士尼樂園雲霄飛車前的排隊長龍中學到東西，用來解決學校餐廳擁擠的問題呢？）。

再往樓梯爬上一級，瓊斯校長有機會從擅長在有限空間中配置相關資源的專家——像是管線工人、電氣工人、工廠的擁有者等——得到更多靈感。當朝著愈來愈抽象的想法走下去的時候，可以看到自己如何一步步爬升，越過了創意的範圍，進入荒誕的領域（如果哪天你爬得夠高，高到可以從別的星系得到靈感，下樓之後可以來杯咖啡）。

前面提過的專業商品命名公司雷思康，就非常擅長運用這樣的程序。在為英特爾的處理器奔騰（Pentium）取名的時候，創意團隊心目中想要的是跟「速度」這概念有關的名字。因此他們爬上樓梯，越過了電腦科技領域，思考任何與速度、高效率有關的產品。事實上，其中有個團隊眞的花了點時間去研究障礙滑雪板的名字（最後，處理器是電腦的重要「元件」〔ingredient〕這個概念勝出。注意我們對 -ium 這字尾之所以熟悉，是因為它經常出現在元素週期表中）。

＊＊＊

再舉一個例子來說明，這種「拾級而上」的思考方式是如何發想出新奇的選項。司必得（Speedo）公司在一九九七年聘用了設計師費歐娜．費爾赫思特（Fiona Fairhurst），她的任務是設計一套讓游泳選手游得更快的泳衣。

傳統上，泳衣的設計一直是往更平滑、更緊貼、用料更少這些方向發展。但司必得對於各種新的設計概念都抱持著高度興趣。費爾赫思特自己也是游泳選手，她對司必得早期的泳衣設計方式不以爲然，希望從其他領域找到新的靈感。「當時的腦袋是這麼想的，」她在二〇一二年六月接受戈登（Dick Gordon）訪問時這麼說。「如果要做出一種跑得很快的東西，我會去找出所有可以快速移動的事物，瞭解是什麼樣的機制讓它可以動得這麼快。所以我開始研究人類發明的船、魚雷、太空梭等。」

她爬上樓梯，把問題的界定從「可以游得更快的泳衣」，變成「任何可以快速移動的東西，尤其是在水裡的」。從這個概念出發，使她對在水裡可以快速移動的動物產生高度興趣。之後不久，命中註定的某一天，在倫敦的自然歷史博物館裡：

> 那真是個令人喜悅的時刻……（博物館的導覽員）帶我來到自然歷史博物館後面的房間……這不是一般觀眾可以進去的地方。他走到一個很大的金屬箱子前面，打開蓋子，裡面是一隻九呎長的鯊魚。他說：「費歐娜，妳要不要試著摸摸它的鼻子，摸摸它的肚子。」……我愣在那兒想著：「我到底在幹嘛啊？」[8]
>
> 當我觸摸鯊魚的鼻子，感覺是非常粗糙的，甚至可說是很銳利的，像是用搪瓷之類的材料做成的東西，有點像我們的牙齒。這稱為盾鱗（dermal denticle）。如果從鼻子往尾巴摸，感覺是平滑的；如果反過來摸，卻是銳利到會割手。

他們弄到了一小片鯊魚的皮膚，送進實驗室。照出來的圖像清楚地顯示了粗糙以及細密的紋路。這圖像讓費爾赫思特突然有了新的體悟：「多年以來，許多人都以為平滑的纖維是（速度的）關鍵。如果你看過鯊魚的皮膚而且知道它有多麼粗糙，才會瞭解，粗糙才是做出快速纖維的關鍵所在。」（事實上有位哈佛大學的研究人員做過實驗，鯊魚皮膚上的齒狀突起是減少阻力、增加衝刺力的主要原因。）⑨在這個觀念的啓發下，費爾赫思特和她的團隊在上千種纖維中不斷地嘗試，終於找到一款幾乎跟鯊魚皮有相同紋理的纖維布料。

另外一個或許更重要的改變是，新泳衣從一項人造物品中得到了另一種啓發——海軍用的魚雷。跟傳統包覆身體極少的泳衣不同的是，費爾赫思特設計的新泳衣幾乎覆蓋全身，像是第二層皮膚一樣緊緊地包覆身體，活動不太方便。許多選手剛開始穿的時候都覺得很不舒服。然而，費爾赫思特說，效果是非常顯著的：「把身體這邊那邊突起來的部位統統壓縮在一起，你可以用更像魚雷般的形狀在水中前進。」⑩

司必得團隊之後開始和奧運選手合作，展開新泳衣的測試工作。在雪梨二〇〇〇年奧運之前，費爾赫思特找上了曾在一九九二年和一九九六年得獎的選手珍妮．湯普森（Jenny Thompson），請她試著游五十公尺，一次穿原本的泳衣，一次穿著費爾赫思特設計的新泳衣；由湯普森的教練計時。

費爾赫思特回想起當時的情況，當湯普森游完五十公尺，從水裡冒出頭的時候說：「我不喜歡這套泳衣，感覺糟透了！」這同時，她的教練盯著計時碼表，臉上露出不可思議的表情。湯普森穿著新泳衣游出的成績，跟她自己保持的世界紀錄相差無幾，而且這是以腳踢泳池邊、而非從跳台入水全力衝刺的紀錄。教練告訴她：「世界紀錄不容易……不要把這套泳衣排除在外！」

這款新設計的泳衣後來取名為「Fastskin」。經過一次又一次的測試，效果穩定勝出其他泳衣。接下來要面對的則是規則上的障礙——要游泳選手穿上這套新泳衣參加奧林匹克運動會，事先必須經過總管全球游泳賽事的國際泳協（FINA）認可。當國際泳協的人從美學立場反對這款新設計的泳衣時，費爾赫思特頗為意外。「在他們的眾多看法中有一點是，漂亮的人穿著傳統的泳衣在電視畫面上看起來是很棒的……有點像是在海灘上看風景的心態。」國際泳協的人擔心她的泳衣遮掩了太多肌肉！

國際泳協的人最後還是克服了這些顧慮，核可了這款泳衣，Fastskin在二〇〇〇年雪梨奧運首度登場。衝擊發生得既快又充滿戲劇性：有八三％的獎牌被穿上這種新泳衣的選手拿走。Fastskin巨大的成功也引發了若干爭議。部分參賽選手批評並質疑，是否這款泳衣讓比賽變得不公平。

費爾赫思特設計的泳衣又經過了幾次改進——也就是Fastskin之後的幾代產品——讓游泳選手屢創佳績，直到國際泳協在二〇一〇年下令禁止選手穿著某種特定纖維製成的，以及某些特性款式的泳衣參加比賽。⑪

費爾赫思特爬上樓梯之後所創造的競爭優勢威力龐大，大到必須被禁用，好讓競賽得以維持在一定的水平。

＊＊＊

在本篇的章節裡，我們探討的是如何跳出「偏狹的框架」這種嚴重限縮選項的傾向。並不只是青少年或企業主管會掉入這樣的陷阱，我們每一個人都會。

我們寫這本書時所訪談的對象中，有三位也面臨同樣的問題。有兩位在考慮要不要辭去現在的工作，另一位則在考慮要不要離婚。當問及他們三位有什麼選項的時候，非常一致的都只有二分法的選擇——我正考慮要不要離開這裡（希望聽到「要不要」這幾個字的時候，會讓你捲起決策諮商的袖子開始幹活）。

很難讓人理解的是，三個人都沒有想過很明顯的第三個選項——試著改變目前的處境！你就不能跟主管聊聊，讓他給你換個工作嗎？你就不能跟你的另一半談談，看看如何改善彼此的關係嗎？當被問到這樣的問題時，三個人中有兩個好像受到當頭棒喝（另一位覺得他面臨的問題是外人沒有辦法介入討論的）。這幾位都是聰明人，但都不自覺地陷入所謂的認知泡泡（cognitive bubble）之中。

然而，在決策會遇到的四大惡棍中，「偏狹的框架」之所以特別值得注意，是因爲它可以很容易調整。輕輕一戳，泡泡就會破掉。我們在本篇中提過不少方法和技巧，就是爲了擴增更多選項。其中一個是選項消失測試：如果現在你手邊的選項都沒辦法使用，那你還可以做什麼？如果你不得不投入時間與金錢在其他地方，那次佳的選項會是什麼？

我們也討論到「分頭並進」，試著做到「兼籌並顧」，而不只是「二選一」。這是極具威力的方法，可以比較更多的選項，也可以藉由避凶心態與趨吉心態的配搭運用，多發想出幾個較具平衡性的選項。

最後我們還談到，如果還是卡住，就該去找曾解決類似問題的人來幫忙。可以從組織內部（亮點）或外部（競爭對手及最佳實務經驗）來找，也可以爬上樓梯，從更遠的地方去找。

擴增選項之後，我們才有餘裕在各式各樣的可行方案中做出眞正的選擇。好選項在第一眼看上去的時候可能不明顯，因爲我們心裡有某些自以爲是的偏好，所以需要蒐集更多訊息來形成我們的決策。在此我們會遇上另一個阻撓我們的惡棍——因爲我們有自以爲是的「確認偏誤」，所以只會蒐集可支撐我們直覺偏好的相關訊息。

跟「偏狹的框架」不同的是，「確認偏誤」並不容易摧毀。即便是在此領域研究多年、聰明至極的心理學家，都承認這難以撼動。它無法消除，但是可以駕馭。下一章我們來看看，如何掌握自己，好對付這個頑固的敵人。準備好進入下一步——「眞實驗證假設」。

重點摘要

1需要更多選項卻卡住時，想辦法找到曾解決類似問題的人。

2向外尋找：競爭分析、標竿尋找、最佳實務。

●山姆．沃爾頓到各處參訪賣場，發現聰明的顧客結帳方法。

3內部尋找：找到亮點。

●凱瑟的領導者在集團內的醫院裡找到解決敗血症問題的先驅團隊，並且把解決方案推展到所有醫院。

●你可以從自己的亮點裡學到什麼（例如上個月是哪四天去健身房的）？

4特別注意：爭取主動，把最棒的做法製作成「清單」。

●檢核表可以讓人避免犯錯，清單則可以激發新的想法。

●廣告人休斯與強生運用清單迅速發想出很多創新構想。

●刪減預算的清單有可能讓趨吉與避凶兩種心態快速切換——能否這邊多砍一點，用來多投資在其他地方？

5尋找點子的另一個地方：從遙遠處尋找，透過類比的方法拾級而上。

- 凱文・敦博：類比是科研工作解決問題的一大支柱。科學家經常透過類似的實驗與類似的微生物，讓研究工作往前推進。
- 拾級而上：登上低處的梯階可以看到小範圍的類比（風險低，新奇的程度小）；爬上高處的梯階，得以看見範圍更廣的解決方式（風險高，新奇的程度大）。
- 費歐娜・費爾赫思特爬上樓梯，分析所有可以快速移動的東西，包括鯊魚和魚雷，因而設計出能游得更快的泳衣。

6當你可以隨意取得這世上像自助餐那麼多的選項時，何必勞神苦思？

W　擴增更多選項

R　**真實驗證假設**

A　抽離自我情緒

P　準備迎接錯誤

5 反向思考

1.

企業必須持續追求成長，似乎是股票市場不成文的潛規則。企業主管年復一年繃緊神經，想盡辦法符合這樣的期望。因此，購併公司看似是一條極吸引人的捷徑。然而，這條捷徑通常所費不貲。以上市公司來說，購併交易的平均溢價高達四一％。意思是，賣方的市值如果是一億美元，買方必須出價一億四千一百萬美元。用白話文來說，買方執行長基本上是在告訴賣方執行長：「我經營你這家公司的績效，至少會比你好四一％。」

想像得到，這類的自信表白是沒有人可以打包票的。華倫．巴菲特（Warren Buffett）說：「過去我看過太多熱中購併的企業主管，他們顯然是被小時候讀的公主吻青蛙的童話故事所迷惑了。公主成功地讓青蛙變回王子的啓示，讓他們深情地付出大筆銀子，取得的卻是一吻癩蛤蟆公司的權利，還希望發生不可思議的變化！」巴菲特說：「極其不幸的是，我們見過的吻很多，但奇蹟卻很少！」

馬修．海華德（Mathew Hayward）與唐納．罕布里克（Donald Hambrick）是管理學院的教授，他們對這樣的現象相當疑惑。爲什麼明明高價購併很少得到好結果，但企業執行長還是執迷不悟？他們猜想，答案可能跟人本身的弱點比較有關，而非財務上的算計出了差錯。他們的推論認爲，是買方執行長被自己的狂妄自大引入歧途。①

狂妄自大就是誇張過頭的自尊與自信，通常都會得到報應。希臘神話中狂妄自大的主角，終將受羞辱之苦。像是伊卡魯斯（Icarus）不理會勸阻，執意飛向太陽，結果蠟翅融化，他就跌死了（相對來說，美國企業界對狂妄自大的詛咒要輕一些。如果伊卡魯斯是銀行的執行長，他可以抱著千萬美元，帶上黃金降落傘走人）。

海華德和罕布里克推測，是企業高階主管的狂妄自大，讓他們願意爲購併對象付出超額的溢價，因爲他們相信自己可以讓購併發生奇蹟。爲了證實這樣的推論，他們挑選了兩年內在公開市場進行的超過一億美元的大型購併案共一百零六個，作爲研究對象。他們想知道的是，購併案支付的價格是不是受到下面三項因素的影響。這些應該是讓買方執行長的自我產生膨脹的重要原因：

1 媒體的讚揚
2 最近幾年的經營績效優異（執行長可將之解讀為自己是天縱英才的明證）
3 自視甚高（用執行長的總體薪資與企業內次高薪主管之間的差距來衡量。這是頗為聰明的做法。如果他的薪酬是其他人的四倍，那他一定會自以為是最重要的人物）

兩位教授的三項推論完全正確。三種因素中只要任何一項向上提升，這位執行長願意爲購併支付的溢價就會提高。

舉個例子，只要某知名媒體對該企業執行長有一篇正面報導，購併的溢價就會提高四．八％。也就是說，只因爲一篇拍馬屁的報導，一億美元的購併價就會增加四百八十萬美元。如果再來一篇，就再提高四百八十萬美元！

兩位教授的報告是這樣寫的：「那些爲購併案付出極端高額溢價的執行長……似乎眞的相信自己就是報導裡那位（聰明睿智的）人士。」（麥可．戴維斯〔Mac Davis〕的一首抒情老歌浮現我的腦海：「喔上帝啊，要能謙卑眞是困難啊／當你每方面都那麼完美的時候／我等不及要去照照鏡子／因爲我每天都變得更美。」）

以上說的這些，對企業人士會是重要的一課。哪天要賣公司的時候，務必要給上過《富比世》（*Forbes*）雜誌封面的人物打幾通電話。

＊＊＊

海華德和罕布里克兩位還發現了狂妄自大的解毒劑——反對意見（disagreement）。

他們發現，當執行長身邊有人給出不同的意見時，這些執行長在購併價格上的溢價是比較低的。所謂身邊的人，像是未執行業務的董事會主席，或是跟執行長及公司沒有那麼密切往來的非執行獨立董事等。令人遺憾的是，這類獨立意見出現的機會不多。記不記得貴格前任執行長說的，在購買思樂寶的時候，公司從上到下，沒有一個人有反對意見。

做出好決策，企業執行長需要有找出反對意見的勇氣。長時間擔任通用汽車董事長和執行長的阿佛列德．史隆（Alfred Sloan），有次打斷了某個開會中的委員會，問了個問題：「諸位，在我看來，這房間裡的每一位似乎都完全同意這個決定了。是嗎？」所有成員都點頭。「那好，」史隆接著說：「現在我建議將這個問題延到下一次會議再繼續深入討論，好讓大家有時間找出一些反對意見。或許可以讓我們真正知道這決定到底是怎麼回事。」②

我們之中很少有人會像企業執行長那樣卡在虛幻的權力泡影裡，而且不幸中的大幸是，我們狂妄自大的程度也低一些。然而，對自己的信念有一定程度的偏好，則跟他們是一樣的。我們的「泡泡」不是會議室，是我們的腦袋。我們尋找訊息的方向，會受自身的「確認偏誤」導引，這意思是，我們會傾向於只取用那些能進一步支持自己既存信念的訊息。

想像你家附近剛開了一家餐廳，有你最喜歡吃的東西，所以你既興奮又滿心期待。你在網路上找了一些有關這家餐廳的評論，有很多人給了四顆星好評，也有不少人只給了兩顆星的評價。你會看哪一類的評論？

毫無疑問可以確定的是，你必然會多讀一點正面的評論，因爲你眞的認爲這家餐廳很棒。最近有篇心理學論文做了綜合分析，③結果顯示「確認偏誤」的影響極其重大。研究人員綜合了九十一個研究，含括八千個樣本。結論是，我們對於支持自己想法的訊息之偏好度，是不支持我們想法的訊息的兩倍（所以，科學一點來說，你看四顆星評論的篇數，會是兩顆星評論的兩倍）。

這個綜合分析還發現，在宗教或政治這些情緒擔子比較重的領域，「確認偏誤」的強度是比較大的。還有，當人們有強烈的潛在動機必須相信某件事的時候，也是如此（就如同辛克萊〔Upton Sinclair〕觀察到的：「當某人的薪水正取決於他的『不瞭解』時，要讓他瞭解某件事，是很困難的」）。另外，當人們已經在某件特定的事情上投入很多時間和努力的時候，「確認偏誤」也會強化。

在之前的篇章裡說過，要跳出偏狹的框架，擴增更多選項是關鍵所在。當我們確實這麼做，手上也有了更多的選項後，接下來要問的是：有什麼好方法可以用來評估這些選項？

我們知道「確認偏誤」會扭曲評估工作。如果覺得選項的差異不大，我們可以相信並學習移動自己的聚光燈，去找到適合的資料。但是要如何才能學會克服自己的「確認偏誤」，以及要如何眞實驗證我們提出的假設呢？

第一步就是追隨通用汽車執行長史隆的做法，把反向思考變成一種習慣。這種習慣的養成，可以從願意讓其他人提出有建設性的反對意見開始。

＊＊＊

在多數的法律體系裡，反對意見的陳述必然是整體程序的一部分。企業執行長容易活在自以爲是的資訊泡泡裡，但法官和陪審團絕對不會，因爲他們被迫必須考慮兩種觀點完全相反的意見。

像司法體系這類講求平衡的程序並不是獨一無二的。長久以來，天主教教會在封聖的決策上（決定誰可以被賦予聖人的稱號），就設置了專門對候選聖徒挑毛病的「魔鬼代言人」（devil's advocate）。④在教會內，魔鬼代言人是所謂的「信心助長者」（promoter of the faith），他的角色就是要提出聖徒候選人不適任的事證。

一九八三年，教宗若望．保祿二世（John Paul II）廢除了這個制度，結束了四百多年的傳統。據說從那時開始，跟二十世紀初期比起來，天主教封聖的速度加快了二十倍。

再看看我們個人是如何做決定的。身邊有多少人會刻意去請教跟自己意見相左的人？當然，並不是每個決定都需要這麼做——「我堅決反對你買這條褲子」——但是對於高風險的決策，我們應該讓自己有一次懷疑的機會。家裡如果有青少年，那會是可以善加運用的好資源。對於別人的質疑，我們的態度通常是逃避而非擁抱，但這是短線的思維。我們多半想逃避遭受挑戰時的短暫不愉快，這是情有可原的。但盲目走進錯誤決策的痛苦，令人更難忍受。

組織要如何部署，才能讓反對意見持續產生？有些組織仿照傳統，設立了魔鬼代言人。美國國防部的五角大廈裡就設有謀殺委員會（murder board），由有經驗的資深人員組成，專事刪砍不具說服力的項目計畫。迪士尼當年在炒熱《獅子王》（*The Lion King*）和《美女與野獸》（*Beauty and the Beast*）之類的手繪動畫影片時，高階主管團隊是以電視節目《銅鑼秀》（*Gong Show*）的形式，讓更多人得以提出電影或主題樂園的新構想——但他們一聽到不喜歡的點子，就會迅速拉下舞台的帷幕。⑤

也有人試過聘用專職的魔鬼代言人，由他在極度自滿的組織中提出各種批評。然而，可以想見的是，這樣的職位很容易被邊緣化。除此之外，這種做法也讓組織內其他人有不提反對意見的藉口（「我知道魔鬼代言人會給這案子一次完整的批判，那我就不需要多費事了」）。

在魔鬼代言人這個課題上，該學習的重點並非設置一個正式的職位，專職從事反對的工作；而是要讓組織成員瞭解，提出有建設性的反對意見是一種卓越的機能。眞正有用的信心助長者，並不是一個喜好爭辯且自以爲是的人，而是必須尊崇天主教教會，在相關的疑慮不可能自行浮出檯面的時候，先把相反的意見揭露出來，以此鞏固大家的信心（對一位一輩子受到高度尊崇、正考慮是否冊封爲聖人的人，誰會願意擔任出聲反對的烏鴉？）。

要讓有價值的反對意見受到尊重，有很多方法。有些組織會在高階執行團隊裡指定幾個成員，專責針對高風險的項目計畫提出反對意見（如果貴格的執行長曾指定一個團隊，提出反對購併思樂寶的意見，結果會是怎樣？）。這是很有智慧的想法。可以把這個團隊的角色看作是在「保護組織」，賦予他們特許的權力，得以提出任何質疑。除了用人爲的方式創造反對意見之外，還有一種方法，就是找出現下存在的反對意見。如果你的決策還沒有遇到反對意見，極有可能是因爲你還沒有用力去找。你有沒有辦法創設出一個安全的平台，讓各種反對批評的意見都有機會發聲？

＊＊＊

撩撥性的反對意見有負面效應，它會凝結成痛苦的政治問題。加拿大多倫多大學駱特門商學院院長（Rotman School of Business）羅傑・馬丁（Roger Martin），是《別在夾縫中決策》（*The Opposable Mind*）以及多本受高度推崇之管理著作的作者。他說，他聽過很多人抱怨，說他們組織裡的策略會議「落入立場的對抗」。以他的判斷，這是產生有效策略唯一的、也是最大的障礙。

馬丁教授相信，克服這個困難比想像中要容易些。這個解決方法源自他職場生涯早期遇到困難時的一次即興創作。

一九九〇年代中期，馬丁剛從商學院畢業，在Monitor Group這家顧問公司工作。多倫多的因麥特礦業公司（Inmet Mining）是它的客戶。當時，位於密西根半島北部的礦場銅場（Copper Range）正在掙扎求存，公司主管爲了這個礦場的命運爭論不已。這座礦場在輝煌時，曾經是全美洲最大的銅礦產地，現在正快速地失血中。主管們約集在威斯康辛州的萊茵蘭德（Rhinelander）召開會議，討論這個議題。礦場主管開車到這裡得花三個小時，總公司主管則從多倫多搭飛機過來，大家在機場附近的某個旅館會議室見面。

會議劍拔弩張，財務副總羅斯（Richard Ross）在會議中表示，他認爲關掉礦場是最正確的選項。「銅金屬的價格直直落，我們的利潤受到很大的壓縮，」他說：「我們投下這麼多錢在這裡，現在已經沒錢發股利了。反正最後結果已經很清楚了，母豬肯定是變不成貂蟬的！」

然而，關掉礦場也會有嚴重的後果。礦場有千餘名員工，這是當地唯一的事業體。關廠的漣漪效應勢必重創當地的經濟。再者，公司買下這座礦場是不久前的事，之後還投入可觀的資金。如果就這樣關掉，股東肯定會質疑主管的判斷力，這將讓高階主管的名聲付出嚴重的代價。

除了關廠之外，還有幾個選項，首先可以考慮關掉廠裡現有的熔爐，把礦石運回加拿大，用更現代化的熔爐冶煉；其次是把礦區延伸到現有礦區的北邊，那地區似乎還見得到尚未開挖的礦脈，用來補足目前日益枯竭的礦源。

討論持續了一陣子，雙方各自停留在預設的立場上。總公司主管傾向關廠，礦區主管當然持反對意見。於是大家開始一個接一個數落彼此過去種種的不是。馬丁描述剛開始討論時的情形：「簡直就是一團混亂！」

「我記得我們在那裡討論了好幾個鐘頭。」財務副總羅斯說：「大家都有很深的挫折感。每個人都各執己見，到底該怎麼往下走？」

「我可以預見這場討論將會沒完沒了，」馬丁說。在雙方陷入僵局的時候，他說：「我的腦海裡閃過一個念頭。」

馬丁向眾人提出一個挑戰：大家先停止爭論究竟誰對誰錯。建議大夥一起一一檢視這些選項，並自問：需要哪些事證，才能讓這個選項是確實可行的答案呢？他說，肯定可以想出很多事證，說服自己改變想法。就讓我們來看看，這些事證是什麼樣子吧。

在馬丁提出他的挑戰後，羅斯說：「當時似乎每個人都清醒過來了。」所有人停止爭吵，開始分析討論每個選項背後需要的邏輯性支撐。

有人請總公司主管說得更具體些，在什麼樣的情況下，才有辦法讓礦場繼續開下去。主管於是談到生產目標要達到多少，才能維持工廠的開銷。也有人請礦區主管仔細考慮，在什麼樣的情況下，關掉礦場會是最好的選項？礦區主管最後也同意，如果銅價沒有回升，其實很難建議總公司繼續維持下去。

討論的方向改變了。會議室裡依然緊張，但卻是有生產力的。馬丁調整了會議討論的框架，把對立的雙方變成了合作的夥伴。

「這是奇蹟！」馬丁說：「當天結束時，對於五個選項分別需要哪些事證才能成為最好的選擇，大家獲得了一致的結論。」

會議圓滿結束後，大家分頭蒐集必要的資料，也試著把礦石運到加拿大冶煉，發現成本比所有人預想的都更高。這個選項就被刪除了。

團隊也嘗試擴大礦區這選項，結果確確實實撞到牆了。打通岩石通往新礦脈的做法，遇上了意想不到的結構性限制。當時的礦區總經理約翰．桑德斯（John Sanders）表示，舊礦區和新礦區在地底下緊緊相連，分別都有一個購物中心那麼大。「後來發現，兩個購物中心之間，只能開出一個廁所門那麼大的通道，所有運送作業都必須經過這道小門。這當然是行不通的！」

在董事會開會前，團隊終於有了答案：實在找不出有什麼選項可以讓礦場繼續維持下去。即便是礦區總經理桑德斯也認同。他在董事會裡，無可奈何地同意了這個決議。

＊＊＊

馬丁說「需要什麼樣的事證？」這問句，已成為他在工作上協助企業研擬策略時，最重要的元素。理由很容易看得出來。刻意尋求資訊，駁斥自己或別人的主張，從表面上看似乎是種全然負面的方法。但使用馬丁的這種問句，則添加了一點建設性：如果看似我們最不喜歡的那個選項，事實上卻是最好的一個，那該怎麼辦？需要哪些資料來說服我們？

馬丁說：「當你已經認爲用某種想法去解決某個問題是錯誤的時候，如果有人問你這種想法是否正確，你一定會回答『這是錯的』，而且會爲這樣的答案提出辯解，並堅持下去。但如果有人要你想想，倘若這方法要眞正管用，需要什麼樣的事證？此時你思維的框架就改變了……就這一點點微不足道的位移，開啓了一條道路，讓人們得以暫時放下既有的想法，有機會探索學習新的東西。」⑥

這種技巧在不歡迎異議人士的組織裡特別有用。在多數人都已認同某想法的時候，提出挑戰的異端分子，很容易被戴上「沒有團隊精神」的帽子。馬丁教授這種提問方式，可以讓這些異端分子看起來比較像是解決問題的人，而非懷抱敵意的一群。*

馬丁教授的技巧之所以如此有效，簡單地說，就是它可以讓人們有反對的意見，但卻不會造成不愉快的氣氛。它不只讓我們願意去面對負面事證，還會強迫我們思考諸多情況，讓自己心甘情願地改變想法，也不會有在這場爭辯中「落敗」的感覺。

---

*作者註：後面我們還會討論另一種扮演反對角色的技巧，稱爲「設置絆腳索」，就像大衛．李．羅斯的做法。設置絆腳索是指，明確界定出在某狀況發生時，團隊會考慮原先所做的決定。所以，當你對某個決定還是有所懷疑卻又無力改變的時候，可以鼓勵同事設下絆腳索。如果某種狀況發生的時候，我們會回頭再檢視一下這個狀況。這種做法比較容易讓人接受，因爲多數人都有過度自信的毛病，所以會低估碰上絆腳索的機會。同時，這樣做能讓將來有機會得以重新檢視這個決策，你也不會成爲說「我不是早就跟你們說過了」的討厭鬼。

2.

在回應業務員的推銷方面，我們其實是很擅長找出反面意見的。遇上俱樂部會員證的業務員鼓起如簧之舌跟你說，這會是你這輩子最划算的買賣，我們會馬上舉起防衛盾牌，而且會以非常理性的邏輯在他誇張的訴求中挑毛病（「是喔！如果這俱樂部眞的像你說的這麼吸引人，現在不簽約就買不到，那爲什麼你會看起來這麼急切？而且爲什麼還要送贈品吸引我們來這裡呢？」）。

當然，當我們有點想接受對方的推銷時，問題就來了。晚餐後，餐廳服務員把甜點車推到餐桌邊，上頭有塊大到足以編上郵遞區號的巧克力熔岩蛋糕，你嘴巴裡的唾液開始分泌，於是充滿期待地問：「這蛋糕好吃嗎？」聽起來完全不像是個堅定的抗拒。

有時我們以爲自己是在蒐集資料，實則是在尋求更多的支持。就拿我們打算聘用某人時，慣例上會打幾通照會電話給推薦人這事來說，這項舉動比較像是在自我辯解。通常是在打算聘用某人的時候，爲了做最後確認，我們才會決定再從他過去的同事那裡多蒐集一點資料。到目前爲止一切都還順利。於是麻煩求職者告訴我們該打電話給哪些人。之後，我們煞有介事地打電話給這些人，聽對方講了一堆這人的豐功偉業，這下子我們對於聘用這個人的決定有了更多信心。眞是荒唐！（想像一下，如果我們買下一個俱樂部的會員證，只因爲業務員有三位說他好話的推薦人。）

有些組織在聘用主管階層的員工時，已經有更聰明的做法來打這種推薦人電話。有些會請推薦人在原有名單之外再建議幾個人選，針對第二批推薦人的電話訪談，通常會得到比較中立的情報。有些做法則是修正了在電話訪談中問推薦人問題的方式。不會再問求職者過去工作上的績效表現（「拜託你一定要跟我說眞話喔，你覺得史迪夫在那邊工作時的績效，是屬於『很好』還是『非常好』？」），很多企業會尋找更明確的事證。例如創投公司溫洛克（Venrock）的主管雷．羅斯洛克（Ray Rothrock）表示，以他的經驗來看，要知道一位創業人士是什麼樣的人，最有助於判斷的問句是：「這位創業人士最近幾年總共換過幾個秘書？」如果答案是五個，那這位創業人士很有可能是有問題的。

一九九九年，美國聯邦一審法院的法官派崔克．希爾茲（Patrick J. Schiltz）曾發表一篇極具智慧的文章——〈在不快樂、不健康且沒有道德倫理的專門職業領域裡，如何成爲一個快樂、健康且有道德倫理的成員〉（On Being a Happy, Healthy, and Ethical Member of an Unhappy, Unhealthy, and Unethical Profession）。文章中對於該用什麼樣的對策找到明確的訊息，也提出相同的看法。希爾茲建議法律系畢業生在接受聘書進入律師事務所工作前，務必要問幾個實際的、反面的問題。

> 每家大事務所都宣稱自己是不一樣的。每家大事務所都否認自己是血汗工廠。每家大事務所都堅稱他們的律師群雖然工作辛苦，但都可以身心平衡地過日子。這全都不是真的。一定有什麼問題。天底下沒有白吃的午餐……
>
> 問問跟你見面的律師幾個實際的問題。有機會跟打算進用你的事務所的律師餐敘時，不要只是問：「那麼，你們都有工作以外的某種生活嗎？」他們會低聲輕笑，回答道：「當然囉！」然後問你要不要多來點紅酒。你該問的是，他們上週跟家人一起吃了幾次晚餐？是幾

點吃的？然後再問問他們，晚餐之後有沒有繼續工作？

你還可以問他們，最喜歡的電視節目是什麼，或最近看的好電影是哪一部。如果他們的回答是《歡迎回來，科特》（*Welcome Back, Kotter*）以及《週末夜狂熱》（*Saturday Night Fever*），那你就知道有哪裡不對勁了……如果有律師告訴你，他手上接了很多有趣的案子，務必請他舉例。當你知道這事務所把什麼樣的事情視為「有趣」時，你可能會震驚不已。如果有律師跟你說，事務所的同事都很快樂，可以請他更明確地說，五年前的那一年，總共進用幾位新同事？目前還在事務所的有幾位？可不可以告訴你，最近離開事務所的是哪三位？他們現在做些什麼？有什麼方法可以聯絡上他們？⑦

如果可以問出這類非常實際的、反面的問題，便能大幅提升我們蒐集資訊的品質。華頓商學院的研究人員裘莉・敏生（Julie A. Minson）、妮可・盧迪（Nicole E. Ruedy）與摩里斯・思唯哲（Maurice E. Schweitzer），曾發表一篇研究報告，名爲〈眞有笨問題這樣的東西〉（There Is Such a Thing as a Stupid Question）。⑧

研究設計了一個角色扮演的談判情境，標的物是一台 iPod，參與者扮演賣方。賣方知道這台 iPod 的全部狀況：還算是新的，有漂亮的套子，而且裡面已經灌入很多動聽的音樂。但最近死當過兩次，必須重新開機，導致所有的音樂都被刪除，必須重灌。

研究人員想知道的是，買方要問出什麼樣的問題，才能讓賣方如實說出這台 iPod 會有當機的狀況。談判中的買方是研究人員的好友，他們一共嘗試三種不同的對策。買方提問的方式如果是：「這 iPod 的狀況怎麼樣啊？」只有八%的賣方會揭露 iPod 當機的問題。提問的方式如果換成：「這 iPod 不會出任何狀況吧，是不是？」揭露問題的賣方提高到六一%。

然而，要得到問題眞相最好的提問方式是：「這 iPod 有沒有出過什麼樣的狀況？」八九%的賣方會如實告知。

研究人員解讀這樣的結果認為，提問方式的不同，可顯露出買方的經驗和信心，從而讓賣方知道不可能唬弄的把東西賣出去。希爾茲法官提問的方式也會展現同樣的效果。法律系的畢業生如果能問出：「五年前的那一年，總共進用幾位新同事？」以及「目前還在事務所的有幾位？」這樣的問題，比較可能得到明確的回答。

＊＊＊

當你想從業務員、負責招募的面談人員，或心懷鬼胎的員工等這些想扭轉你看法的人身上套出訊息時，提出這類探索性問句是很管用的。但如果是在雙方權力的高下非常清楚的情況下，例如醫生與病患之間，這種方法卻可能適得其反。理由是，在 iPod 的這個案例，問出明確犀利的問題，可彰顯提問者的信心與經驗。但當提問者本身就是不折不扣的「專家」時，像是醫病關係中的醫生，如果提問的方式是犀利明確的，只會更強化自身的主導性。這有可能讓病人從此三緘其口，或急切地遵循醫生的指示，即便那並不是最有效的方式。

所以，醫生如果要蒐集到値得信賴的資料，必須努力學習使用開放式的問答題，比較像是「這 iPod 的狀況怎麼樣啊？」之類的一般性問句。這種在 iPod 個案裡不管用的問法，用在病人身上卻是妙用無窮。

史丹佛大學醫學院附設史丹佛診所的主任亞倫・巴博（Allen Barbour）醫生，就是個以開放式問句診治病人的高手。他寫過一本名爲《照護病人》（*Caring for Patients*）的書，書裡他回想曾看過一位名叫喬瑟夫的病患，他的一個小毛病讓其他幾位醫生困擾了好幾個月。⑨

喬瑟夫，六十七歲，到診所來的時候跟門診醫生（不是巴博醫生）說，他覺得「頭昏眼花、暈眩」。門診醫生知道，很多疾病都有這樣的症狀。爲精確診斷喬瑟夫的病因，醫生和相關的醫護團隊開出了一長串的檢驗單：「心電圖、腦波圖、主動脈弓及大腦動脈造影，請神經科會診，還做了耳鼻喉的眼震電圖描記、聽力測試以及其他很多檢查。」所有的檢查結果都是正常的。

醫生只好試試各種處方：血管擴張、防暈眩的抗組織胺、抗凝血劑等，但也統統無效。喬瑟夫的這個小毛病究竟是什麼原因造成的，讓人無法理解。

主治醫生非常挫折，於是請喬瑟夫轉診去看巴博醫生。第一次見面時，巴博醫生請病人說得更清楚些，到底他所謂的「覺得暈眩」是什麼樣的狀況，多久發生一次。喬瑟夫回答道：

「醫生，自從我太太過世後，我無時無刻都覺得暈眩。我不知道該怎麼辦，每天都渾渾噩噩。我把電視開著，卻完全沒在看。走到屋外，卻不知道可以去哪裡。」

當他訴說著他空虛的生活時，看起來非常憂傷。他退休後跟太太搬到加州。沒有小孩，沒有特別的嗜好。

巴博醫生突然間覺得問題的眞相似乎清楚了些。喬瑟夫說自己「暈眩」，其實是在說他渾渾噩噩的過日子。他很寂寞，剛度過喪偶的悲傷期，還沒有學會過新的生活。

在巴博醫生接手前，沒有醫生想到該問問喬瑟夫，到底他說的「感覺暈眩」究竟是怎麼回事。他們從來也沒有想過，眞正的原因是情緒引起的症狀，而非身體出了問題。

巴博醫生認為，醫生的訓練就是要成為疾病的診斷專家，他所接受的教育，就是必須從病人的片段訊息，諸如發燒、不尋常的疼痛、說不清楚的不舒服等，來進行診斷。如果太早鎖定某個方向，很可能在尋找病因這件事上適得其反。巴博醫生分享了一段醫生與病人之間的對話，來說明他的觀點：

住院醫生：哪裡不舒服？

病人：我肚子痛。（用手指著整個腹部）

住院醫生：哪個部位？

病人：好像是整個肚子都不舒服。

住院醫生：是不是這裡？（用手按著病人上腹心窩的部位）

病人：對對對！就是這裡痛。

住院醫生：什麼時候會有這樣的狀況？

病人：常常都會有這樣的情形。

住院醫生：是不是在吃飯之前？

病人：是的，在吃飯之前。不過這樣的狀況已經很久了。

巴博醫生指出，有沒有注意到這位醫生很快就主導了整個對話的過程，並且很快就問道：「是不是這裡？」過早把病人的主述縮小了範圍（如果疼痛是「整個肚子都不舒服」，那除了醫生觸摸的那個點的確會痛之外，其他很多地方也會痛）。同時，病人一向也被調教得不會主動提出更多訊息。於是在很簡短地交換這樣的訊息之後，醫生就初步診斷為十二指腸潰瘍，開單進行後續的檢驗工作。然而，檢驗的結果證明醫生是錯的。

巴博醫生認為，醫病之間這種模式的對話必須受到譴責。「雖然（住院醫師）自認是客觀且有科學根據，但他實際上是操弄資料以期符合他預想中的疾病，而且自己還渾然不覺。他並沒有發掘出這是什麼疾病，而是創造了一個。」

很不幸的是，類似這案例所描述的狀況，醫生快速主導對話的情形並非罕見。有個以病人為訪談對象的研究顯示，平均只要十八秒的時間，醫生就會打斷病患的陳述。⑩

巴博醫生建議一種新的醫病對話方式，可藉此跳出慣常的「確認偏誤」。醫生提問的時候，可以先從範圍廣泛的問答題開始：「疼痛是怎麼個痛法？你覺得如何？」然後慢慢地、謹慎地往更直接一點的問題問下去：「是急遽的痛，還是悶悶的痛？」「是不是很難受？」醫生用這樣的方式問病人問題，有機會避免自己的偏見不自覺地影響談話的過程。*

然而，要如何知道何時該問探索性的問題，何時又該問開放式的問題呢？一個不錯的經驗法則是問自己：「在目前的情況下，用什麼樣的方法最有可能讓我沒辦法得到正確訊息？」一般來說，答案是再清楚不過的：如果是買二手車，要是沒辦法知道這部車有過什麼毛病，那就麻煩了；如果是企業高階主管希望知道工廠基層員工的意見，要是沒辦法讓他們說出眞正的想法，也就沒辦法達成目的。所以可以根據這個原則調整提問的方式，二手車的買賣談判可以問積極一點的問題，跟工廠員工的對話則可採用開放式的問題。

3.

當我們希望某些事物是眞實的時候，就會去蒐集支撐我們想望的資訊。然而人的「確認偏誤」不只影響我們蒐集資訊的方向，甚至影響我們會先注意到什麼樣的事物。設想有一對婚姻關係陷入困境的夫婦：其中一位已經因爲對方自私自利的缺點，而貼上了這樣的標籤，這個標籤就會成爲自我強化的一個因子。也就是說，他會更容易看到對方自私自利的行爲，而完全忽略對方的慷慨行爲。

認知行爲療法（cognitive behavioral therapy）的創始人阿隆・貝克（Aaron T. Beck）建議，處於這種狀況的夫婦，必須有意識地跟這種傾向奮鬥，避免自己只注意不好的事情。爲了不掉入這個陷

＊作者註：當然，有些必要的狀況下，醫生必須問比較尖銳的問題。比方說，有個病人的血液檢驗結果顯示她沒有按時服藥，廣泛式的問句「你有確實按時吃藥嗎？」大概是不管用的。因爲很多病患會因害怕或者不好意思說實話，而回答「有按時服藥」。這種狀況下，更直接的問句，像是「你最近一次吃藥是什麼時候？」「約略估算一下，你的藥還剩多少？」之類的問法，是比較有用的。

阱，他建議夫妻每天寫婚姻日記，把對方讓自己覺得愉悅的行為，按照時序記錄下來。

在他的著作《愛永遠不嫌多》（*Love Is Never Enough*）中，提到一對按時寫下婚姻日記的夫婦凱倫和泰德。有一個星期，凱倫記載了泰德做的幾件讓她很感謝的事：有個客戶對我很不客氣，他跟我一樣感同身受。他很賣力的把家裡打掃乾淨。我洗衣服的時候他在旁邊陪我。他建議我們一起去散步，那是我喜歡的事。

貝克說：「雖然泰德之前一直都有做同樣的事，但因為凱倫對他有成見，所以這些事情在她的記憶裡完全不存在。」在泰德的記憶裡也是如此，他完全不記得凱倫所做的、令人愉快的事。

貝克引述了馬克．哥德思坦（Mark Kane Goldstein）的一份研究報告，資料顯示，按時寫下婚姻紀錄的夫婦中，有七〇％的婚姻關係顯著改善。「真正改變的，其實只是他們對於『發生了什麼事』的認知，」貝克這麼寫著。「在沒有寫婚姻日記之前，他們低估了自己婚姻中令人愉悅的那部分。」⑪

如同婚姻關係，我們在職場上跟工作夥伴的關係，也常因為某些負面假設的不斷滋長而崩毀。比方說，有位同事有次在會議中對我們的意見提出不同看法，於是我們就認為，這小子是想在老闆面前露臉。這樣的情況再發生一、兩次，我們就可能給他貼上「馬屁精」的標籤。這個標籤就此成為這種印象持續的一個因子，跟婚姻關係中的情況一模一樣。

有些組織裡的領導階層會鼓勵員工以「善意的設想」（assume positive intent）來中斷這樣的惡性循環。也就是說，即使同事的某些行為乍看之下極度令人不快，但也要設想這位同事這種行為背後的動機是善意的。這樣的「過濾器」威力龐大無比。百事可樂董事長兼執行長茵卓拉．諾怡

（Indra Nooyi）在接受《財星》雜誌專訪時曾提到，這是她聽過最受用的建議（她是從父親那裡學到的）。

她說：「設想他人是惡意的時候，你會生氣。如果拿開憤怒，設想他人是善意的，你會大吃一驚……不必搞得自己時時豎著防禦的盾牌，你不會因爲痛苦而尖聲喊叫。你會試著瞭解並傾聽，因爲此時你的思維核心是這樣的——或許他們是想跟我說些什麼，可能我還沒聽懂。」

有位名爲羅茄莉．阿諾西蒙絲（Rochelle Arnold-Simmons）的部落客作家，分享了她用「善意設想」的原則，處理與丈夫之間的關係：「當妳的丈夫做了某件事，而妳馬上產生負面聯想的時候，問一問自己，有沒有比剛才的想法更正面一點的可能性？設想他是想幫忙，設想他是不需要別人提醒的，設想那不是他的錯。我會試著每次都問這樣的問題：有沒有其他的可能？」

美國匹茲堡地區有家名爲工業科技（Industrial Scientific）的公司，在美國和中國設有營運單位。當在法國開設分公司時，被迫必須爲員工開一門「善意設想」的速成課程。很多因文化差異導致的細微問題，令他們筋疲力盡。舉個例子，法國員工寫的電子郵件輕鬆而親切，中國員工則直截了當。彼此都覺得對方的電郵很沒禮貌。公司董事長肯特．麥克艾哈坦（Kent McElhattan）在接受訪談時說，他的員工需要被提醒的是：「要假設公司所有同仁都跟你一樣關心同一件事。」⑫

＊＊＊

善意的設想以及撰寫婚姻日記這兩個例子，心理學家稱爲「反向思考」（considering the opposite）。**我覺得另一半有點自私，不過，或許我應該把他照料我的部分記下來。我覺得我的工作夥伴沒禮貌、態度魯莽，不過或許他並不是真的魯莽，而是想節省我的時間？（哎呀，那我要找他**

聊天的時候，他會不會覺得我是在浪費他的時間啊？）這些反向思考的簡單技巧，經過諸多研究的驗證，確實能減少人們許多尖銳的認知偏誤（請參閱書後的註釋）。⑬

或許可以從以下這案例看見反向思考的終極形式。保羅．舒馬克（Paul Schoemaker）是管理顧問公司決策策略國際（Decision Strategies International，簡稱ＤＳＩ）的創辦人。有一天他召集同事開會，討論一個重要的業務問題。他要求他們去犯錯。

舒馬克是決策研究者，也擔任顧問，他是極其認眞的。他要求同事協助他刻意規畫並執行一個錯誤的決定，用以測試ＤＳＩ業務上的各種假設。

「公司每位同事都願意相信，我們的某些信念是有瑕疵的，應該對它們做一次驗證。」舒馬克說。「但是當我們往下進行到有點具體成果的時候，有人開始覺得這麼做似乎不太聰明，甚至有點愚蠢。所以，作爲領導者，我就跳進去跟他們說，我會負起所有責任。畢竟，領導者們總是說，『我從自己的錯誤中學到的東西最多』。所以，爲什麼要讓錯誤只能是意外發現呢？爲什麼不能控制一下過程並且犯錯，好讓你從中學到最多東西？」

他在《卓越的錯誤》（*Brilliant Mistakes*）一書裡是這麼說的：團隊開始去找出業務上的許多關鍵性假設，也就是把所謂「相沿成習的智慧」搬上檯面來逐一檢視。在多數組織裡，這類假設從來不曾說清楚，更不會有人質疑。

在找出十項重要的假設後，經篩檢剩下三項。這三項是他們最不具信心的，所以若證明這些假設是錯的，對公司業務的潛在報償會非常顯著：

1. 我們這樣的顧問公司不適合進用年輕的企管碩士，團隊需要有經驗的顧問。
2. 可以把公司經營得很好的總經理，未必得是主要營收的資深顧問。
3. 回應客户的建議書邀約（RFP）是浪費時間的事。發出建議書邀約的客户，通常是在比價，或故作姿態虛晃一招，為他們已經決定的事找到正當的理由〔RFPs是requests for proposals的字頭簡寫，顧客提出建議書邀約的目的是吸引供應商投標〕。

又經過一個回合的評估，他們選擇了第三項假設，因爲對此「施以故意犯錯的策略，具有最高的潛在收益」。現在他們已經準備好刻意去犯錯了。

公司政策一向不回應主動上門的建議書邀約，但他們決定對下一個上門的邀約認眞看待。結果他們等到的RFP，來自一家區域性的電力公司。DSI團隊依邀約內容提出建議書，以公司的正常收費報價二十萬美元，但他們推測應該沒有機會得標。舒馬克說：「讓我們覺得意外的是，電力公司居然邀請我們去見執行長以及高階主管，除了討論原來的專案計畫之外，還多了很多新的工作項目。」

DSI最後總共從這家電力公司拿下一百萬美元的顧問合約。「以犯個小錯來說，這樣的報酬算是不錯了。」舒馬克說。⑭

＊＊＊

爲什麼你不能學學舒馬克的做法，也在你的組織裡玩一次這樣的計畫呢？你能否規畫一個「年度最佳錯誤」（Mistake of the Year）的活動呢？要先說清楚的是，你不能期望這麼做就會跑出一百萬美元的意外驚喜。絕大多數「刻意的錯誤」都會失敗，然而這樣的失敗卻可以振奮人心，因爲這意味著這些假設一直以來都是正確的。除了錯誤本身的價值之外，願意測試自己業務上的假設，還有更進一步的用處——這會讓你的同事清楚知道，你對工作是否往前推進的判斷，靠的是事證而非道聽塗說，更不會是政治考量。

這種文化的強化是珍貴的，因爲這有助於修正我們天生想避免這事的傾向。眞實驗證我們的假設是困難的，我們很少會直覺地這麼做。這是「確認偏誤」最麻煩之處——事實上，我們從不曾眞的想聽聽反面的訊息（回想一下，最近一次你認眞「反向思考」你的政治觀點是在何時？）。這是本書爲何要一再強調必須相信並運用程序，讓它成爲習慣。若非如此，在激動的當下，這類勸告很容易被摒棄。

如果你成就過人又還單身，那你在跟異性交往這事上，可能更有必要運用這個「反向思考」的原則。爲什麼有人找得到結婚對象，而有人找不到？有個研究團隊針對這問題進行探討，他們訪談剛結婚離開職場的女士。令他們驚訝的是，有二〇％的受訪者表示，當第一次見到可能的另一半時，並不是眞的很喜歡（這意味著，有成千上萬的人在第一次見到未來的另一半時，就掉頭離開了。因爲他們的本能直覺讓自己過早放棄了繼續交往的機會）。

帶領研究團隊的約翰·莫洛依（John T. Molloy）說，團隊中有幾位單身的女性成員，對這樣的結果既驚訝又好奇。這幾位女士都可以記起幾位曾對她們表示愛慕但卻被拒絕的男士，其中也還有幾位繼續示好（用可以接受的方式，而非悄悄跟蹤）。這些女士們開始好奇，這些男士會不會是可能的對象，卻被自己看漏了。於是，她們採行了「刻意的錯誤」策略，接受過去曾數度被自己拒絕之男士的邀約。

莫洛依說：「多數女士回報結果，認爲她們之前的決定是正確的。」但有位團隊成員喜歡她的第一次約會，於是兩次、三次、四次，最後終於跟這位男士結婚了。這位女士不僅找到了另一半，而且在跟自己的「確認偏誤」的奮戰中，得到了極具啓發性的勝利。[15]

＊＊＊

到目前爲止，我們檢視了三種對抗「確認偏誤」的方法。首先，我們可以讓意見不同的人願意表達他的看法。其次，我們可以用提問的方式，讓相反的意見得以浮現。第三，我們可以用「反向思考」的方式來自我檢視。

若是要幫助他人眞實驗證其假設，因爲涉及要知道去哪找到正確的訊息，所以策略是全然不同的。比方說，妳的男友正在考慮時下流行的「原始人飲食」(Caveman Diet)，那他應該如何評估？如果主管想削減你手上的存貨，你該如何決定這是不是個好點子？

答案會讓我們不得不在某種程度上謙遜地信奉宇宙。從我們腦袋裡的想法來看，我們每個人都是獨特的。而我們面對的所有挑戰和機會，對每個當事人來說，也會是獨一無二的。然而，從宇宙的角度來看，我們其實完全一樣。在下一章裡我們會進一步發現，當我們的預測和見解與宇宙的常數有所衝突時，後者總是贏家。

重點摘要

1「確認偏誤」＝只尋求跟我們原先的假設相呼應的資料（通常是爲了自身利益）。

●反對意見可以阻擋狂妄自大的企業執行長。我們也同樣需要反對意見來阻擋我們的「確認偏誤」。

2在組織裡我們必須引發有建設性的反對意見。

●魔鬼代言人、謀殺委員會以及《銅鑼秀》，都是組織可用以提出質疑的方法。我們可以怎麼做呢？

●羅傑．馬丁極具智慧的問句：「需要哪些事證才能讓這個選項是最好的選擇呢？」

3我們可以提出駁斥性的問題，來蒐集值得相信的訊息。

●法律系畢業生：「可不可以告訴我最近離開事務所的是哪三位？他們現在做些什麼？有什麼方法可以聯絡他們？」

●iPod買方：「這iPod有沒有出過什麼樣的狀況？」

4特別注意：在權力高下懸殊的情況中，探索式的詢問可能適得其反。

●懂得用開放式問句詢問病人的，是有智慧的醫生：「你說的暈眩，是什麼意思？」

5 極度的駁斥：「能不能強迫自己『反向思考』直覺呢？」

- 婚姻日記讓挫折中的配偶看見，另一半並非所有行為都是自私的。
- 「善意的設想」可以讓我們用更正向的角度來解讀對方的行動或言語。

6 甚至可以運用「刻意的錯誤」來驗證我們的假設。

- 舒馬克的公司因為試驗RFP的流程，而贏得百萬美元的生意。
- 有位女士確實嫁給了她的「錯誤」。

7 因爲我們會自然地傾向於尋找自我確認的訊息，所以我們需要反向思考的訓練。

6 大範圍觀照，近距離檢視

1.

美國南卡羅來納州的麥特海灘（Myrtle Beach），有家玻里尼西亞樂園旅館（Polynesian Resort）。從網站上的照片看來，這裡一片金黃色的沙灘、茂密的棕櫚樹和豔麗的遮陽傘，是不折不扣的海灘度假勝地。人們斜躺在海灘躺椅上，遠處漂著一艘艘雙體船遊艇。從這樣的景象看來，這會是你希望帶家人在暑假去住上一陣子的地方。

當你在網站上看到這些訊息的當下，這或許眞是個可愛的地方。但是，在二〇一一年，當我們再看同樣的網站時，玻里尼西亞樂園旅館卻潛藏著一個令人作嘔的秘密。知名的旅遊諮詢家網站（TripAdvisor）把它評爲該年度全美十家最骯髒旅館之一。

許多旅館的住客在旅遊諮詢家網站分享他們的住宿經驗與看法，這些意見多半是尖酸苛刻的批評以及滑稽露骨的嘲諷：

泰利Ｂ（**7/24/12**）：我們七月二十一日當天進了旅館，待不到十分鐘就離開了。我無法用言語形容見到的恐怖狀況。

費特斯２６（**6/7/2011**）：我們家的狗窩都比這家旅館來得乾淨和豪華。

傑科５０３（**6/30/2011**）：地板看起來像是自摩西分開紅海到現在都沒用拖把拖過，也沒用吸塵器吸過的樣子。床鋪老舊，床單讓人全身發癢……

４ｑ２（**1/27/11**）：許多人拿這地方跟垃圾場相比。這對全世界的垃圾場來說真是太不公平了！

真要謝謝旅遊諮詢家這類網站，讓我們更容易避開住了會後悔的旅館。我們大可以忽略官網上光鮮亮麗的照片，只要看看住客的評價意見就夠了。前面提到的這個案例，有六七%的旅客給玻里尼西亞樂園旅館的評價是「糟透了」，只有四%的旅客給的評價是「很好」（其中有一位說，如果你不介意房間很骯髒的話，這裡倒是度過一個墮落春假的完美勝地）。①

看過評論再去消費，已經是很多人認爲理所當然的事。我們三不五時會上亞馬遜（Amazon）看看某本書的評論，去頁譜（Yelp）看某家餐廳的評論，要看某款數位相機可以上ＣＮＥＴ。顯然該這麼做，對吧？但這種「顯然」的行爲，顯露一個人的智慧。因爲當我們根據評論做決定時，表示我們承認兩件事：⑴我們蒐集有關產品眞相的能力是有限的，而且容易因廠商的操作而失眞；⑵所以，如果我們夠聰明的話，就不能相信自己的印象，而要相信一般的評價。

雖然這麼說，但我們在生活上經常反其道而行：我們相信自己的印象，卻不相信一般的評價。就拿接受新工作的邀約來說，很多人事前並不會去找幾位之前或現在有相同頭銜的人，問問他們的意見。這些人的意見，難道不比陌生人對旅館房間和餐廳的評價更有價值嗎？

奇怪的是，在我們做出重要決定之前很少進行客觀的探索，甚至不如我們挑選一家壽司餐廳。

心理學家把「內在觀點」（inside view）和「外在觀點」（outside view）做了區分。當我們考慮某個決定的時候，內在觀點來自自己的聚光燈下看得見的訊息，也就是我們對所處狀況的印象和評估。外在觀點則剛好相反，它並不專注於特定事物，而是針對更廣泛的領域徹底研究。所以，要不要在玻里尼西亞樂園旅館預約訂房的決定，從內在觀點依循的是自己的評斷：這裡看起來像不像是我會待得很愉快的地方？外在觀點則要相信旅遊諮詢家網站上的評論：總的來看，人們有多喜歡待在這裡？

外在觀點的正確性是比較高的——這是現實世界經驗的摘要，而非單一個人的印象——否則我們遲早會被內在觀點給拉過去。要知道爲什麼會這樣，不妨想像一下，有位餐廳老闆傑克，他正考慮要不要借錢在奧斯丁的市中心開家泰國料理餐廳。在他的聚光燈下，看得到的一定全是對他有利的因素：我是個很棒的泰式料理廚師。第四街這個地點再好不過了。這地區步行的人群多得不得了。附近也沒有其他泰式料理餐廳。從這樣的內在觀點看來，形勢一片大好。

與內在觀點相比，外在觀點不會只看傑克一個人的情形，而是呈現整體的平均狀況：有沒有人曾遇到相同的狀況，如果有，他們遭遇了什麼？於是我們要找的，用統計學的專有名詞來說，就是此種狀況的基本率（base rate）——也就是顯示其他人在類似情況下之紀錄的數據。比方說，傑克或許會知道，新開的餐廳在三年內收攤的比例是六〇%。從外在觀點看，開餐廳的風險是相當高的。

有沒有注意到，這個案例跟旅遊諮詢家網站的情況有多大的不同？我們看過網站上的評論後，會很直覺地接受，並認為去住玻里尼西亞樂園旅館不會有好的感受。但傑克看到這樣的數據，並不會直覺地認為自己的餐廳做不起來。為什麼呢？

外在觀點完全不理會我們所處情境裡的特殊狀況。所有創業者在一開始的時候，都有理由相信自己一定會成功。比方說，傑克肯定會嘲諷這樣的基本率數據，說：「我懂泰式料理，而且我瞭解奧斯丁這城市，所以我知道這餐廳一定做得起來。你們不要把我跟那些在購物中心賣玉米熱狗的人混為一談。」但，他是錯的。餐廳有很多的共通性，所以他們的經驗裡，相同的部分會多於不同的。就像傑克相信那些住在玻里尼西亞樂園旅館的基本率，他對餐廳成功的基本率，也應該有差不多的信任。*

請注意，即便傑克接受了外在觀點——也瞭解開餐廳成功的只是少數——並不表示他就得放棄這個想法。或許這會是一家成功的餐廳，能帶來大筆利潤，所以值得冒險。也或許傑克認為，即使這餐廳最後失敗了，在他的職涯裡仍是好的投資。無須把「外在觀點」視為失敗主義，但是有必要尊重外在觀點的可能結果。這樣說好了：如果他是把小孩念大學的學費賭在這件事情上，那他就是瘋了。

你或許有朋友或同事，因為同樣的固執而受苦：也就是過度傾向於相信自己的印象。他們都陷在內在觀點無法自拔，你作為旁觀者，比較容易看見外在觀點。再提醒一下，有時人們即使可以取得完美的訊息，仍會故意忽略這些訊息的存在。②

這是榮獲諾貝爾獎的心理學家丹尼爾．康納曼早期在職場親身經歷之事。他和同事那時試著要為高中生寫一本以「判斷和決策」為主題的教科書。這是第一次有人針對這個主題發展課程教材，所以他們說服一位大學教育學院的院長——也是課程專家——一起工作。團隊開始先試寫幾個篇章，每週五見一次面檢視工作進度。有一個星期五，團隊在討論中談到，大家是不是也可以想想未來的可能進展。那時康納曼的腦中浮現了一個想法，他覺得也該聽聽團隊成員的意見。於是他說：「我們一起來瞧瞧對未來有什麼看法。」

他請同事們分別寫下他們認為教科書可以完成的時間。大家預測的完工時間差距不大，都估計在一年半到兩年半之間。康納曼和院長的看法也是如此。這時康納曼突然想到，他之前在統計

＊作者註：為什麼說「差不多」？持平來說，比起玻里尼西亞樂園旅館的住客，傑克對狀況的掌握是多了點自主性：他的經驗、能力以及經營餐廳的才華，當然都是至關重要的。然而，問題是，這些都是他自己的認知，在聚光燈效應的影響下，這些因素被過度高估了。他很容易忘記，自己對奧斯丁地區與餐廳相關的總體狀況，是毫無影響力的；就如同玻里尼西亞樂園旅館的住客，對旅館的乾淨與否並無影響力。因此，他能掌握的因素或許有機會讓勝算有些許調整，但未必能翻轉整體形勢。

學學到的基本率概念，就問院長是否記得之前有沒有像他們這樣、是從零開始寫教科書的團隊。院長回答道，是的，他記得的就有好幾個。康納曼於是要他量化這個基本率：他們花了多久的時間才完成？

經過幾番來回討論，浮出了兩個令人心煩的事實：首先，有四〇%的團隊沒能把教材發展出來；其次，所有完成教材發展的團隊，耗費的時間是七到十年。接著康納曼問這位院長：「跟以前的團隊比起來，我們這個團隊的水準如何？」（注意到了嗎？他試著根據團隊的技能，看能否找到一些依據，或上或下地調整來自基本率的預測。）院長回答道：「低於平均值，但差沒多少！」

結果，這個課程總共花了八年才完成。③

＊＊＊

跟前面提到的餐廳老闆傑克一樣，康納曼和他的同事從內在觀點看事情的時候，都是樂觀的。此處讓人覺得不解的，是那位院長的行為。他明知發展一個新教材的平均時間有多長，他的聚光燈卻因為這個團隊的特定情境而有所調整。從團隊的內在觀點，似乎他們可以在兩年內完成。「這位院長知道的，和他所說的話之間找不到交集……他知道所有該知道的訊息，也該知道他寫下的預計完成日期，根本是荒唐無稽的。」康納曼說。

這個故事讓我們對專家有一個很重要的瞭解。在這一章，我們可以給讀者最簡單、最直覺的建議是，當要蒐集有用的訊息來驗證你的假設時，務必找個專家跟他聊一聊。如果要跟競爭對手打智財權官司，就去找個頂尖的智財權律師。

然而，所謂的專家也未必要是重量級的權威人士。④事實上，門檻要比這低得多：只要經驗比你多一點，就可以是專家。如果你兒子想成爲木匠，就去找個木匠，任何一個都行。如果你打算把事業搬到南加州，就隨便找一個曾把事業搬到南加州的人，打電話跟他聊聊。

但不能那麼直覺的是：小心你問他們的問題。在下一章我們會談到，專家的預測多半是很糟糕的，但在基本率的瞭解上是很棒的。

舉個例子，想像一下，你眞的爲了一個可能的專利侵權官司找了一位智財權律師。該拿來問律師的正確問題是這樣的：「類似這樣的案子，重要的變數是哪些？」「什麼樣的事證可以讓陪審員的決定有所不同？」「有多少比率的案件在開庭前就和解了？」以及「在進入審訊程序的案子裡，原告勝訴的可能性是多少？」如果你可以問出過去個案的狀況以及法律案件勝、敗訴的基本率，這類問題一定會得到許多値得信賴的資料。

另一方面，如果你是用預想性的問句：「你覺得我可以打贏這場官司嗎？」這會讓律師開始從他的內在觀點提出看法。就像那位參與課程寫作的院長一樣，你的律師必然會對案件勝訴的機會過度樂觀。

我們不想在此對這類案子做太誇張的陳述，但一位優秀的智財權律師，一定知道灌籃和長射兩種案子之間的差異。重點是，即便是世界級專家的預測也要打個折，但他們關於基本率的知識是不需要打折的。簡單地說，當你需要取得可信賴的訊息時，務必找到一位只比你多一點經驗的專家，想辦法讓他多談談過去和現在，不談未來。

2.

到目前爲止，我們談的是如何納入外在觀點這種很簡單的方法，來分析自己的選項。也就是說，我們不該相信內在觀點——腦袋裡那些光鮮亮麗的圖像——而必須走出自己的腦袋，思考基本率。有時候，這類數字是現成的，像是旅遊諮詢家或頁譜這類網站上的資料。有時可能需要自己再花點力氣拼湊一下。如果這兩種方法都不可行，那就去問問專家，看他們估計的數字是多少。

以我們的經驗來看，人們對於參酌外在觀點的必要與否，可區分爲兩大類。有部分人馬上就認同這個想法，但一部分人會有點不以爲然。我們眞的該相信一堆數字，而不相信自己觸角接收到的感覺嗎？這樣是不是有點缺乏人性，過度重視分析了呢？

要大家相信數據並不是件詭異的事，而是人性所當爲之事。我們不能假裝沒看見這些數字背後代表的意義：很多人跟我們一樣，面對機會充滿著熱情，花了很多時間做我們現在想做的事，忽略這些人的經驗，絕對不是勇敢的行爲，也絕不會是羅曼蒂克的事。「我絕對不會讓這樣的分析數字阻擋我相信該做的事。」這種說法才是眞正的自大。意思是，我跟其他人是不一樣的。我眞的不同，我比他們更厲害。

何妨謙虛一點的問問：「如果做了這樣的決定，我可以合理預期會發生什麼事？」一旦得到答案並且據以做出決定後，我們才可以把注意力轉向，想辦法把成功的機會拉高。有位名叫布萊恩．紀克穆德費雪（Brian Zikmund-Fisher）⑤的年輕人，在被迫面對生死抉擇的時候，本質上就運用了這樣的精神，安然渡過難關。

一九九八年初，當時布萊恩二十八歲，是匹茲堡地區卡內基梅隆大學社會與決策科學研究所的研究生。有天他跟朋友玩回力球（racquetball），他的球拍過度扭轉，打到自己的左臂。

一個小時後，從肩膀到手腕都出現青腫的瘀傷。

布萊恩覺得有點麻煩，但並沒有受到驚嚇。他從十三年前念初中的時候，就曾有血液方面的病史。有次他跟媽媽一起旅行、看看幾所大學，突然接到前陣子幫他做健康檢查的醫生發過來的緊急訊息。布萊恩給醫生回了電話，電話那頭醫生的聲音聽起來有點緊張。

「你還好嗎？」醫生問。

「是啊，怎麼了？」布萊恩回答。

「如果時間方便的話，我們想再做一次血液檢查，愈快愈好！」醫生說。

這次的檢查確認了醫生擔心的事：布萊恩血液中血小板的讀數是四十五，低得令人不安（精確點說，人體每公升血液中的血小板數必須有 45×10^9。血小板在血液凝固上扮演重要角色，血小板的讀數也可以看出一個人的血液供給，以及免疫系統的狀況是否良好）。正常人的血小板讀數在一五〇到四五〇之間。如果病人的血小板讀數低於五十，是不能進行手術的；如果低於十，則會有自發性流血與大量出血的危險。

在一些治療後，布萊恩的讀數回到了一一〇左右。醫生告訴他，這輩子至少每隔半年就得追蹤一次。

這次運動出現這種狀況，已經是他知道這問題後幾年的事了。當他整隻手臂瘀青的時候，他也知道是怎麼回事。他去看了醫生，也證實了他所擔心的情況，血小板的讀數只有十九，低得嚇人。

經過詳細的檢查，醫生研判布萊恩是骨髓發育不良症候群（Myelodysplastic Syndrome，簡稱MDS）。這種病的顯著特徵是骨髓造血功能不彰。醫生告訴他，每八天必須接受一次血小板的輸血，但即使這麼做，也未必能保命。

布萊恩說：「這消息聽起來似乎是我不需要馬上做些什麼。但活不了十年，大概是五年左右吧！」

要治療這種疾病，唯一能做的就是骨髓移植，這是個複雜且危險的手術。典型的療程從放射線治療和化療展開，混合兩種療程會對病人的免疫系統造成極大破壞。

目標則是讓病人在移植了適合之捐贈者的骨髓後，有一個全新的免疫系統。令人遺憾的是，沒人能保證病人的身體一定可以接受移植，而且要爲布萊恩找到合適的骨髓捐贈者相當困難。最適合移植的骨髓來自兄弟姊妹，但布萊恩是家中的獨子。

在接受移植到穩定的一年或以上期間，病人的免疫系統尚未良好運作，任何感染——就算是很小的感冒——也可能致命。

那時候，骨髓移植是很危險的治療方法。醫生說，如果布萊恩決定接受骨髓移植手術，有四分之一的機會可能熬不過一年。但如果他活了下來，他有機會可以活得很久。

他面對的是一個嚴酷的抉擇：不做移植手術可以過五、六年正常人的日子，直到整個免疫系統垮掉爲止。如果進行移植手術，要不就是熬過這毀滅性的療程重獲新生，要不就是在一年內死亡。

讓布萊恩做這決定更加困難的因素，是他懷孕六個月的老婆。這是他們的第一個小孩。

＊＊＊

布萊恩急切地到處翻查可以協助他做決定的資料，然而，有時找到資料，卻不知該如何正確解讀。他在網路上找到相關醫學期刊的文章、書籍，但是他眞的搞不清楚，這些研究裡的經驗數據是否跟他的病症有關。「大多數病人的年紀都比我大很多。我看過所有這些研究報告，病人都是六十多歲，而我才二十八歲。我的感覺是，『好吧，這樣的數據適用於我的情況嗎？還是這樣的數據並不適合用在我身上呢？我要如何知道？』」

爲了搞清楚這問題，他請教了一位友人，她是一位血液學學者。她給的建議是，請他務必認眞看待這些期刊研究報告中的平均結果，而且他的年輕和活力足以熬過這樣的療程，存活的機率會比平均值更好一些。她還提醒了他另一個非常關鍵的因素：施作手術醫院的經驗。她認爲，醫院的選擇未必只能鎖定像梅約診所（Mayo Clinic）這類知名醫院，而是要找在骨髓移植上最專業的醫療機構，例如西雅圖的佛萊德哈金森癌症研究中心（Fred Hutchinson Cancer Research Center），或休士頓的ＭＤ安德生癌症中心（MD Anderson Cancer Center）。他應該把自己的健康交付給一年進行三百次，而非三十次骨髓移植手術的醫院。

布萊恩還想弄清楚的另一件事是，骨髓移植會有哪些可能的併發症。當他問及各種副作用的相關風險時，醫生的回答都語焉不詳，讓他深感挫折。他向醫生要明確的數據，但醫生都不願透露。「爲了解決醫生不願意給出估計值這件事，我問的問題聽起來有點荒唐：『是五〇%的機會?還是五%?千分之五?還是百萬分之五?』你得很明確地告訴他們,你並沒有要他們回答得很精確,讓他們能輕鬆點。」

布萊恩和妻子娜歐蜜(Naomi)還花了點時間,找上幾位曾做過骨髓移植的病人和他們的家屬,瞭解當時他們是如何配合進行療程的。「那時候還沒有酷炫的社群網路,」布萊恩說,「我們使用 Listserv,這是一種電子郵件論壇。我們開始注意討論區的主題清單,並追蹤特定人選……他們會討論各式各樣的醫療主題,像是化療時噁心該如何處置;但後來發現,對我們最有用的主題都跟醫療無關……」

「我們眼前最大的問題是,娜歐蜜必須花多少時間陪我?還有我們該怎麼安排一歲的小寶寶?很清楚的是,需要另外一個成年人跟我們住在一起照看小寶寶。我想會有一陣子自己的身心狀況可能沒辦法說話或提問,這就需要娜歐蜜陪著我,做我的發言人。這種情形什麼時候會發生,誰也說不準;可能是在餵食寶寶的時候,也可能是在寶寶小睡的時候。如果她要分心照顧小寶寶,就沒辦法問出對的問題,也沒辦法好好聽別人回答。」

布萊恩的父母親知道這事之後表示,如果他會在匹茲堡以外的地方進行手術,他們可以搬過去幫忙。這讓布萊恩夫婦可以考慮到骨髓移植經驗最豐富的其他州醫院就醫。

布萊恩夫婦的父母都很贊成這項手術,布萊恩自己也傾向於動手術,但要他做這項決定卻沒那麼容易。某天晚上,他和娜歐蜜聊著他擔心的幾個問題,如果手術沒能成功,女兒可能會對他這個父親完全沒有記憶。如果不做骨髓移植,至少還有幾年寶貴的時間可以跟女兒在一起。當他走了之後,女兒會記得他的一些事。

娜歐蜜覺得他這樣的想法滿有道理的，不過她輕聲地說：「如果你女兒記得的是，她的爸爸一天到晚進醫院輸血，成天躺在病床上，那怎麼辦？這會是她對你所有的記憶喔。」

「我清楚地記得那個關鍵時刻，」布萊恩說。「我想，『該死，她是對的。』於是我知道該怎麼做了。」

＊＊＊

布萊恩決定在骨髓移植經驗最豐富的醫學中心之一——佛萊德哈金森癌症研究中心進行手術。因為這樣的選擇，他和老婆必須從匹茲堡搬到西雅圖，小寶寶依娃當然也跟著過去。布萊恩的父母也信守承諾搬過去，以便在療程進行的數週裡提供協助。

同時，布萊恩也提早開始自我強化的體能訓練。從 Listserv 上得到的訊息顯示，即使是年輕人，要完全康復也是相當困難的。布萊恩有很堅定的信念，他必須盡一切所能讓形勢對自己有利。「我完全瞭解，我必須為這項治療做好準備。」布萊恩說。「我刻意讓自己做更多運動，以便在骨髓移植手術前，讓體能達到最佳狀態。」

在經過四十次不成功的骨髓配對測試後，醫生終於找到一個基因配對相符的骨髓，於是便安排布萊恩進行移植手術。

療程從六天密集的化療開始。「化療藥劑快速且猛烈地打擊你的身體，」布萊恩說。不正常的舊骨髓被摧毀殆盡，身體已經準備好開始接受移植。骨髓移植的程序，跟化療程序有很大的反差。「你只需要坐在那裡，他們會把新的血球用點滴打進你的身體。」他說。

骨髓移植後三十天，布萊恩都處於極度焦慮的狀態，他不能離開醫院。他的女兒在這段期間過了第一個生日。他們用照片留下了她在布萊恩病床邊吃生日蛋糕的景象。

術後的復健過程一如預期的折磨人。布萊恩知道，要避免各種可能的併發症，運動至關重要。他跟噁心和疲憊勉力奮鬥著，持續在醫院的病房區繞圈子走路運動。「如果事先沒聽過別人的經驗，並知道會是這麼困難，我想我不可能持續這樣走下去。」他說。

在醫院住了一個月，又在西雅圖附近休養了兩個月之後，布萊恩回到匹茲堡的家。當他可以開始穩定工作時，已是十八個月後的事了。疲憊和噁心還是無預警的密集發作。然而，他終究穩定地復元了。

布萊恩是幸運的。和他一起在骨髓移植中心動手術的六位病友，有三位沒有熬過第一年。手術後十三年，布萊恩生龍活虎般地活著。他現在是密西根大學公共衛生學院教授，他的同事和學生都知道，他曾走過這麼一段醫療決策的心路歷程。

最近，他還幫十四歲的女兒該選讀哪所高中，做了一個困難的決定。

＊＊＊

布萊恩生病的時候，可想而知面對的是最艱難的決定之一——篤定地活過短短數年，或有機會活久一點。他可稱得上是個決策專家，更竭盡所能做了這樣的決定。如果回頭再看一次布萊恩的故事，或許會注意到，他不斷地尋求並接受外在觀點，並全心全意地往基本率推進。

在讀過相關的醫學研究報告後，布萊恩不知道該以哪一種基本率作爲參考，從年長病患所產生的事證，適不適合用在他身上呢？於是他找上血液學專家。專家請他務必認眞看待這些成功的數字，並且可以再往上調整一些，因爲他年輕且身體沒有其他問題。專家還建議他參考另一個基本率——各醫院骨髓移植個案的成功率，這多半取決於醫院做過的移植數量（他沒有要專家預測自己的狀況會有什麼結果。記得前面提過，專家對基本率知之甚詳，但在預測方面卻是普普通通）。

有關副作用，他則盤問醫生相關的基本率——是五〇%？還是五%？還是百萬分之五的機會？

然而，即使知道了基本率，也沒辦法讓布萊恩的決定變得容易些。他還是焦慮不安地折騰了幾個月，最後是因爲妻子述說著女兒將會對他留下什麼樣的記憶，引發他強烈的情緒，讓他當下咬緊牙根做了決定。這裡預告了我們在後面的章節要討論的課題，想要做出睿智的決定，需要適時出現正確的情緒。⑥

布萊恩決策過程中的另一個面向，雖然看起來跟基本率的思考沒什麼關係：他積極聯繫曾做過骨髓移植的病友，急切的從他們身上吸取相關經驗。他獲取的經驗導引他所做的幾個決定，確實讓他存活下來的機會增加很多，包括他自我強化的體能訓練，以及他的父母決定搬到西雅圖來陪伴他們。

單單詢問醫生相關的基本率，並沒有辦法得知這類訊息。這也並非源自充滿瑕疵的內在觀點——他不只單純地相信自己的看法，還認眞地蒐集事證。整體來說，到底他採取了什麼樣的策略？

布萊恩想要的是更多有實質內涵的訊息，有更多立場。他希望親眼看看之前的病人是如何度過這段日子。這正是我們接下來要討論的課題——在評估選項時，和大範圍的觀照（big picture）

最能相輔相成的，是近距離的檢視（close-up）。

3.

歷史學家公認，富蘭克林．羅斯福（Franklin D. Roosevelt）總統⑦在蒐集運用資訊方面，是大師級的人物。他不但能做大範圍的觀照，也會做近距離的檢視，這是他最擅長的策略。曾有人請他的家庭醫生描述一下這位總統，他是這麼說的：「他熱中於知道所有發生中的事情，也喜歡參與每件事。」

就像所有的總統一樣，羅斯福非常在意接收到的訊息品質，擔心訊息在傳遞的過程中，會被別有用心的人士污染。他渴望獲得可以相信的資料，所以他是第一位大量使用民意調查密切注意人民意見的總統。

羅斯福也積極拓展「眞相」的來源，他在聯邦政府之外，刻意經營了一個綿密的訊息網絡，包括企業界人士、學者以及親朋好友。這些就成了他在官僚體系之外的眼睛和耳朵。「去看看到底發生了什麼事，」他曾經跟某人這麼說：「看看我們做的事情到底有什麼結果。跟人們聊聊天，用鼻子嗅嗅外面的氣氛。」

羅斯福有位很能幹的合作夥伴——第一夫人依蓮娜．羅斯福（Eleanor Roosevelt）。她經常在未通知主辦單位的情況下到處訪視，這樣可避免只看到經過包裝的成果。到了現場，她會跟各級主管以及相關的承辦人員聊天，之後做一份很詳細的報告給羅斯福參考。「幾年下來，我成了愈來愈棒的記者，還是個愈來愈好的觀察員。」她說：「之所以能這樣，最主要的原因是總統會問的問題範圍非常廣，逼得我不得不去注意所有大大小小的事。」

羅斯福還有一個爲人熟知的習慣，他擅長跳過部門主管，和基層幕僚人員打交道，搞得這些主管非常生氣。曾在羅斯福任內擔任內政部長的哈羅德・易凱思（Harold Ickes），就曾對總統這樣的習慣很氣憤地發過牢騷。羅斯福經常在沒有事先知會他的情況下，打電話給他的屬下。在第二次世界大戰前，羅斯福也巧妙地繞過當時的國務卿科德爾・赫爾（Cordell Hull），跟副國務卿桑能・威理斯（Sumner Welles）建立了緊密的關係；甚至還聘請了一位聯絡官，專責與溫士頓・邱吉爾（Winston Churchill）之間的聯繫工作，爲的是不完全仰賴國務卿赫爾提供的訊息。

從當時在白宮任職的某位官員的描述，可以感受到羅斯福是掌握訊息流動的高手。「他會把你叫進辦公室，請你去瞭解某件複雜事情的來龍去脈。經過數日沒日沒夜的努力後，向他回報你在某個地方的大石頭底下查到的雞毛蒜皮之類的新鮮事，卻發現他已經全都知道了，還會跟你說些你不知道的東西……在經歷一、兩次這樣的情況後，你對於呈報給他的資料，會萬分的小心謹慎。」

比起前幾任總統，羅斯福更善於運用信件作爲策略性的訊息來源。他在例行的與民衆不拘形式的廣播談話中，鼓勵美國人民寫信給他表達看法，民衆熱烈地回應。白宮每天收到的信件有五千到八千封。如果信件數量下滑，他還會跟顧問發牢騷。羅斯福堅持這些信件必須有系統地分析整理，或依照屬性、立場分類。相關的統計數字會定期向他做「信情簡報」（mail brief）。這樣的簡報資料就是現成的代表大眾觀點的基本率。

羅斯福甚至又往前走了一步。他除了瞭解相關的基本率之外，還會找幾封信親自看看，因爲從信的內容可以得到更豐富的訊息。從統計數字瞭解民眾對某件事的感受是一回事，但他們的感受程度又是如何呢？只是關心、已經開始煩躁，還是已經生氣了？或已經強烈地被激怒了？統計數字有時會遮蔽細微的徵兆。

這就是爲什麼必須把「近距離檢視」放進工具箱。基本率在建立基準時很管用——如果做這樣的決定，那這就是我們可預見的結果。然而，近距離檢視有助於觸動我們的直覺，這也是相當重要的一個環節。

比方說，今天晚上你想吃一頓墨西哥大餐，所以你上了頁譜網站，找到一家評價三顆半星——還算不錯，但不是太好——距離很近的餐廳。你通常都選四顆星的餐廳，但這次你決定看看到底發表評論的人寫了什麼。你發現絕大多數的人似乎都只是胡亂地讚揚食物有多棒，然而，有一幫人對於這家餐廳的高價位略有微辭。好啦，看到這樣的訊息你就完全放心了，因爲你就是墨西哥食物的行家，喜歡高檔餐廳！爲眞正好吃的辣味肉餡玉米麵餅多付點錢，對你來說不是問題。基本率是相對模糊的，近距離檢視可以讓本質更清楚。

＊＊＊

有些組織的領導主管已能領會近距離檢視這種做法的智慧。其中一位是安・穆凱（Anne Mulcahy），她擔任全錄（Xerox）執行長時，策畫並主導了近幾年來最戲劇性的企業反敗爲勝案例。⑧二〇〇一年她上台的時候，全錄負債一百九十億美元，銀行帳戶幾乎已無現金。股票價格比前一年跌了九〇%。當穆凱這位四十五歲、名不見經傳的企業主管被任命爲執行長當天，投資人歡迎她的方式，是讓股票又跌了一五%。六年後，她讓企業的負債減少一半，股票價格漲了四倍。

穆凱當時面對的諸多問題之一是，全錄的高階主管跟公司最重要的客戶之間，完全沒有任何接觸。爲了解決這個問題，她發動了名爲「聚焦五百」的計畫，目的是希望能近距離瞭解全錄的客戶和他們的需求。全錄針對前五百大客戶，每一家都至少指定一位高階主管負責聯繫，會計長和法務長也不例外。

除此之外，穆凱還宣布，每天由一位主管輪値客服部門的總指揮，他必須負責處理當天來到總部的每一件客訴。穆凱說：「這種做法讓我們跟眞實的世界保持接觸，讓我們得以腳踏實地，也讓公司的決策可以眞正落實。」

這個計畫或許讓全錄的客戶部門成了全世界成本最高的客戶支援單位，然而，這種做法卻也讓一群高階主管有機會重新跟公司的命脈——客戶——接觸。

近距離檢視的另一種模式，是所謂的走入「現場」(genba)。「現場」這辭彙在日文的意思是「眞實的所在」，或泛指「事情發生的地方」。⑨比方說，日本的偵探把事故發生的地點稱爲「現場」。對製造業來說，指的是生產作業進行的地方；對零售業來說就是店面。全面品質管理（Total Quality Management）的倡導者，多會鼓勵企業主管「走入現場」瞭解問題。如果工廠作業現場發生問題，工程師就應該到現場直接掌握問題，評估狀況並且跟相關人員面對面溝通。大家都知道，最好的點子必然是從這類近距離狀況的檢視中產生，如果我們沒有完整地瞭解狀況，又怎麼可能改善它呢？

因此，工程師如果能近距離檢視相關的作業程序，一定會對工廠問題的診斷有所助益。穆凱也認爲，讓公司的領導團隊近距離檢視全錄如何應對客戶，對公司未來的發展是有幫助的。保羅·史密斯（Paul Smith）⑩是寶僑消費者研究部門的主管，他也用同樣的方法讓同事近距離檢視競爭對手。

紙巾、碗盤清潔劑、牙膏等消費性產品的市場競爭激烈，主導的幾家跨國公司在市場上你來我往地搶攻市占率。廠商在瞭解競爭對手的產品上，努力深入各種技術細節的程度，令人難以相信。例如，在寶僑的實驗室會針對紙巾產品進行這一類的科學測試：

- **厚度測試**（The Caliper Test）：用微米測徑器在單張紙巾上施壓到既定壓力，並且以千分之一吋的單位衡量厚度。（愈厚＝愈好）
- **吸水速度測試**（Rate of Absorbency Test）：以紙張的中心點接觸水面並停留一段時間。以每秒鐘幾公克為單位，衡量吸水的速度。（愈快＝愈好）
- **張力強度測試**（The Tensile Strength Test）：用夾具夾住紙巾兩端並拉扯，直到斷裂為止。衡量每英寸需要幾公克的壓力才能讓它撕裂。（愈難撕裂＝愈好）

在實驗室（或者可稱爲紙巾酷刑室）做過這類測試後，科學家可以根據測試結果，精確地指出競爭對手產品的優缺點。

然而，無論這類數據有多精準，其實並沒有辦法讓我們眞正瞭解對手的產品。也就是說，當你知道競爭廠商產品的張力強度時，你眞正可以感受的又是什麼呢？因此，史密斯決定爲同事安排一次近距離檢視的機會。他買了一大堆同業製造的產品：紙巾、廚房紙巾和面紙等，堆放在辦公室裡。

「我們每年都會從成千上萬的消費者身上蒐集他們對各種產品的意見，但這次我是要辦公室的同事親身接觸，並且從內心深處去瞭解對手的產品到底有多好（或多爛）。」史密斯說。「一般的市場行銷人員會這麼想，我已經在這裡工作了三年，我認爲我們的產品是有史以來最好的。是啊，你當然會這樣認爲，因爲那是你的產品。然而，如果親身試用對手的產品，那你瞭解的深度肯定是不一樣的。」

某次在麥當勞舉辦的郊遊野餐中，提供的食物是漢堡王的華堡。一開始，大家都熱情地歡迎競爭對手產品的出現。在一陣子的拍胸脯、自吹自擂自家產品當然比較好的聲音後，終於出現了不同的反應。就如同史密斯所說的：「哇！競爭對手的產品比我想像中的好很多！」

有位產品經理說：「我眞的很意外。我比想像中更喜歡那個品牌的東西。我原先並不覺得有必要擔心公司產品的功能，但現在我的想法改變了。」

也有人從這樣的近距離檢視中，找到公司的重要競爭優勢。美國知名廚房紙巾公司邦提（Bounty）團隊的一位成員說：「有一次洗完手，我打算用紙巾把洗手檯抹乾淨，用的是別家公司的紙巾，這紙巾用起來好像只能讓水動來動去而已，我必須用兩張紙巾才能搞定。」有過這樣的經驗，這位市場行銷人員開始集思廣益，思考在廣告裡該用什麼方法來凸顯邦提產品的優點。

史密斯爲他的團隊上演了一場近距離檢視的大戲，讓他們看見從數字中看不見的細微訊息。

＊＊＊

在評估選項的時候，我們會很自然地用內在觀點來看問題。我們會從自己的聚光燈下看得見的訊息來思考，並以此快速形成某種印象。玻里尼西亞樂園旅館看起來很不錯。我的泰式料理餐廳一定會成功。在本章中，我們看到可以做兩件事來修正這樣的「確認偏誤」：大範圍觀照（zooming out）、近距離檢視（zooming in）。＊

做大範圍觀照的時候，我們尋求外在觀點，從曾經跟我們經歷相同事情、做過同樣選擇的人身上，學習他們的經驗。做近距離檢視的時候，我們尋求更多立場，讓我們形成更好的決定。兩種策略都有用處，做過其中任何一項，都會讓我們的洞察力有所不同。這是關在會議室、自以爲是的討論無法企及的。

如果情況許可，應該要兩部分都做做看。爲深入瞭解美國民衆的情緒，羅斯福總統除了看統計數字和摘要之外，還會挑幾封信親自讀一讀。在評估競爭對手的產品時，史密斯的同事靠的是

＊作者註：我們使用「zooming out」、「zooming in」，是爲了讓本章的討論有個簡單的總結。但我們必須強調這種用法其實並不是很理想。「Zooming out」和「外在觀點」（outside view）是同樣的意思，但「Zooming in」和「內在觀點」（inside view）的意義是不同的。所謂「內在觀點」永遠是我們腦袋裡的東西。所以當你看到「zoom out」、「zoom in」這兩個詞的時候，我們會想到攝影，但我們沒有辦法拍下自己腦袋裡的東西。

科學的分析資料和個人的親身體驗。在個人健康的高風險決策上，布萊恩相信的是基本率以及病友親身經歷的故事。

大範圍觀照和近距離檢視，可以讓我們在面對選項時，有更務實的看法。我們必須刻意貶低原先在腦袋裡過分樂觀的景象，把注意力擺回外在世界，用廣角鏡看一次，再近距離仔細檢視。

重點摘要

1 我們對「基本率」的信任，超過對自己直覺的信任。但確實該相信前者多一些。

- 我們相信網友對玻里尼西亞樂園旅館的評論，但是在面對自己最重要的決定時，例如換新工作、大學主修什麼等，卻不常去請教別人的看法。

2 內在觀點＝我們對於自身特定狀況的評估。外在觀點＝跟我們類似的狀況，一般來說是怎麼發展的。外在觀點是比較正確的，但大多數人還是比較受內在觀點所吸引。

- 傑克認為他的餐廳一定火紅。把他跟其他開餐館的人混為一談，是天大的錯誤。
- 康納曼編教科書的故事：即使是知道基本率的教科書專家，也會陷入內在觀點，無法自拔。

3 如果找不到基本率來幫忙做決定，那就去問專家。

- 可以問智財權律師「有多少比例的案子在開庭前就和解了？」之類的問題。
- 警告：專家在基本率方面是很棒的，但預測未來卻不靈光。

4 「近距離檢視」可以增添許多內涵，補充外在觀點的不足。

- 布萊恩深入研究骨髓發育不良症候群病患的各種基本率，除此之外，他還做近距離檢視

（發現需要運動，以及另外一位成年人的協助）。

- 羅斯福總統要幕僚幫他準備「信情簡報」的統計數字，除此之外，他還親自閱讀若干信件。
- 近距離檢視：全錄的一日客服主管、「走入現場」、使用競爭對手的紙巾。

5 要蒐集最好的情報，我們必須大範圍觀照，並且近距離檢視（外在觀點＋近距離檢視）。

7 試水溫

1.

美國國家儀器公司（National Instruments，簡稱NI）是一家科學設備製造公司。約翰．漢克斯（John Hanks）在二〇〇六年擔任公司副總裁時，面臨一個決定：要不要在無線感測器市場上賭一把大的？從技術上來看，這類產品的前景一片大好：在煤礦礦坑裝上無線感測器，偵測空氣中的甲烷含量，可以取代原來用金絲雀的做法。感測器也可以從高速旋轉中的設備回傳訊息，像是油井鑽探設備上的鑽頭，這是有線裝置沒辦法解決的（想像這個畫面：一把叉子上纏著一堆義大利麵）。

有些客戶抱持著懷疑的態度。從無線感測器送回來的資料牢靠嗎？裝在惡劣環境的感測器可靠度有多少呢？因為這類種種懷疑，漢克斯覺得他還沒有足夠的訊息可以做出明智的決定。

他知道，他要做的是先「試水溫」（ooch）。

所謂試水溫，是指做個小實驗來驗證相關假設（我們在國家儀器公司裡學到「ooch」這個字。後來發現，在美國南方這樣的用法相當普遍。不知道是不是緩慢移動〔inch〕和飛奔〔scoot〕兩字混合起來的新字）。漢克斯說：「我們習慣上常會問自己，我們如何『ooch』這件事？……我們在全速前進之前，通常都會先試試水溫。」①

漢克斯去拜訪一位很不錯的先導試用客戶——這位客戶可以讓他學到一點東西，其需求在技術層面有相當的複雜度。當漢克斯見到比爾．開舍（Bill Kaiser）時，他知道遇到對的人了。開舍是加州大學洛杉磯分校（UCLA）電機工程的教授，曾跟幾位生物學家共同發展無線感測器，裝設在哥斯大黎加的叢林裡。

這個計畫的目的是掌握叢林裡二氧化碳的變動狀況。要做好這樣的量測工作，國家儀器公司的團隊面臨許多嚴酷的挑戰：感測器必須在叢林裡大面積置放；叢林中電源插座有限，感測器必須配備電池電源；必須有耐力承受大自然力量的破壞；更不用說，當然要能精準量測，並可靠地傳輸資料。

要滿足生物學家的需求，漢克斯的團隊並沒有把時間花在完成一個高雅美觀的產品上。高雅美觀的產品昂貴又耗時。他們用手上現成的東西拼湊出一個原型產品。漢克斯認為這東西像是「籃子裡的一塊磚頭」。

UCLA的生物學家要量測的是叢林中不同高度的二氧化碳濃度，國家儀器公司的團隊於是爲他們在樹與樹之間架設了纜線網，籃子在纜線上滑動時可以進行量測工作，電源則以自動充電的方式補充。「這就好像在哥斯大黎加的叢林裡，架設一個ＥＳＰＮ轉播美式足球的攝錄機。」漢克斯說。

這個計畫算是給漢克斯上了一堂速成的課，讓他知道該如何面對尖端的客戶，和極度繁複的需求。如果這樣的感測裝置可以滿足ＵＣＬＡ生物學家在哥斯大黎加叢林的研究需求，那就有可能在任何地方都能應用。

這個試水溫的計畫提升了漢克斯在技術層面的信心，於是再經過了幾次實驗，他就停下了試水溫的工作，開始大步前進了。他取得了公司的同意，展開了無線感測器的發展計畫，估計投入的金額約兩、三百萬美元，需要花上幾年來完成。經歷過前面所做的實驗，讓他確認了之前對無線感測裝置會有極大市場的直覺洞察力，現在他更具信心可以大步往前了。

＊＊＊

漢克斯的團隊並沒有魯莽的一頭撞進無線感測器的市場，而是先用腳趾頭試試水溫。在策略上他們沒有選擇「不成功便成仁」的做法，而是以「漸進」的方式進行。先蹲後跳的這種策略，是用來眞實驗證假設的另一種做法。當我們試水溫的時候，就有機會把現實世界的經驗納入我們決策的考量。

有位名爲史帝夫的學生決定要去讀藥學系。是什麼讓他覺得這是個好選項呢？之前，他有幾個月的時間漫不經心地想著幾個可能性，醫學系，甚至是法律系，最後覺得還是藥學系比較適合。他對化學的興致頗高，也覺得在健康照護產業工作是不錯的想法。他覺得藥劑師過日子的方式還滿適合他的，工時勉強可以接受，收入也很不錯。

然而以這麼重要的決定來說，這樣的事證是相當薄弱的。史帝夫的決定意味的是：至少得花兩年時間讀研究所、上萬美元的學費，以及因爲繼續讀書而無法工作賺錢的損失。也就是說，他是根據根本沒有價值的一點點資訊，豪賭了他的未來。面對這樣的狀況，就是需要試水溫的時機了。最簡單的做法，就是去藥房打工幾個星期。如果他夠聰明的話，必要時即使不支薪，都該去做做看（如果他可以讀幾年書、不需要工作收入，那肯定可以分文不取的去打幾個月的工）。

在進入專業領域前先試一下水溫，在觀念上，這是再清楚不過的事。然而，每年都有一大群擠進研究所讀書的學生，從不曾親身經歷：讀法律的學生不曾去律師事務所待過一天，醫學院的學生沒花時間去醫院或診所待一陣子。想想看，花三、四年的時間上大學，畢業後卻是進入你一輩子都覺得不適合的行業！這樣的決策程序眞是糟透了，這跟在拉斯維加斯喝醉酒後即興地結婚有什麼兩樣（打這樣的比方可能對拉斯維加斯不太公平，宿醉過後取消婚姻，要比學生念錯科系欠下一屁股債簡單多了）。

爲了讓這類極愚蠢的事不再發生，已經有很多復健系研究所的主管，強迫學生在入學前先試水溫。比方說，紐約市立大學漢特學院（Hunter College）就規定，學生如果沒有實地觀察過復健師工作一百個小時以上，就不准入學。②這麼做之後，所有學生對於他們準備進入的專業領域，必然具備某種程度的基本瞭解。

試水溫有助於我們的判斷，這也是一種眞實驗證自己見解的方法。所以，如果覺得無線感測裝置的市場一片大好，先試一下水溫。如果想成爲藥劑師，也先試一下水溫。

這種方法用在某些難以捉摸的情況，也有一定的用處。比方說，有心理諮商師已經開始運用類似技巧，協助人們減少工作以及生活上因決策而產生的焦慮。三位心理諮商師馬凱（Matthew McKay）、戴維斯（Martha Davis）以及芳寧（Patrick Fanning）曾寫過一個個案，是「一位完美主義的律師助理」佩姬。③她的工作是負責處理資深合夥人的相關文件，對犯錯有極度的恐懼。她經常會花上幾小時在文件中找錯誤、訂正錯誤，之後卻又擔心會不會因爲自己的粗心大意而導致另外的錯誤，於是又再次投入。在辦公室忙完一整天，她還會把文件帶回家，試圖讓文件完美無瑕。

要佩姬校對文件一次就能滿意並放心是不可能的事，風險似乎有點高。在接受治療的同時，她列出了一系列試水溫的動作，每次推進一小步，讓她得以眞實驗證心中的恐懼，看看如果她放開原本在文件校對上強迫症似的做法，天會不會塌下來。如果過了一關，就往前再進一步。下面列出了她詳細規畫出來的順序：

1 把訟案文件帶回家，再校對三遍。
2 把訟案文件帶回家，再校對兩遍。
3 把訟案文件帶回家，再校對一遍。
4 在辦公室多待一個小時，把訟案文件放在辦公室，不再校對。
5 把訟案文件放在辦公室，準時回家，不再校對。

在每個階段中，她都極度焦慮，一則擔心她為公司所做的決定會有可怕的後果，一則擔心她的工作保不保得住。然而，在她完成每一個階段之後，驚訝地發現事情都很順利，讓她具備足夠的信心進入下一個階段。完成第五階段之後，她才真正讓自己可以放鬆：

6 故意在訟案文件中漏掉一個標點符號。

7 故意在訟案文件中留下一個文法錯誤。

8 故意在訟案文件中留下一個錯字。

根據心理諮商師的說法，佩姬發現「犯下微小的錯誤並不會讓公司輸掉整個案子，也不會讓她失去工作。根本就沒有人會注意到那些微不足道的錯誤」。

她終於在文件校對編輯的工作上放輕鬆了，她還是很嚴格但不再強迫式地作為。她就這樣慢慢的，可以做點更勇敢的決定了。

＊＊＊

先進行小實驗探索選項的做法，過去幾年已經在很多地方開始運用了。設計人員常會把「原型試做」掛在嘴邊，不會再有人花六個月去規畫出完美的產品，他們會很快地拼湊出實際尺寸的東西，交付潛在客戶並請他們表示意見。與現實世界互動迸出的火花，就可以作為第二次原型製作的參考。如此反覆進行，設計就得以繼續進步。

健康照護產業的領導人士也倡議「變革的小測試」的觀念：凡是新的程序或創新的概念，都先進行小規模的先導計畫，看是否確實產生可以衡量的成果。吉姆．柯林斯（Jim Collins）以及摩坦．韓森（Morten Hansen）等企業界人士，則主張「先開槍再炮轟」的策略，先做小規模試驗，找出最好的結果後，再全力投入（這就是師法國家儀器公司「先蹲後跳」的做法）。④ 最後，關於這種試水溫的哲學，彼得．西姆斯（Peter Sims）在他的著作《花小錢賭贏大生意》（*Little Bets*）中，花了全部的篇幅做了更詳細的討論。

我們比較喜歡使用「ooching」這個字眼。但要說清楚的是，不管用哪個字，基本上說的是同一件事——在一頭栽進去之前，先用腳趾頭試試溫度。然而，既然這個觀念如此爲人熟知，而且小投入有助於大決策的好處又這麼明顯，那你或許會覺得，試水溫這種做法，爲什麼不是我們本能的一部分呢？

問題在於，我們對自己預見未來的能力有著極度的信心。以史帝夫這位藥學系的新同學來說，他根本就沒有覺察到自己處於混亂的狀態。當他自以爲藥學系適合自己的時候，爲什麼要浪費時間去打沒薪水的工呢？（如果一年後他放棄不讀了，他會說「這不是我要的」，一副好像事前完全無法預想到的樣子。）設計界有些出色的設計人員會打從心底認爲，他做出來的產品一定是對的。先做出「快速簡單的原型產品」這概念，只會讓他們翻白眼，一副不以爲然的樣子：優雅的東西是沒辦法用原型的方式呈現的。

「我就是知道應該這樣！」這種自我感覺良好的心態其實存在於我們每個人身上。我們自以爲知道未來的事情會如何往下發展，所以極不願意先試水溫。當然，如果我們眞的擅長預測未來，那試水溫的確是浪費時間。

所以，關鍵問題在於：我們預測未來的能力到底有多好？

2.

菲爾・特洛克（Phil Tetlock）⑤是賓州大學心理學與管理學教授，早期曾在美國國家研究院（National Research Council）的某個委員會工作。這個委員會有一個相當嚴肅的任務：在核戰的威脅下，社會科學對拯救文明可以做出什麼樣的貢獻。一九八四年，在雷根（Ronald Reagan）總統的第一任任期期間，曾在前一年的演講中稱蘇聯為「邪惡帝國」。政界的專家們都覺得，兩國的關係像是「瀕臨懸崖般的危險」，特洛克說。

不過，一年後所有的事情都變了。戈巴契夫（Mikhail Gorbachev）成為蘇聯共產黨總書記，引領了一場全面變革的世紀。在短短的幾年內，對於核子戰爭的恐懼，轉眼間成了荒誕無稽的論調（特洛克的一位同事甚至還調侃委員會早些時日提出的危言聳聽報告，說：「看吧！天沒有塌下來吧！」）。

特洛克很驚訝的是，那些完全忽略戈巴契夫竄起的專家們，一直都沒有承認自己是錯的。他們只說，那全是因為美國運氣好，或者還一直認為他們有關核子戰爭的預測「幾乎」眞的發生了（特洛克稱為「不符實情的九死一生」）。

特洛克被這些專家給惹火了，於是決定設計出一個研究，讓專家們承受一點壓力。他找了兩百八十四位所謂的專家，這些人多半靠著「評論政治或經濟議題，或提供相關建議」維持生計。幾乎每一位都有碩士以上的學歷，有超過一半的人是博士。很多人找他們提供建議，其中六一％有接受媒體採訪的經驗。

研究主題是各自請這些專家就其專長的領域進行預測。經濟學家被問到的問題是像這樣的：

在經濟成長方面，請問我們預期未來兩年GDP的成長率是成長、衰退還是持平？

政治學領域的專家被問到的是類似這樣的問題：

你認為美國在下次選舉後，目前的執政黨〔民主黨或共和黨〕會失去政權，還是會繼續執政但民眾的支持度降低，或者是繼續執政、且民眾的支持度上升？

類似的預測問題還有幾題，都是很基本的選擇題或填空題。特洛克把題目設計得非常清楚易懂，目的是讓這些專家預測錯誤的時候，沒有可以閃躲的空間。他從一九八〇年代中期開始小規模地蒐集這些專家的預測資料，過了一陣子之後，發現這些資料太豐富而且太有趣了，引發了他更大的興致持續下去。到了二〇〇三年，總共蒐集了八二三六一項預測資料。兩年後，他彙集相關的分析資料，出版了一本書，名爲《專家的政治判斷》(*Expert Political Judgment*)。

專家到底行不行？從保守的角度來看，專家的表現不如預期。即便是預測最準的專家，和

「粗略外推運算法」（crude extrapolation algorithm）做出來的結果相比，專家們還是略遜一籌。粗略外推運算法是一種簡單的運算，以基本率爲基礎，並假設過去幾年的趨勢會繼續下去（比方說，過去三年的經濟成長率平均是二・八%，那未來成長率的預測就是二・八%。如果你還記得上一章我們的建議——相信專家提出來的基本率，不要相信他們的預測——那特洛克的研究成果就不會讓你覺得太意外了）。

特洛克告訴我們的是個壞消息：「在研究過這麼多跨領域的資料，經過這麼長的時間，並且從得到的結果變數看來……無論哪個領域，人類的預測都比不上粗略外推運算法。」換句話說，給青少年一些基本率的資訊和一台計算機，就可以輕鬆贏過專家的預測。

更多教育並沒有辦法讓預測的準度提高。特洛克發現，博士並不會比非博士預測的更準確。經驗也不管用，二十年經驗的專家跟新手菜鳥沒有顯著差異。可預測得到的特性只有一種——媒體的關注。更清楚地說，媒體曝光度愈高的專家，在預測能力上愈糟糕（任何人只要看一小時的電視新聞，就可以證實這樣的說法是眞的）。這倒是個令人振奮的發現。無可挑剔、廣受信任的專家，居然還比不上笨拙的運算法——只要假設去年發生的事今年會繼續發生即可。

更悲慘的是，這種預測不準的情況，不只出現在這些權威人士身上。過去有研究結果顯示，心理學家、醫生、工程師、律師以及汽車修理技師等，在預測上也是很糟糕的。有篇相關的學術論文，其副標題一句話就把這現象點破了：「爲什麼專家知道得這麼多，卻預測得這麼糟糕？」

這樣看來專家沒用囉？倒也不是。有一次，特洛克做了個實驗，他找上了柏克萊大學主修心理學的學生，給了一頁資料，上面是許多國家政治和經濟方面的基礎事實訊息，請他們做類似的預測，結果非常糟糕。比方說，當他們認爲某種狀況百分之百會發生的時候，有四五%是錯誤的。當專家們認爲百分之百確定的時候，實際上錯誤的比例「只有」二三%（老實說，這樣的數據還眞不怎麼樣。想像一下，如果家裡用的驗孕產品只有這樣的「準度」，會是什麼樣的狀況）。

所以，如果你在家裡進行評估，數據顯示採用基本率會比專家的預測更準確，那肯定也會比新手菜鳥的預測準確得多（你會發現身後是一群從避居的山林裡出來的人，他們因爲專家預測二○○○年人類文明將大崩解而遁入山林）。

特洛克的研究結果顯示，我們必須永遠對自己的預測能力抱持謙卑的態度。如果可能的話，我們應該要全然拋棄所謂預測這件事。比方說，如果你是軟體公司的主管，你不該覺得技術市場的預測，會比政治學者預測穩定的西方民主政治下的總統選舉結果容易。

試水溫是一種方法，讓我們發現眞實狀況，而不是去預測。

＊＊＊

維吉尼亞大學達頓（Darden）商學院教授莎拉思．莎拉思瓦西（Saras Sarasvathy）發現，創業者與權威學者分別處於兩個不同的極端。莎拉思瓦西說，從許多創業者身上發現的共同特質是，他們對預測十分反感。「如果你把一堆跟未來有關的資料交給創業者，他們會刻意忽略這些東西。」她在接受《Inc.》雜誌訪問時這麼說。創業者多半不認爲這些預測値得他們花時間：有項針對《Inc.》雜誌五百大執行長的調查顯示，有六○%的人在創業時甚至沒有書面的事業計畫書。

爲了瞭解這些創業者的想法，莎拉思瓦西深入訪談了四十五位企業的創辦人，這些企業的年營業額從二億美元到六十五億美元不等。她在訪談時，出示一份假想中的創業計畫個案，並請教他們會怎麼做某些關鍵性的決策。

其中有個問題是：「如果你是這位創業者，你會先做什麼樣的市場研究？」有位很願意配合這項研究的創業者聽到這問題之後，開始很認眞地思考這個研究的意義。在訪問進行到一半時，他突然停了下來，並逆轉了回答問題的思路。「說眞的，我不會做任何市場研究。」他說。「我就是去把東西賣掉。我不相信什麼市場研究。之前曾有人跟我說，做生意只有一件事，就是要有客戶。我不會去問這些亂七八糟的問題，我就是試著把東西賣出去。」

這正是一九九〇年代末期，達康時代（dot-com era）正盛的寫照。當時比爾．葛羅斯（Bill Gross）想試試他腦袋裡的一個構想。葛羅斯是育成公司 idealab! 的創辦人，在網路上直接把汽車賣給消費者的想法讓他興奮不已。他的設想是：消費者可以在網路上快速地找到所要的車款，新車可以直接送到家門口，這樣可以完全避開汽車業務人員的介入。

概念上，他知道這樣的想法是可以行得通的，但還是有一定的風險。在網路上賣車，不需花錢買進庫存車，所以可以給客戶多點折扣。然而，即使打了折扣，以在網路上買東西來說，這還是一筆不小的錢。眞的有人會花兩萬美元買一部沒試開過、甚至沒親眼看過的車子嗎？

爲了讓這個想法得到一些驗證，他決定試水溫。他找來一位執行長，聘期九十天，任務是在網路上賣掉一部車子。當時擔任 idealab! 營運長的安迪．金摩門（Andy Zimmerman）回想那時的情形：

在動腦會議裡，有很多反對意見。有人認為，要人們願意在網路上購買高價商品，是不大可能的事。那時還沒有人在網路上賣車子，所以與其繼續爭論下去，不如架個網站，弄幾個網頁，讓人覺得好像可以在上面下訂單的樣子。但資料實際上是由人工處理，店員翻查最新的車價目錄 Kelley Blue Book 後，再回傳資料給客户。第二天早上，比爾發現居然賣掉了三部車子。我們只好趕緊把網站給關了，因為當時給的折扣相當大。

比爾的團隊放下了爭論，在試水溫順利解決了不確定的問題後，設立了 CarsDirect.com，⑥在三年後成爲全美最大的汽車經銷商。

莎拉思瓦西發現創業者和企業高階主管給人印象最深刻的差異之一是，前者偏好實際測試，後者則喜歡做規畫。她說，絕大多數的企業高階主管喜歡預測，他們的信念是：「可以預測多少未來，我們就可以掌握到多少。」正好相反的是，創業者喜歡主動進行實地測試，他們的信念則是：「只要知道我們對未來有多少掌握，便不需要去預測。」⑦

這種創業者的思維也開始爲大企業所援用。Intuit 的創辦人史考特・庫克（Scott Cook）⑧對於試水溫的好處十分著迷，他到處宣揚這個概念，並表示這是「用實驗來領導」（leadership by experiment）。庫克認爲，企業的領導階層應該拋開「先知道全部答案再做全部決策」的做法。在二〇一一年的一場演講裡，他提到，「當老闆做決策時，可能是因爲政治(politics)、說服(persuasion)以及簡報（PowerPoint）。」庫克特別強調，沒有這三 P，才能確保好的創意可以勝出。透過實際測試來做決策，好的創意自會證明它自己。

庫克舉了一個親身經歷的案例。公司的印度團隊爲農夫們發展了一種新的服務，只要每個月支付一筆很小的費用，就可以用手機接收到各種穀物在各地市場最新交易價格的相關訊息。有了這樣的訊息，他們可以把農產品運到出價最高的市場。庫克跟幾位領導團隊的成員對這個想法嗤之以鼻。「我覺得這太輕率了。」他說。不過他們還是讓印度團隊去做粗略的原型產品，測試一下這想法。

庫克意想不到的是，實驗計畫有非常好的回應。在十三次實驗後，印度團隊設計出非常細緻的服務產品，讓農夫們多賺了很多錢，平均收入提高了二〇%。對許多農夫來說，這些多賺的錢就足以讓他們送小孩去上學了。到二〇一二年，總共有三十二萬五千名農夫使用這個系統——如果庫克和 Intuit 的高階主管沒有給這構想一次驗證的機會，那這個數字會是零。

＊＊＊

如果試水溫的做法可以應用在企業界，那在家裡用得上嗎？高博・加百列森（Gabe Gabrielson）認爲可以。他是房產經紀商，也是一名父親，有個九歲的男孩柯林（Colin），一家人住在美國加州聖荷西。和其他同齡的小孩一樣，柯林常覺得自己的想法和父母親非常不一樣。二〇一一年春天，他對於老爸規定他下樓吃早餐前要先穿戴整齊這事相當不滿。高博倒不是在意柯林穿什麼衣服到餐桌上吃早餐，而是怕他沒先把衣服穿好，上學會遲到。「可是我穿著睡衣比較舒服啊！」柯林抗議道。

爲這樣的事爭吵過幾次後，雙方都覺得很洩氣。高博決定改弦易轍，他學習史考特・庫克的做法，向柯林宣布道：「好吧，柯林，我們先按你的意見做三天看看。如果有任何一天你上學遲到，那我們就回到原來的方式。」

柯林對老爸這樣的轉變大吃一驚，欣然同意這麼做。他穿著睡衣吃早餐，上學也準時。所以新的做法就這樣持續下去了，父子倆對這樣的結果都很開心。對於爸爸來說，少了爭吵；對小孩來說，抗議成功有很大的滿足感。

到目前為止，我們談的都是試水溫的好處。但要提醒各位，試水溫未必是所有決策工作的萬靈丹。從前面的說明可以看到，它在協助我們驗證假設這件事情上很有效，但它有一個很大的缺點——如果面臨的是必須承擔的義務時，這種方法是有瑕疵的。

比方說，如果柯林加入棒球隊有一陣子了，但他現在放學後很不想去練球，想體驗一下退出球隊的感覺，於是在幾次練球時缺席，看看有什麼感受。但對多數父母來說，會覺得是背離了應盡的義務：你既然已承諾加入球隊，就該有始有終。或者如果軍隊讓進入新兵訓練營的人先試水溫，以評估自己適不適合當兵，那我們的軍隊可能只有五個人。

在我們確實需要更多訊息的情況下，最適合運用試水溫的方法。所以，試水溫的做法並非為了緩解我們的膽怯，好讓我們小心翼翼地去做那些正確但可能有點痛苦的決定。馬歇爾和傑生之前念了兩年大學後休學，現在二十五、六歲，在職場上一事無成。馬歇爾很清楚地知道，他需要有個學位才能在職場上更進一步，但他一直拖著。他非常不喜歡上學，所以要找到拖延的理由並非難事。對他來說，試水溫的做法或許是每學期去修一門課，然而這比較像是在拖延躲避，也很可能到頭來無疾而終。以這樣的速度要很多年才能拿到學位，隨著時間一年一年過去，就愈來愈容易完全放棄了。

傑生則一直對海洋生物學很著迷，但他很清楚，他還沒有全然瞭解這領域是怎麼回事。他應該要試試水溫。他可以找一位海洋生物學家，每星期跟他耗上幾個鐘頭，看看這樣的工作性質是否眞讓他感興趣？也可以就近找個大學，旁聽一、兩門相關的課程，看能不能應付得來。經過這樣試水溫後，確信海洋生物學是適合他的，就可以停止試水溫，開始全心投入。

簡單地說，試水溫應該是用來讓我們更快蒐集到可靠的訊息，而非用來延緩需要我們全心全意投入的決策。

3.

一九九九年春天，羅伯·庫倫（Rob Crum）到好思（Thinkwell）教科書出版公司應徵平面設計的工作。丹·希思是這家公司的共同創辦人，是他親自跟羅伯面談的。記憶裡，這次面談的過程是這樣的：

> 庫倫很年輕，頭髮剪得很短，戴眼鏡，穿著打扮對面試來說是時髦了點。他不但戴耳環，還穿著大大的鼻環，形狀約略就像母牛鼻子上的鐵環。面談的過程中，他回答問題吞吞吐吐，舉棋不定的在想到底該透露多少，而他對某些事情的看法，聽起來還帶點嘲諷的味道。感覺跟他不太投緣。接下來的幾個星期，前前後後為了這兩個平面設計師的職缺面談了十多位人選。庫倫在我的候選名單裡，排名倒數第一。

除了面談之外，應徵者還得在辦公室裡限時完成一個樣本作品，就像他們進入公司後要做的工作（例如為一本微積分教科書設計一幅清楚的圖像，或用圖形表現白努利原理〔Bernoulli's principle〕）。公司有位同事給這些作品分別編上號碼，讓我們評分時不知道是誰的作品。當我和另一位共同創辦人排出先後順序，比對後很興奮地發現，排名第一的居然是同一個人的作品。我們問同事這是誰的作品。是羅伯・庫倫。

我們討論了好一段時間，到底要不要用這個人。我的態度比較保留，他看起來跟公司的文化不太對味（企業文化很重要，不是嗎？）。我的第一印象並不是太好（不是該相信自己的直覺嗎？）。雖然如此，最後我還是相信他的樣本作品，請他到公司上班。

謝天謝地！還好當時我並未堅持。庫倫一進公司就成了最棒的好手之一，兩次擢升後，他擔任藝術總監一職，手下有十幾位平面設計師。在專業上他極具天分，作品清新簡潔，除此之外，他工作認真而且是很正直的主管。最讓我尷尬的是，我對他的第一印象簡直大錯特錯，錯得離譜。庫倫不但親切而且謙虛誠懇。他成了我們的好朋友、好同事。

不知道為什麼在用不用庫倫的決定上我會這麼掙扎，也不知道為什麼會把錯得離譜的第一印象看得那麼重要。回想起來，我真不知道為什麼要這麼費事地去面試庫倫，我好像試著要估量這個人，盯著他的眼睛想看穿他的靈魂，看看他適不適合成為我們的一員。我好像試著在預測他會是多棒的員工。其實不需要預測這些事！樣本作品已經告訴我所有我該知道的事。

用另一個比方來說，如果美國奧運的田徑教練用兩種測試方式來挑選四百公尺接力賽的選手：方法一，請選手上場，看他跑得多快。方法二，請選手進會議室，問幾個問題，看他的回答像不像是跑得很快的人。

稍微注意一下，我們就會發現，絕大多數美國企業的用人程序，比較像是上面說的第二種方法，而不是第一種。眞是要命！

研究發現，要預測一個人的工作績效，面談比不上實作測試、專業知識測驗，以及過去工作的考績。即便是一個簡單的性向測驗，都會比面談預測來得準。⑨

心理學家羅邦．道威思（Robyn Dawes）有次遇上了某個特定狀況，他覺得很適合用來評估到底面談的價値何在？之後他發表了一篇研究報告。一九七九年，德州大學醫學院有系統地面談八百位申請入學的學生，並以七點評分法加以排序。在入學許可的決策上，除了看他所讀大學的品質和成績之外，這樣的評點扮演了非常重要的角色。在八百位面談者中，德州大學的入學許可只發給三百五十名以前的學生。

然而，德州大學醫學院突然接到德州議會的要求，要學校額外增收五十位學生。⑩不幸的是，當學校接到通知要增加錄取名額的時候，被面談委員刷掉的學生裡，只剩下一小部分可以入學。學校只好在這些排序墊底的學生中選了五十位，發給他們入學許可。這些學生的排名在七百到八百之間。

所幸，醫學院裡完全沒人知道誰排名七百、誰排名一百。這簡直就是天上掉下來的安排，可以讓面談表現優異的學生和表現差勁的學生，來一次公平的比賽。兩個群組的成績表現有差異嗎？沒有。他們全都畢業了，而且成績優等的比例也不相上下。

好吧，你肯定會不以爲然。這些墊底的學生或許功課不錯，但好的面試委員，是在挑選學生的社交技巧。所以一旦這些墊底的學生開始到醫院工作，醫院裡的人際關係十分重要，屆時便能區分社交能力的好壞了。

不，沒這回事。在住院醫師的第一年，兩個群體的表現同樣出色。看起來，面試除了可以知道學生的面試能力以外，沒有其他用處。

既然面試的用處如此有限，爲什麼我們要依賴它呢？因爲我們全都自以爲擅長這種技巧。我們自以爲是芭芭拉・沃爾特斯（Barbara Walters）或邁克・華萊士（Mike Wallace）。我們之所以繼續以面試來用人，只因爲我們相信可以用這種方式衡量一個人。心理學家理查・尼斯貝特（Richard Nisbett）把這樣的現象稱爲「面試幻影」（interview illusion）——我們自以爲在面試中得到的訊息，比實際狀況更多。他指出，研究所的招生，面談比重幾乎跟學生成績的平均分數（GPA）一樣，這是再荒唐不過的事了。他說：「你跟我看著眼前的一堆資料，或者跟學生談上半個鐘頭，會比三年半來、二十到四十位教授的累積評估更加準確嗎？」

前面提到的，運用科技提升學生健康的非營利組織「希望實驗室」，已試著不用面談來決定用人與否了。「之前我們進用面談表現最好的人，通常表現都是最糟的。」希望實驗室的史迪夫・寇爾說。爲了因應這樣的課題，希望實驗室給新進員工三週的顧問合約。

寇爾說：「這種做法效果非常好，不再有任何擔憂。我們最後是怎麼決定錄用與否的呢？員工在公司做我們實際在做的事，我們以眼見爲憑的績效來決定。就業市場完全是在防範你獲得這種有用的訊息。所以只好在自己的工作領域中，蒐集第一手的工作績效資料。就某種層面來看，這跟員工在上一份工作的表現如何，還眞沒什麼關係。」⑪

下次你的公司有職缺時，不妨考慮一下寇爾的建議。有沒有什麼好方法可以讓應徵者一試身手？

＊＊＊

試水溫的意思就是在問，如果我們可以實地測試，那何必預測？當我們可以知道時，又何必猜想？這個章節裡，我們討論了如何跟自己的「確認偏誤」奮戰的策略，我們用這幾個問題做了總結。在分析選項時，會碰上的最基本的問題是：我們通常會隱隱約約希望自己想要的選項可以出線，即便是最細微的想望，都會導引我們去蒐集足以佐證自己想法的資料，有時甚至會只蒐集這類資料。其實我們是在造假，目的只是想弄點東西以支持自己的本能直覺。

爲了避免掉入這個陷阱，必須要眞實驗證我們的假設。可採行的對策有三種。首先，我們蒐集資料的方式，必須竭盡全力地去問駁斥性的問題，並反向思考。其次，我們必須找到正確的訊息種類：向外探求基本率，也就是總結他人的經驗，再向內檢視更細緻的實際情況。最後，用試水溫的方式做實際測試：在全力投入前，先讓我們的選項去兜個圈子。

這麼做會把我們帶往何處？我們會有更好的資訊來做出好的決定。在做決策時，我們還會面臨一種未必會遇上的障礙，這是我們後面即將要討論的主題。如果你曾以能夠取得的最好資料，做了詳細的分析，編製了很仔細的家庭預算，但當你看到一雙完美的鞋子時，就馬上把預算丟進字紙簍了；或者你一時衝動買了幾檔股票，之後開始擔心怎麼應付另一半的責難，那你就是遇上了聰明決策最常面對的最大敵人——你自己。

再來要看的就是：我們該拿自己怎麼辦！

重點摘要

1 試水溫＝做個小實驗來測試我們的理論。與其一頭就栽進去，不如先用腳趾頭試水溫。

- 國家儀器公司的約翰・漢克斯，在哥斯大黎加的叢林裡測試無線感測器。
- 復健系的學生在入學前要先當一百個小時的志工。
- 律師事務所助理佩姬有意識地做了個決定，一步步地消除她過分仔細的文件校閱習慣。

2 試水溫特別有用，因爲我們都不喜歡預測未來。

- 特洛克的研究發現，所謂的專家預測，還不如以基本率為基礎的簡單外推法。

3 對創業者來說，試水溫是再自然不過的了。與其預測，他們寧可先走出去試試看。

- CarDirect.com 問：我們可以在網路上賣出一部車嗎？
- 莎拉思瓦西教授研究成功創業者的態度：「只要知道我們對未來有多少掌握，就根本不需要去預測它。」
- Intuit 的史考特・庫克相信「用實驗來領導」，而不是「政治、說服和簡報」。在印度成功的行動電話資料服務，很可能在一場爭論中就被打敗了。

4特別提醒：必須承擔義務的情況下，是不能試水溫的。

●二十五、六歲的年輕人如果想投身於海洋生物科技的研究工作，應該先試試水溫。但知道自己需要有個學位的年輕人，就不該拖拖拉拉地試水溫。

5常見的用人謬誤：我們常以面試來預測一個人是否適用。我們應該改用試水溫的方式。

●要不要雇用一位明明可以勝任工作的平面設計師，丹・希思因為誤判而懊惱不已。

●研究顯示，比起實作測試、績效評比等，面試對我們的判斷助益有限。你能不能把面試這種方法丟掉，而給應徵工作的人一紙短期的顧問合約？

6當我們可以想辦法去瞭解的時候，爲什麼要預測呢？

W　擴增更多選項

R　真實驗證假設

A　抽離自我情緒

P　準備迎接錯誤

8 克服短暫的情緒

1.

錢德樂．菲立普斯（Chandler Phillips）是位文字工作者，他曾爲人代筆寫過兩本與汽車有關的書。二〇〇〇年，他找上了Edmunds.com，看有沒有什麼工作機會。這是個汽車評論網站，也登載汽車銷售狀況的相關資料（跟Kelley Blue Book類似）。出乎他意料，網站編輯強力說服他做一個主題故事。有位編輯問他：「來一次臥底任務，你覺得如何？」

他們的想法是讓菲立普斯找家汽車公司應徵業務員的工作，工作三個月，然後把這段經歷寫下來。他可以從內部瞭解汽車經銷商這行業究竟是怎麼回事，業務員會耍什麼樣的小手段，消費者又是如何逃過業務員的施壓，用好的交易條件買到車子。

菲立普斯對這構想非常有興趣，他接下了這個任務。不久後，他在洛杉磯一家以強力推銷、大量銷售而惡名昭彰的汽車經銷商找到工作。他把工作心得寫成一篇文章〈一個汽車業務員的告白〉，①成爲這項產業的經典內幕報導之一。菲立普斯在這篇報導中，回憶他第一次在汽車賣場迎接客戶的情形：

當我迎上這對來到賣場的夫婦時，很開心地跟他們說了聲午安。他們回過頭來，就在這一剎那，我看到他們臉上流露出一絲恐懼的表情。他們怕我！……他們在怕什麼呢？最簡短的回答是，他們怕就這樣買了一部車！說得詳細點，他們是害怕會愛上這些車子裡的某一部，從而失去理智，為它撒下太多鈔票。他們怕受騙、上當、受到壓力、被蒙蔽、誆騙、浪費時間、被作弄、剝削。當他們看到我走過去的時候，所有這些恐懼的情緒似乎一不小心就全部顯露在他們的臉上：「我們只是隨便看看！」

菲立普斯很快就發現，銷售汽車的藝術在於怎麼讓客戶停止「思考」並開始「感覺」。一位資深的汽車業務跟菲立普斯分享他的經驗：當他與客戶在賣場走動的時候，要留神觀察是哪部車吸引了她的目光，之後就用甜言蜜語哄她坐進駕駛座，讓她感受一下這車坐起來有多舒服。接著，不管客戶要不要，他就拿出車鑰匙，堅持請她試開看看。這位資深的業務跟菲立普斯保證：「兄弟，車輪轉動的感覺一定會把這筆生意搞定。」

一旦客戶顯露出買車的意願時，操弄的過程會繼續進行。業務員會演齣戲，打個電話給內勤人員，問他們客戶要的車子有沒有現貨，給客戶一種急迫的假象，催逼客戶，之後再告訴客戶有「天大的好消息」，有現成的車子可以取貨（大賣場應該也可以試試這樣的方法，快步衝向客戶，愉悅並大聲地叫喊著某種商品還有現貨供應喔！）。

菲立普斯有一次遇上一對來看車的夫婦，他們中意的是一部七人座休旅車。談了一陣子之後，照往例他請副理麥可跟這對夫婦見面。「我發現他總是一開始就對客戶看上的車款讚不絕口，好像他們真的做了很明智的決定。他的說法大致是這樣的：『喔！你們是看上這款休旅車啊。你知道這是我們最暢銷的車款嗎？每個人都很喜歡，它坐得下七個人，但開起來的感覺跟房車一樣。買這部車絕不會錯。我們這裡的價格是這區最好的。』後來我才知道，這是所謂的『提高客戶興奮的程度』，如果客戶對車子有了興奮的感覺，當要往成交的方向前進時，客戶就不會那麼理性了。」

開始談價格的時候，業務員會扮起白臉來，極力跟主管爭取好的折扣價格。最重要的原則是想辦法讓客戶當天下單，因爲這時客戶的情緒還處於激昂的狀態。「汽車業務員都很擅長營造一種氣氛，讓客戶覺得非跟他買不可。」菲立普斯說。

＊＊＊

安德魯．哈蘭（Andrew Hallam）是加拿大一所高中的英文老師，他就是因爲害怕被情緒打敗，所以發明了自己的買車方法。② 哈蘭不是個普通的老師，他薪水微薄，又摳又省，他用自己的方法投資，在三十歲左右就有百萬美元的身家，並且零負債。他寫了一本書《我用死薪水輕鬆理財賺千萬》（*Millionaire Teacher*），和大家分享他的秘密。書中提到的各種省錢方法，很多是前所未聞的。爲了省下上班的汽油錢，他改騎腳踏車，來回七十英里。冬天，他幫去南部避寒的屋主暫管房子，換取免費租屋。他從沒開過暖氣——連爸爸去拜訪他的時候也不例外——寧可穿一堆衣服在屋子裡不斷走動。

二〇〇二年，當他準備要買車的時候，哈蘭不允許自己被汽車業務員蒙蔽。他對業務員的銷售威力，有著健康的恐懼（healthy fear）。「想像一下你在汽車賣場逛著……西裝筆挺的業務員馬上會過來，殷勤的陪你看各式各樣的車款。他們可能極具善意，但如果你是像我這樣的人，當業務人員跟在你屁股後面的時候，你的脈搏肯定會跳動得快一些。而且有個口若懸河的業務員跟在你身邊的壓力，可能會讓你心慌意亂。畢竟你在他們的地盤。像我這樣的小蝦米，需要有效的策略來對付這隻又大又餓又經驗豐富的大鯨魚。」

他的策略很簡單：首先，他很明確地決定自己要買的是二手車，說得更清楚些，是手排日系車、原廠烤漆、里程數低於八萬英里，價格不超過三千美元（他不想要重新烤過漆的車子，因爲他擔心車身鏽蝕或事故造成的損壞會被遮掩）。他對於車齡或車的型號，則根本不在意。

在他確認這些買車的條件後，開始打電話給半徑二十英里內的汽車經銷商。許多經銷商試著「吸引他到他們的巢穴」，請他務必到賣場看看並試開，或同意給他很大的折扣但還是超過預算的車款。有些經銷商覺得這樣的預算太少，試著要他提高一點。「對於所有這些非常積極的業務員，我的立場必須非常堅定。」哈蘭說。「要這麼做，透過電話比面對面簡單多了。」

最後，有一家經銷商回了電話。有對老夫妻以豐田的一款舊車，用折價貼換的方式換車，里程只有三萬英里，外型完好，甚至都還沒進入定期驗車的階段。他們願意用三千美元出讓，哈蘭就同意了。他以完全不接觸業務員的方式，徹底擊潰高壓式銷售的商業遊戲。

＊＊＊

哈蘭的買車策略給我們即將要討論的課題一個很好的啓發：在決策前抽離自我情緒的方法。到目前爲止，我們花了一點時間討論了「擴增更多選項」，爲自己找到更多選擇空間；以及「眞實驗證假設」的各種方法，用以評估這些選項。現在，來到做決定的時候了。

理論上，這應該是本書最令人感興趣的部分。因爲我們已經走到分岔路口，必須做正確的決定。然而，我們卻認爲這可能是四個步驟裡最不重要的一部分。一則是，多半的決策並不會眞的來到「選擇」這個階段。在探索可能選項的路上，我們會發現其中有一個根本無須刻意去想，就知道是正確的選項。

再者，面對困難的決策卻思路阻塞的時候，可以用找更多訊息或挖出更多選項的方式來破解。如果你眞的遇上兩難的決定而卡住時，我們的第一個建議是走回頭路，重新檢視WRAP流程裡的各個步驟，運用我們已經提到的那些工具——做「選項消失測試」，找到曾解決類似問題的人，抑或是找到方法試水溫。

但有時我們還是會遇上眞的很困難的決定，這就是我們必須要抽離自我的時候。當我們面對進退兩難的棘手問題時，是很容易迷失方向的。被某些特定的狀況所蒙蔽，我們會猶豫不決、焦慮不安，每天都會不斷地改變想法。

要解決這樣的苦惱，最大的敵人是我們自己的短暫情緒，它是非常不可靠的顧問。很多人分享人生中最糟糕的決定，回想起來，多半是在非理性的情緒下所做出的，諸如：忿怒、強烈的欲望、焦慮、貪婪等。如果我們有一堆「取消」（undo）鍵可以用在這些決定的後果，我們的人生一定會有很大的不同。

不過，我們不應該是情緒的奴隸，而且不理性的情緒會隨著時間消退。這就是爲什麼有人用他們的智慧告訴我們，如果有重要的決定要做，應該留待第二天。這是非常好的建議，我們應該眞心地聽進去。然而對很多決策來說，光是拖著也不是辦法，我們需要有對策。

百萬富翁教師哈蘭清楚地知道，如果他受到誘惑，掉進汽車業務員設下的局，他很可能會因爲激情做出愚蠢的決定。所以，他找到方法避免這樣的事發生。他在決策前的確拉出了距離。以他的情況來說，這距離是眞實的距離，也就是離汽車賣場遠遠的。一般狀況下，我們需要的是情緒上的距離。我們要能放下短暫的情緒，著眼在長期的價值和熱情。

有一種工具可以用來整理這些情緒。蘇西．魏爾許（Suzy Welch）是長期爲《彭博商業週刊》（*Bloomberg Businessweek*）和《歐普拉》雜誌（*O*）撰寫商業報導的作家，她想出了一種稱爲「10／10／10」的方法，也以此爲名寫了一本書。③依照10／10／10，我們可以用三種不同的時間架構來思考我們要做的決策：十分鐘後我們的感覺會是什麼？十個月後的感覺又會是什麼？十年後又會是什麼樣的感覺？

以這樣的三種時間架構來思考，可以強迫自己跟要做的決定之間，從容地保持一定的距離。記得我們曾經遇過一位名叫安妮的女士，她正苦惱著跟卡爾之間的關係。④＊他們已經交往了九個月，安妮說：「他是個很好的人，不管從哪個方面來看，都像是我想要的終生伴侶。」

然而，令她擔心的是，他們之間的關係並沒有太多進展。安妮已經三十六歲，很希望有小孩，她不覺得自己還有很多時間可以跟卡爾這樣繼續耗下去。卡爾也已經是四十五歲的人了。九個月下來，她都還沒見過卡爾領養的女兒（來自他的第一次婚姻），他們彼此也都還沒有跟對方說「我愛你」。

卡爾的離婚經驗似乎害他受到很大的打擊，讓他對另一次的親密關係有點提心吊膽。所以離婚後，他刻意讓女兒遠離自己的交友活動。安妮可以瞭解他的心境，但對於卡爾將生命中很重要的部分與她切割得這麼清楚，還是耿耿於懷。

當我們跟安妮談論這事的時候，她正準備首次跟卡爾一起度長假，開上一號公路，來趟從洛杉磯到波特蘭的公路之旅。她正猶豫著要不要在這趟旅程中主動「往前邁一步」。她很清楚地知道，卡爾做決定一向很慢（「他說想換支智慧型手機，已經說了三年」）。她應該主動先跟他說「我愛你」嗎？

我們建議安妮試試10／10／10的思考架構。想像一下，妳現在就決定在這個週末主動先說妳愛他，看看十分鐘後妳會有什麼樣的感覺？「我想我會很緊張，但也會很得意願意冒這樣的風險把自己攤在他面前。」

十個月後，妳又會有什麼樣的感覺？「我想我應該不會後悔。我一定不會。我很清楚知道我眞的希望跟他繼續走下去。我眞的覺得他很棒。不入虎穴焉得虎子。是不是？」

十年之後，妳又是什麼樣的感覺？安妮回答道，不管他怎麼反應，十年後這事都已經微不足

＊作者註：為了故事需要，人名純屬虛構。

道了。那時候，要嘛他們已經快快樂樂一起過日子了，要嘛可能是跟另一個人開心的在一起。

所以，注意到了嗎？根據10／10／10的方法來思考，這是個很容易的決定：安妮應該主動。她做了之後會很得意，即使最後兩個人沒有在一起，也不會後悔。然而，如果不是有意識地做一次10／10／10的分析，這未必是個容易的決定。短暫的情緒像是緊張、恐懼以及擔心對方負面的回應等，會讓我們分心、壓抑。

幾個月後，我們問安妮那次旅行後的發展狀況。她用電子郵件回答這個問題：

我確實先說了「我愛你」。我很確定的是，我要改變現狀，這樣比較不會覺得是在兩邊搖晃……卡爾一直還沒有跟我說他愛我，不過總的來說進步了很多（他會跟我靠得更緊些，不過還是一副很怕受傷害的樣子……）。我確信他是愛我的，只是要讓他有多一點時間可以克服恐懼，跟我說他愛我……

我很高興冒了這樣的風險，即使將來我跟卡爾沒在一起，我也不會後悔。現在看起來，我們兩個在一起過完這個夏天的機會大概是八二波吧。

10／10／10這樣的思考方式讓我們可以把情緒區分成不同層次。當下的感受是強烈而且尖銳的；然而在時間往後拉長以後，感受就模糊了。因爲當下的情緒始終是在聚光燈下，所以感受會如此強烈和不一致。10／10／10的方法可以強迫轉動一下聚光燈，問自己，十個月以後，目前新鮮的感受會變成什麼樣子。

這樣的轉動可以讓我們看見短時間內的情緒起伏。這並不表示應該忽視短時間內的情緒，這些情緒讓我們知道，在某種情況下，自己眞正想得到的是什麼。不過，不能讓它們成爲自己的主人。

當然，我們不會在辦公室門口檢視自己的情緒。然而，在工作上也需要讓情緒保持平衡。如果你曾經想避開跟某位同事之間很困難的溝通狀態，那就表示自己受到短暫情緒的影響了。如果你現在承諾要面對並解決這樣的狀況，十分鐘後你可能還是會有點焦慮，十個月之後難道不會很高興自己做到了？很輕鬆？很得意嗎？

如果你曾遇上一位高手，想盡辦法要他進公司工作。當你做了提高待遇的決定，十分鐘後，可能除了興奮之外沒有其他感覺。然而十個月後，你會不會後悔因爲給她過高待遇，而讓其他同事覺得不公平？十年後，今天這位高手，能不能有足夠的彈性跟著事業一起進步呢？

要特別說清楚的是，短暫的情緒未必就是敵人（面對不公不義的情況，憑著勇氣採取行動或許是必要的）。而且，以10／10／10的思考方式來分析，也不表示長期看法就一定是正確的。只是讓我們瞭解，短暫的情緒並不是檯面上唯一的聲音。

2.

用大寫字母拼成的怪異單字，每天換一個，出現在教室黑板的角落；正下方是寫給清潔人員看的幾個大字：「請不要擦掉。」在這個教室上課的大學生，對黑板上的字感到很困惑，看起來像是外國文字：SARICIK。RAJECKI。KADIRGA。NANSOMA。ZAJONC。

某幾天，黑板上只出現一個字，有時又會出現二到三個字。特別是ZAJONC這字出現的次數似乎多一些。上課的教授從來也不說這是怎麼回事。學生們的困惑有增無減，後來有位同學說，這些字經常在他的夢裡縈繞。

這些字持續出現在黑板九個星期後，學生們接到一個問卷調查，上頭出現了十四個「外國字」，其中四個曾出現在教室的黑板上。學生們要回答的問題是，請他們評估對每個字的喜歡程度有多少。這個研究的設計者是理克．克蘭道爾（Rick Crandall）。最受喜愛的字，就是學生最常看到的字。熟悉並不會讓蔑視滋長，反而是更多的喜歡。

數十年來，心理學家對這樣的現象有各式各樣的研究，稱爲「單純曝光原理」（mere exposure principle）。[5]意思是，人們對比較熟悉的事物會產生好感（換句話說，只是單純地讓某些東西被看到，我們就會比較喜歡它）。

在這個領域，羅伯．查瓊克（Robert Zajonc）是先驅者之一（他的名字現在看起來不可思議的討人喜歡）。查瓊克讓人們接觸各式各樣的刺激，沒有意義的單字、中文字、各種臉部的照片，他發現人們看的次數愈多，就會愈喜歡。

這個原理有一個很迷人的運用，心理學家用來研究人們對自己臉孔的反應。在往下討論這個研究之前，先花點時間談談我們自己吧。聽起來或許有點奇怪，然而，事實上我們對自己的臉孔是不怎麼熟悉的。我們熟悉的是鏡子裡的那張臉，這跟你所愛之人看到的你，正好相反。有些聰明的研究人員就利用這樣的狀況，分別爲參與研究者弄出兩種照片，一種是這個世界的其他人所看到的他，另一種則是他們在鏡子裡看到的自己。

就跟「單純曝光原理」的預想一樣，受試者都比較喜歡跟鏡子裡一樣的那張照片，而他們所愛的人則喜歡另一張眞實的照片。我們比較喜歡鏡子裡的自己，而不是我們眞正的臉孔，只因爲我們比較熟悉。

這樣的研究發現，雖然讓人覺得奇怪甚至有些驚訝，卻無傷大雅。比較麻煩的是，這樣的「單純曝光原理」會延伸到我們對眞實情況的認知。有個研究是讓參與者接觸一些他們不熟悉的事物的文字描述，比方說：「拉鍊是挪威人發明的。」並明白的告訴他們，這些說法可能正確也可能不正確。當參與者在實驗中接收到三次、而不是一次這樣的訊息後，他們對這些訊息眞實性的認知會提高。重複足以誘發相信。

這樣的瞭解對於我們在社會和組織裡的決策，則是一個相當嚴肅的課題。在工作上，我們多半會很自然地吸收許多習慣上的「眞理」，然而這些東西雖是經過層層驗證而值得信賴，但也可能只因爲我們熟悉，就覺得那是眞的。所以，當我們下決定的時候，可能會認爲是根據事證所做的選擇。但有時所謂的事證，卻可能是「ZAJONC」——只是因爲常看到就喜歡上的愚蠢想法。

換句話說，「單純曝光原理」是另一種難以覺察的短暫情緒。它不像恐懼、渴望或尷尬等情緒那麼鮮明，但也會跟我們拉扯，而且通常是把我們往後拉，就像父母親扯著小孩的衣服，讓他不能亂跑一樣。對熟悉的事物如果有所偏好，那一定也會對現狀有所偏好。

喜歡現狀也是另一種偏差，稱爲「害怕失去」（loss aversion）。意思是，我們對於失去所感受到的痛苦，會比獲得所感受的喜悅來得大。比方說，我們跟你玩個遊戲。我們丟一個銅板，如果是有人頭的那一面朝上，你就贏一百美元；如果是另外一面，那你就輸五十美元。這樣的遊戲你玩不玩？多數的人都不想玩，因爲害怕失去。即便有機會可以贏回兩倍的錢，都不足以彌補損失五十美元的痛苦。研究人員一次又一次地發現，失去的痛苦，大概是獲得的愉悅的二到四倍之多。⑥

「害怕失去」出現在很多場景。購買高價電子產品的消費者，經常支付高得離譜的價格去買產品保固的承保範圍。他們可能會爲了實際只值八美元的保障，支付八十美元的保險費用（消費電子行業裡最賺錢的部分，就是「購買保障」的保險）。消費者因爲害怕失去，所以會做出很不划算的經濟決策。只要他們想像嶄新的精品電視在回家途中摔在地上的場景，就會嚇個半死，之後還得花大錢重新買一台。這種不理性的想法，就足以讓他們付出高額的保險費用。⑦

研究發現，「害怕失去」的心理在我們身上幾乎是瞬間就會形成。曾有一系列很精彩的研究探討這個課題：研究人員走進大學的教室，隨機發放一個上面印著校徽的咖啡馬克杯，當成禮物送給大約半數的同學。之後就問沒拿到馬克杯的同學：「你願意爲這樣的馬克杯付多少錢？」平均是二．八七美元。

收到馬克杯的同學要回答的問題則是：「你願意用多少錢把這個馬克杯賣掉？」讓人覺得意外的是，這些人回答除非對方願意出高於七．一二美元的價格，否則他們是不會脫手的。

五分鐘前，教室裡所有學生覺得這馬克杯的價值約略是二．八七美元。然而，收到馬克杯的同學在短短幾分鐘內就愛上了它。一想到放棄這只馬克杯的痛苦，就讓他們覺得用二．八七美元賣掉是無法想像的事。⑧

爲了一只微不足道的馬克杯，人們會這麼快地產生「害怕失去」的心理，那我們可以想像得到，如果是更重要的決定會有什麼樣的結果。比方說，叫人放棄他的年資、或福利、人際網絡，去另一個新的產業工作；或要人放棄目前很愉快的生活，回學校念書。

這些研究的結果讓我們想到，組織裡的決策必然也會受強烈的情緒性因素所左右。當組織的領導提出改變方向的建議時，成員會有兩種不同感受：喔，那種想法聽起來有點陌生（意思就是覺得很麻煩）；另一種則是呃，我們現在的做法統統都要扔掉了。當「單純曝光原理」和「害怕失去」這兩股力量攪在一起的時候，會對現狀產生威力強大的偏見。

＊＊＊

「現狀偏誤」（status-quo bias）在規模龐大的官僚組織裡可能是最明顯的。或許是既有的刻板印象吧，你可以想像得到，政府部門的車輛監理機關裡一位中階主管咕咕噥噥的場景：「我們一直都是這樣做的啊！」然而，這種現象其實比想像中更常見。PayPal 是網路時代最成功的企業之一，但即使是 PayPal 年輕、創新的創辦人，都差點淪爲「現狀偏誤」的犧牲品。

一九九八年，二十三歲的麥士．黎夫欽（Max Levchin）剛從大學畢業，跟朋友一同成立了PayPal。當時公司的業務是在手持裝置上開發安全軟體，跟線上支付完全無關。黎夫欽在大學念書時，就對軟體以及相關的加、解密技術十分著迷，而且只是單純當興趣玩。他曾爲 PalmPilot 寫過安全軟體，供人免費下載使用。當下載軟體的人數多了起來之後，他發現或許可以試著創造自己的事業。

黎夫欽當時開發的免費軟體，其實解決了一個難以置信的複雜問題。PalmPilot 當時使用的

16MHz 處理器，可說是實驗性的產品。在這樣的環境下開發加解密運算邏輯，就好像要人騎著獨輪車整理一處占地廣大的倉庫，重新堆放物品一樣。概念上當然可行，但很難做得優雅（意思是速度很慢）。

黎夫欽和共同創辦人彼得・泰爾（Peter Thiel），想盡辦法讓黎夫欽開發的軟體可以成爲商品。最後他們終於找到一個點子，在 PalmPilot 上開發一種軟體，可以讓使用者把錢存在裡面，用無線的方式交易傳送。金融交易需要的安全性考量很高，而這正是黎夫欽開發的軟體可以做到的事。在他們兩人到處跟人討論這想法的時候，他們在矽谷的朋友聽了也非常喜歡。黎夫欽在接受《科技 CEO 的創新創業學》（*Founders at Work*）一書的作者潔西卡・李文思頓（Jessica Livingston）的訪問時說：「各地的怪咖蜂擁而至，像是在說：『哇！這就是未來，我們想要趕快去未來，帶我們去吧！』所以，我們受到很多人的注意，也因此根據這構想募集到我們需要的資金。」

PayPal 的資金募集過程，本身也成了爲人津津樂道的故事。在 PayPal 第一筆創投資金到位當天，經營團隊在一家名爲巴克斯（Buck's）的餐廳跟所有投資者會面。四百五十萬美元的資金，在現場從一支 PalmPilot 傳到另一支。數百萬美元就在「餐廳裡的紅外線光束」裡，從一邊飄往另一邊。當天的巴克斯餐廳回到了未來（黎夫欽爲了讓紅外線可以在巴克斯餐廳順利運作，不眠不休地寫了五天的程式。在順利完成資金傳送後，他就趴在桌子上睡著了，幾個小時後醒來，發現旁邊還有一盤他沒吃完的蛋餅捲。其他人都已離開，留下他好好休息一下）。

PayPal 在 PalmPilot 上的應用受到使用者的歡迎，每天可以增加三百個用戶。爲了讓用戶快速增加，黎夫欽弄了一個網站，上面放了手持裝置如何運用這個軟體的示範操作步驟。二○○○年初，經營團隊發現了一個奇怪的現象：很多人就直接在這個網站上做起交易了，根本不使用手持裝置。事實上，網站使用者成長的速度，要比手持裝置的使用者快多了。黎夫欽的說法是：「我真的不知道是怎麼回事。我們一直覺得，用手持裝置做這樣的事真的很酷，網站只是示範而已。」他接著說：

之後，從一個叫 eBay 的網站來了一大堆人跟我們說：「我可以把你們的服務標章放在我拍賣物品的網頁上嗎？」我們覺得很奇怪：「為什麼？」於是我們告訴這些人：「不可以。請不要這麼做。」所以，有一陣子我們使出渾身解數跟 eBay 來的這些傢伙奮戰。「走開，我們不需要你們！」

到後來 PayPal 的團隊終於頓悟了，這才發現，他們奮鬥了半天，居然是在推掉一大群上門的客戶。於是他們花了一年時間，修改網站上的服務產品，讓它更精緻順暢。二〇〇〇年底，他們完全放棄 PalmPilot 上的產品，用戶最多的時候有一萬二千人。在此同時，網站上的客戶已經超過百萬了。

「這是情緒性的決策，但也是一眼就可看透的商業決策。」黎夫欽說。⑨

＊＊＊

在這裡用「一眼就可看透」來說似乎是再適當不過了。在一萬二千個客戶和一百二十萬個客戶之間，根本就不需要選擇。但如果從本章前面的敘述知道整件事的來龍去脈，那站在黎夫欽的立場想就能理解，爲什麼這是做起來比看起來更困難的決定。

想想你會有什麼樣的感覺：你身懷資料加解密的絕技，並且因爲這樣成立了公司，但人們卻很天眞浪漫的更喜歡你在網站上所做的，那種很原始的展示用品。這有點像是一位成名的雕刻家發現，他賣出去的居然是十五美元一塊的寵物石（pet rock）。＊除此之外，在你知道有所謂的「單純曝光效應」後，因爲你精通手持裝置的相關技術，在這個領域工作得很愉快，更不用說，還有成天跟一群手持裝置高端用戶打交道的樂趣（這陣子，這些人都盼著你引領他們邁向未來）。而剛好相反的是，網站上的那些熱情客戶卻是你完全不熟悉的，只不過是一群在 eBay 上買賣些有的沒的的傢伙。你會不會擔心被歸類成是他們這一類人呢？

同時「害怕失去」的感覺也會湧上心頭：我們現在不能放棄！我們會犧牲掉手持裝置市場的用戶！如果兩年後全世界都用 PalmPilot，那我們該怎麼辦？我們把最拿手的東西扔掉，會不會讓人家覺得我們很白癡？你是不是應該繼續一本初衷地，認爲手持裝置是未來的潮流？你是不是應該相信自己的願景是眞實的？

其實黎夫欽所面對的，根本是件不需要傷腦筋的事。然而，如果你能設身處地想像，這類情緒是如何讓他的決策變得如此複雜，那你必然可以理解，在更渾沌不明的情境下，這類情緒會輕輕地觸碰你，讓你做出錯誤的決定。

＊作者註：當然，後來 PayPal 的「線上寵物石」也變得極度複雜——尤其是 PayPal 的詐欺偵測系統（fraud-detection system）。

好了，那我們要怎麼做才能避免這類細微的情緒，做出對自己最好的決定呢？設法跟自己的情緒保持距離。有很多超級簡單的方法可以運用。記得我們在第一章提到英特爾的安迪．葛洛夫的故事吧。他爲了公司當時的記憶體業務該何去何從，傷透了腦筋。「單純曝光原理」讓他想繼續保留這項業務，因爲這眞是太熟悉的業務了，是英特爾一開始就有的東西。「害怕失去」的情緒也讓他覺得該持續這項業務。英特爾怎能放棄這個辛苦打拚得到的成果呢？

然而，只問一個問題：「接手的人會怎麼做？」葛洛夫想辦法讓自己跟決策保持一定的距離。葛洛夫讓自己想像，要是有位具洞察力的新執行長上任會怎麼做，他就避開了短暫情緒的影響，看到了更寬廣的未來。在剎那間，他知道，英特爾必須放掉記憶體事業，以便專注在微處理器上。

這麼簡單的問句居然會有這麼大的作用，是不是有點讓人不解？爲什麼「保持距離」會有這麼大的幫助？心理學有個相對新的研究領域稱爲「解釋水平理論」（construal-level theory），[10]意指保持一定的距離，可以讓自己更清楚地看到事情最重要的面向。在羅拉．克蕾（Laura Kray）和理查．岡薩雷斯（Richard Gonzalez）所做的一項研究裡，[11]他們請學生在下面兩個工作中選一個：

> **工作A**是你已經完全準備好可以去做的工作。你在學校修了很多相關課程。然而，你之所以對這份工作有興趣，卻主要是來自父母和朋友的壓力。這工作的最初幾年，會把人給累垮，但長期來看，很確定會有很好的薪水和社會地位。

工作B則是你很有興趣、但卻不是一般大眾熟悉的工作。薪水可能相當有限，但會比較有成就感。這個工作讓你有很大的自由度，可以探索自我並裨益人群。

你會選擇哪一種工作？

當研究人員請學生們爲自己做選擇的時候，有六六%的人選擇工作Ｂ。然而，研究人員稍後又問同一批學生，如果要給他最好的朋友建議，會選擇哪個工作？結果有八三%的人建議工作Ｂ。這個研究的結果，多少顯示了當同學爲他們最好的朋友做選擇的時候，要比爲自己選擇的時候看得更清楚些。距離會增加清晰度。

心理學家後來終於瞭解爲什麼會這樣。基本上，當我們是在給別人做建議的時候，會比較容易聚焦在最重要的因素上。我們會認爲，工作Ｂ讓人更快樂，而且長時間下來，滿足感比較高。看起來好像滿簡單的。但如果是爲自己打算，事情就變得複雜了。等等，如果我放棄工作Ａ將獲得的社會地位，會不會讓老爸失望？還有，哪天如果班上那個白癡賺得比我多，我是不是眞的可以接受？

研究人員還發現，基本上，我們在給別人建議的時候，多半會以單一要因當中心點來思考。但是在爲自己想問題的時候，諸多變數就會縈繞在我們的思緒裡。當我們爲朋友想的時候，可以看見森林。當我們爲自己想的時候，就卡在樹叢裡了。*

「我們是在給別人建議」的思考方式還有一個優點，那就是我們會很有智慧地幫他人避開短暫情緒。比方說有個大學生遇上了以下這個讓他兩難的狀況：

有個女孩跟你上同一堂心理學。你很喜歡她，想約她出來，可是在這之前只說過一次話。你很擔心打電話給她的時候，她不記得你是誰。

你的決定會是……

(A) 跟她多說幾次話以後，再打電話約她。

(B) 打電話給她。

如果你對一群男生做這項調查，問他們該怎麼辦，他們的回答其實還滿好笑的。多數人會說，他們會先等等再約她出來。但如果面臨這種狀況的是他們的朋友，那他們的建議會是什麼？

＊作者註：在這些研究中，心理學家並非主張「看見森林」的觀點就是對的，他們僅說明現象，不做價值判斷。但我們想更進一步指出，「看見森林」的觀點確實正確。因爲人們在決策時若無法優先考慮最重要的因素，他們的決定將一塌糊塗。當我們深陷於複雜的事物，可能會不斷地迴旋於選項間，三心二意。但這種心智的迴旋是有風險的。因爲這意味著，一旦被迫下最終決定，我們的決策可能就只取決於心智在那當下旋繞至何處而定。

他們會說，管它的，約了再說！⑫

得了吧！遇上這種狀況，約了再說不就是一個很正確的建議嗎？用前面提到的10／10／10的思考方式。如果決定打電話給那個女孩，十分鐘後，你可能每分鐘都在焦慮地準備著。而且如果對方接到你的電話似乎有點困惑，你或許會覺得有點尷尬。但十個月之後，你可能已經有個朋友或是女朋友了，或許你早就把這事不知忘到哪去了。十年後，你有可能已經找到命中的另一半，而且不管怎樣，你絕對不會還爲這事臉紅難爲情。

總而言之，很清楚的，這是値得冒的險。爲別人思考比爲自己更容易體認到事實的眞相。

也就是說，我們給別人的建議通常都會有兩個優點：首先，我們會很自然地把決策中最重要的各項因素排出先後次序；再者，它會把短暫情緒的影響降到最低。這就是爲什麼以下這問句在打破決策的僵局時，是最有效的方法：

在這樣的情況下，我會建議我最好的朋友怎麼做？

聽起來簡單，不過，下次當你要做決策卻覺得卡住的時候，不妨試試看。你或許會驚訝於這個問句可以如此有效地讓自己把事情看清楚。我們兩人（作者）跟許多人討論過他們生活上或工作上面對的棘手決策，經常發現，他們對正確之事感到困惑。於是，我們就拿出這個「最好的朋友」的問題來問他們。每次都在幾秒內，他們就清楚地知道答案了。通常在那當下，他們對此時自己的頭腦爲什麼這麼清醒，是有點詫異的。當我們接著問：「那你覺不覺得應該聽聽自己的建議呢？」他們會認可，「是的，我想我應該要聽聽看！」

＊＊＊

過分重視短暫的情緒，會有兩種完全相反的影響。有時候，它會讓我們有古怪的舉動，並且太快做出反應。比方說，當開車時有人突然切進我們的車道，我們會反應過度。然而，更常見到的現象是，短暫的情緒帶來負面的影響，它讓我們緩慢、膽怯，不想採取行動。我們會覺得事情非常複雜，阻礙了我們。我們擔心爲了嘗試新事物而犧牲掉現成的。我們對不熟悉的事缺乏信任。因此，在這兩種感覺的交互作用下，無論個人或組織都會有偏好現狀的心理。

雖然這麼說，但這本書看到這裡，你或許會發現，其實偏見並不是宿命。我們可以用某些讓心智快轉的方法，使自己跟情緒保持一定的距離，例如10／10／10這種時間的轉移，或情境的轉移：「我會建議我最好的朋友怎麼做？」這樣的轉移，得以讓我們更清楚地看到情況的整體輪廓，尤其當決策困難時，可以讓我們更有智慧、更勇敢地做出決定。

重點摘要

1 閃現的情緒經常讓我們做出長時間來看並不好的決定。

● 汽車業務員接受的訓練是以客戶的情緒為犧牲品，快速地收單結案。

2 爲了讓短暫的情緒不要分散我們的注意力，要保持一定的距離。

● 百萬富翁教師安德魯・哈蘭刻意避開汽車賣場，讓他能夠守住買車的幾個原則。

3 10／10／10的思考方式強迫我們同時想像現在和將來的情緒，創造了新的空間。

● 安妮運用了10／10／10的思考方式分析之後，主動先跟卡爾說「我愛你」。

4 有兩種細微的短暫情緒常常會改變我們的決定：(1)單純曝光：我們喜歡熟悉的事物；以及(2)害怕失去：失去的痛苦比獲得的歡娛要大得多。

● 組織裡有多少我們喜歡且自認是對的想法，其實只因為接觸的次數多而已？

● 得到馬克杯的同學不願意以低於七・一二美元的價格出讓，即便在五分鐘前，他們不願意為同樣的馬克杯付出二・八七美元。

5 害怕失去＋單純曝光＝現狀偏誤。

● PayPal：放棄 PalmPilot 上的產品是輕而易舉的事，但他們卻不認為。

6 我們可以從旁觀者的角度來檢視面對的情境，用這種方式保持距離。

● 安迪．葛洛夫問：「如果是接手的人會怎麼做？」

● 增加一點距離可以讓最重要的部分被看見；讓我們見林，而非見樹。

7 解決個人決策問題最有效的問句是：「在這樣的情況下，我會建議我最好的朋友怎麼做？」

9 尊重核心優先事項

1.

二〇一〇年十月，二十六歲的金・拉米雷茲接到前同事的電話，他剛到一家新創科技公司工作，打電話來的目的，是要她一起加入。那時，拉米雷茲住在芝加哥，在一家還不錯的網路公司負責業務工作，她當時並沒有另謀高就的想法。這位朋友堅持要安排她跟創辦人見一次面，吃頓午餐聊聊。她想想也沒什麼壞處，就答應了。

不久後，她跟創辦人見了面。會面後，她受到這位創辦人很大的精神感召，他的願景讓人興奮，公司規模不大也正合她意，於是她答應進一步去波士頓的總公司看看。

這個機會引發她的高度興趣。該公司打算請她擔任芝加哥地區的業務主管，比起她現在的職務，是往前跨了一大步。然而，她當然清楚，這個工作也會讓她失去很多。她現在的工作，運用時間的彈性很大，有很多時間陪老公喬許（他們數月前才結婚，就在二〇一〇年的夏天）。目前是他們交往以來，第一次在工作時間上可以同步的日子。他們不需要經常出差，工時也不會長到讓人受不了。

十二月中旬，她飛了一趟波士頓，跟其他幾位負責業務的主管見了面，問問他們日子是怎麼過的：出差的頻率高不高？每週工作幾小時？她還盤問這些人銷售公司新產品的經驗：如果客戶不買我們的產品，通常會是什麼理由？如果客戶沒有再次下單，那又是爲什麼？（注意到了嗎？她是在尋求駁斥性的訊息。）

她覺得這些人的回答有點「業務員」——畢竟他們希望她加入——但她喜歡這些人。他們簇擁著她，像大人物來訪般地在辦公室裡參觀。她在團隊的熱情、活力和企圖心的陪伴下，昂首闊步地走著。她說：「我離開的時候簡直興奮到不行。」

離開前，創辦人給了她正式的工作邀約，薪酬和職位都比現職高出一大截（再加上創始員工的股票選擇權，令人興奮的程度跟拿到樂透彩劵差不多）。

離開辦公室之後，她在波士頓機場給喬許打了個電話，興奮地大叫著：「這眞是大好的機會啊！我需要新挑戰，這就是我要的。」

＊＊＊

從波士頓回來後，拉米雷茲寫了張便條給主管，說自己對他感到很虧欠，但有個新的工作機會。主管馬上打電話告訴她，她的工作表現是大家非常肯定的。幾分鐘後，主管的主管也打電話來，希望能給她一點時間，好讓她再準備一份新的工作邀約，希望能留住拉米雷茲。這已經是聖誕節長假快開始的時候，拉米雷茲瞭解，要得到公司的回應也得是一、兩週以後的事了。

突然間，拉米雷茲處在一個令人歆羨的情境，有兩家公司爭取她去工作。然而，有了選擇反而讓她開始焦慮。從波士頓回來時的激情逐漸消退，她開始萌生疑惑。雖然新創團隊一再跟她保證工作量在合理範圍，但她的直覺很清楚：畢竟是家新創公司，工時一定長得要命！值得這麼拚命嗎？

關於這個選擇，她想得愈多就愈沒把握。在連續長假的這幾天，她說：「我幾乎每天都難受得不得了……我覺得我的頭根本就挺不直，我也不知道自己究竟想做什麼。」她開始打電話給最好的朋友，想聽聽他們的建議：我該怎麼辦？有位叫吉娜的朋友，支持她去那家新創公司發展，但也提醒她要酌情考慮目前工作時間的彈性。「妳在現職似乎眞的很快樂。」她說。

拉米雷茲對於該怎麼決定還是很焦慮，最後她終於瞭解自己爲什麼會卡住——這不只是跟工作相關的決定，也是生活價值觀的決定。從小到大，她一直認爲自己是「職場女強人」。從這個角度來看，選擇新工作是理所當然的事，更多的責任，更多的成長，有機會開創出自己的一片天，也能展現自己的風格。另一方面，她已經工作了一段時間，有點經驗，她覺得日子過得平衡是最重要的：有時間跟喬許、朋友和家人在一起。

這是有史以來第一次，她被迫在兩種不同的自我間做出明確的抉擇。她說：「妳當然可以就這樣過上一段很長的日子，完全不要問這樣的問題：我覺得更重要的是什麼？」

在等待目前的公司給她回應的這段時間，那家新創公司的主管不斷寫電子郵件給她，打電話找她，問她最後的決定是什麼。這件事拖著讓她覺得很難過。之後終於來到了轉折點。

時間是十二月底，有一天她去健身房跑步。跑著跑著，跑了五英里的時候，突然有個問題閃過腦海：我工作是爲了什麼？工作的目的又是什麼？這幾個念頭像是閃電般擊中她。「我差點就從跑步機上跌下來！」她說。

以下這些想法就一一跑出來了：我工作的目的是賺到夠用的錢，讓我有安全感，可以跟喬許一起去旅行。另外，如果我想的話，可以去上個攝影課，或跟姊姊一起出去吃頓晚餐。如果我沒有多餘的時間去做自己喜歡的事，賺更多錢或擔負更多責任，對我來說都沒有太大意義。

事情再清楚不過了：她應該繼續在現職工作。「我終於平靜下來了。」她說。

一週後，公司的回應讓她感到更安心：她的薪酬調整了，跟那家新創公司的水準差不多，而且承諾在一年內會提升她的職位。從書面內容來比，新創公司給的還是多一些；不過，她已經下定決心了。她禮貌地回絕了那間新創公司的邀約。

回頭看，她自己也覺得很驚訝。如果她沒有花一小段時間讓波士頓之行的激情冷卻，她很有可能就此接下新創公司的邀約，付出的代價也許是無法預知的親友關係變化，以及她追求生活平衡的想望。她仔細回想了一下當時的情緒：你知道，當你坐了雲霄飛車後，商家是不是想盡辦法要把你尖聲驚叫的照片賣給你？你可能一時衝動就買了，因爲那時你身上充滿了腎上腺素。

「然而，到了隔天，」她說：「你眞的想要那張照片嗎？未必吧，在雲霄飛車上，沒有人的照片是好看的！」①

＊＊＊

金．拉米雷茲在為自己做決定的時候，必須跟短暫情緒保持一定的距離。她從波士頓回來後，處於異常興奮的狀態：「這是個千載難逢的機會！」所幸，她很有智慧的讓自己有多一點時間再想一想。

即使在情緒平穩下來後，她依舊覺得困惑。這就是我們從上一章談到的幾個原則後，要繼續探討的課題。讓拉米雷茲的決策變得困難的，並不是短暫的情緒分散了她的注意力，而是她必須在兩種重要的選項中做出抉擇。最後，拉米雷茲終於發現，如果沒有先想清楚生活中的優先順序，她沒辦法決定該如何選擇手上的工作邀約。

儘管「生活中的優先順序」這句話很清楚，但以她自己的經驗來看，卻依舊是很蒼白的文字敘述。她並沒有把所有喜歡的東西都以清晰理性的頭腦一一分類，甚或排出清單，列出每週該完成哪些事。她當然很焦慮，很不舒服。也就是說，她的決定裡充斥著各式各樣的情緒，這種情緒並不是深藏在內心，而是放下不理就會淡忘的情緒。

然而，這卻是重點所在：WRAP的目的並不是要壓制所有的情緒，而且，正好相反。當我們把決策行為中所有理性機制的部分，像是找出選項、尋求各種相關的正反面訊息等，統統剝除後，核心裡剩下的就只有情緒了。是什麼原因讓你拚命工作？你希望成為什麼樣的人？就長遠來看，你覺得什麼是對家庭最好的安排？（企業領導者要問的則是：你希望帶領的是什麼樣的組織？就長期來看，什麼是對團隊最好的做法？）

這些都是情緒性的問題，談的都是熱情、價值觀和信念。在回答這類問題時，也用不上那些能夠產生各種想法的「推理機器」(rational machine)，單純只看你是什麼樣的人、你要的是什麼。凡事到了最後，都關乎情緒。

不同的人回答這些問題，肯定會有不同的答案，WRAP並沒有辦法告訴你，什麼才是解決你難題的正確答案。同樣的決策由兩個不同的人來做，可能是南轅北轍的不同選擇，而且兩者可能都很明智。比方說，拉米雷茲最後的決定，是選擇可以「平衡」的自己，而非有「旺盛企圖心、全力向前衝」的自己。如果是另一位女士，則可能有完全相反的決定。

對所有人來說，WRAP能做的是協助你做出你認爲是好的決定。在前一章裡我們談到，讓自己跟短暫的情緒保持一點距離是有好處的，因爲這些情緒經常讓人分心，忘了自己對長遠目標的渴望。

讓我們再回來看看拉米雷茲面對的難題，這是陷入兩種選項間的拉扯，因爲這些選項就長期來看，都有吸引人之處。面對這樣的選擇之所以讓人焦慮，其實是「核心優先事項」(core priorities)有所衝突的徵兆。之所以用「核心」這個字，是要讓大家更能抓到我們所說的「長期情緒」之感受。這些優先事項，是持續在我們腦海中縈繞數週甚至數月。對個人來說，這意味著長期的目標和渴望；對組織來說，則意味著能讓企業長期維持健全的價値觀和能力。

要如何才能確保你的決策確實納入你的核心優先事項？並且，再往前一步，要怎樣才能確實採取行動，讓不重要的工作不會影響到這些核心優先事項？

2.

一九九〇年代末期，非營利組織英特普拉思特（Interplast）經歷了一次非常痛苦的核心優先事項討論過程。②領導幹部爭論究竟什麼才是組織眞正的使命，甚至分成了兩個意見不同的陣營。英特普拉思特是史丹佛大學醫學中心整形外科醫生唐納．勞伯（Donald Laub），於一九六九年創設的。之所以創設這個機構，是因爲他曾遇見一位十三歲的墨西哥兔唇男孩安東尼歐，並從這起事件中受到感召。兔唇是一種先天的缺陷，上唇中分，會影響小孩進食和說話能力的發展。在很多地方，人們會刻意避開有兔唇的小孩；在某些國家或地區，則視之爲上天的詛咒或不祥的徵兆。

安東尼歐沒有和父母及兄弟姊妹同住，而是由祖母撫養。祖母不讓他上學。像安東尼歐這樣的悲劇之所以還會發生，是因爲簡單可靠的兔唇修補技術只在已開發國家才有。有位醫生曾說：「有經驗的整形外科醫師可以在三十五分鐘到一個小時內，完成一次效果很棒的兔唇修補工作，而且只需要用到幾種放在口袋就可以帶著走的工具。」

勞伯在史丹佛修補了安東尼歐的兔唇後，安東尼歐回到墨西哥過著一般人的正常生活，在學校的成績也不錯。這次遭遇讓勞伯想知道，世上還有多少像安東尼歐這樣的小孩？我們爲什麼不能幫幫他們呢？他於是開始定期去墨西哥境內的墨西卡里（Mexicali）地區，持續爲當地居民做兔唇修補手術。

英特普拉思特陸續吸引了更多整形外科醫生和護士來當志工，經過二十多年，這項義診工作從墨西哥擴展到其他地區。事實上，到一九九〇年代中期，英特普拉思特的志工每年在拉丁美洲和亞洲進行的兔脣修補手術，有數千件之多。從一個男孩的身上展開，成了一個擴散到世界各地的任務。

英特普拉思特的成功也讓很多類似的機構相繼成立，像是微笑行動（Operation Smile）以及彩虹行動（Operation Rainbow）等，都投入相同性質的工作。突然間，英特普拉思特發現，自己必須跟其他組織競爭，才能找到更多捐款和志工。面對這種新的情勢以及組織繼續成長的壓力，勞伯認爲自己必須交棒給新的執行團隊。一九九六年，他邀請蘇珊．海耶思（Susan Hayes）取代自己的位置，擔任總裁兼執行長；大衛．丁格曼（David Dingman）則擔任首席醫務長（chief medical officer）。

在接任執行長的頭幾年，海耶思發現她必須面對幾件新的棘手問題。檯面上有個看似簡單的問題：醫生出任務的時候，能不能帶著家屬同行？慣例上，這是行之多年的做法。到世界各地擔任志工的醫生，想帶另一半或小孩一起去，是可以理解的事。然而，家人同行也帶來了問題。有些醫生有時會讓自己的小孩進入手術室，這在美國是絕對不允許的事。要不就得讓小孩待在等候區，由當地的醫護人員負責照看。

另一個看起來也非大問題的問題是，住院醫師能不能隨隊前往？一位資深志工，同時也是資深董事的理查．喬布（Richard Jobe）表示：「年輕的外科醫生、小兒科醫生和麻醉醫生如果可以隨隊一起經歷這樣的事，對他們而言是非常有價值的。」然而，住院醫師一起去，有時候會給當地帶來一些麻煩。有些當地醫師急切地想學習這樣的技術，卻發現他們只能站在實習醫生後面，畢竟操刀的醫生還是會給實習醫生較多的關注。

這兩個問題在董事會上爭論得不可開交。海耶思回想在某次董事會上，「為了出任務可不可以帶眷屬同行，我們連續討論了六小時，沒有絲毫敵意地爭吵、辯論。第二天董事會繼續進行，又整整談了六小時。」

我們從前面拉米雷茲的個案裡可以發現，讓人焦慮的決策通常都是優先事項衝突的徵兆。這兩件「小」事所反應的，其實是兩種核心優先事項的攤牌。事實上，組織的使命宣言就埋下了產生這種緊張狀態的因子：英特普拉思特決定「要免費為開發中國家的人民做重建手術」，而且要「協助當地的醫護夥伴建立醫療自主能力」。換句話說，英特普拉思特要做的就是幫病患動手術，並想辦法確保將來不需要親自動手。

由海耶思和丁格曼領導的新團隊也認為，訓練當地的醫護人員是必須優先考量的事。海耶思說，英特普拉思特的「工作目標是讓自己不必再做這件事」。訓練當地的外科醫生可以幫助更多孩子，在他們執業期間，有上千次機會可以為需要手術的小孩服務。首席醫務長丁格曼也同意這個觀點：「如果我們帶很棒的設備過去，做完工作便跳上飛機回家，就沒辦法在當地建立必要的基礎建設。」

由於志工醫生是這個非營利組織的命脈，所以過去的重心是想辦法讓這些志工醫生開心。把重心移轉到訓練當地的外科醫生，在優先事項上就有了碰撞。這些醫生慢慢跟這份工作產生了情感，有許多人每年都會回到同一個地方看看，他們跟當地也建立了深厚的友誼。這工作對他們的家人來說，也成為重要的一部分。有位醫生的兒子因為跟醫生老爸一起出任務而深受感動，也希望自己將來成為整形外科醫生，參與英特普拉思特的志工活動。

相較於外科醫生具象的英勇行徑——在遙遠的手術室為病患重建容貌——對某些英特普拉思特的志工醫生來說，訓練當地醫務人員的想法似乎是有些抽象且沉悶的。再者，如果這些醫生願意放棄自己寶貴的休假時間去擔任志工，那為什麼不能帶家人一起去呢？某些董事會成員認為，禁止醫生們這麼做，似乎有點小氣，也有點短視近利。

這個牽涉到價值觀的課題，又再一次在董事會裡被提出來討論，爭論再次浮出檯面。有一位新任不久的董事會成員轉頭跟一位資深的志工醫生說：「你知道嗎？我們之間的差異在於，你認為這些志願的外科醫生是我們的客戶。但我認為，病人才是我們的客戶。」

這是非常透徹的見解。最根本的問題是，英特普拉思特到底是在為誰服務？是讓成功的整形外科醫生有機會花時間做志工，還是服務有兔唇的小孩？經過了更多次的討論後，多數的董事會成員同意先確立一個立場——當有利益衝突時，我們會優先考量病人的權益，而非醫生的權益。

「這個立場的確定，改變了所有的事，」海耶思說。「從那時開始，無論是跟董事會或志工醫生，或相關的志工委員會討論政策性問題的時候，都可以回到我們的初衷。我們的初衷就是建立一個組織，以病患為唯一的客戶，沒有其他人。」最困難的決定最後都靠以下這個問句來解決：怎麼做對我們的病患最有利？

這個問句也使英特普拉思特往支持當地醫生的方向邁進了一大步。就現實狀況來看，兔唇手術的需求多到數不清，英特普拉思特也沒有辦法找到足夠的志工醫生來填補這麼多需求。如果可以在世界各地訓練出一批當地的醫生，就可以讓那個地方永遠改變。每天都可以進行手術，而不必只限定於一年中的某幾週。

英特普拉思特後來改名爲「全球重建」（ReSurge International）。目前，有八〇%的手術是由當地醫生負責執行。有一位加德滿都的醫生香卡．曼．萊（Shankar Man Rai），在英特普拉思特的指導下，每年可以做一千次的手術。也有一位在地夥伴葛蘭．裘維克（Goran Jovic）醫生，在尚比亞負責該地唯一的整形外科中心。目前「全球重建」在九個國家支持十一個永久性的中心，包括孟加拉、秘魯和迦納。

每一次手術都改變了一個生命。誠如海耶思所描述的這些兔唇小孩生命中的掙扎：「即便有些地方的文化可以接納這樣的小孩，他們還是沒辦法上學，因爲會被其他小孩取笑，也有些小孩會很怕看見他們。他們只好窩在家裡，沒有朋友，也不會有經濟前景，因爲沒有人願意雇用他們……因此他們終將離群索居，毫無未來可言。」

她說，只要九十分鐘，「我們可以輕易扭轉他們的未來和經歷。」

＊＊＊

當英特普拉思特的領導者瞭解到，組織最高的優先事項是病患而非醫生的權益時，他們確認了幾件重要的事：他們把這樣的信念奉爲圭臬，並且讓組織中的每個成員都能瞭解，從而影響到未來非常多的決策。組織成員在面對兩個都很好的選項時，也可以在這個最高指導原則的協助下，做出適當的選擇（讓住院醫師一起出任務是對病人最好的安排嗎？不是的，因爲他們會讓主刀醫生分心，而沒有辦法花更多時間訓練當地的醫生。這些醫生將來全部的時間都會在當地服務新的病患）。

當然，在這些問題背後眞正要檢視的，其實是組織的使命宣言和價值觀。很不幸的是，多數組織的高階主管，都選擇躲在模糊的價值觀，像是「多元價值」、「信任」、「誠實正直」等的背後（也就不會採取勇敢的立場來對抗那些睥睨誠實正直的人）。事實上，只有在最極端的情況下，才會用上這類價值觀來推翻決策。在英特普拉思特對於出任務到底能否攜眷的爭論中，「哪個選項比較誠實正直」的問句並不能解決問題。

這也是爲什麼把「核心優先事項」奉爲圭臬如此重要。不能只抱著一般的價值觀搖旗吶喊。即便是賣熱狗棒的收銀員，都會經常遇到優先次序衝突的問題。如果客戶拿在手上的玉米狗（corn dog）掉在地上，該不該馬上免費補上一份呢？（他最重要的任務是確保客戶滿意？還是讓老闆賺錢？）如果優先事項沒有說清楚，決策就會因爲員工當下的情緒有所不同。如果只是熱狗掉在地上這樣的事，我們可能比較能容忍員工隨性處理；但在很多其他的情境裡，團隊成員時時對準中心思想，是非常重要的態度。

這也是爲什麼有些企業的管理工作者，會花很多時間做出某些指導原則，讓決策的形成有所依據。韋恩．羅伯茲（Wayne Roberts）在二〇〇〇年加入戴爾（Dell）電腦，負責以服務帶動銷售的業務。戴爾是銷售桌上型電腦和伺服器硬體的公司，後來發現客戶需要某些顧問性質的服務。比方說，整個業務團隊要把個人電腦的應用環境升級，怎麼做是最好的？過去的做法是臨時把業務工程師拼湊成一個專案團隊，來解決客戶的問題。後來戴爾公司發現，必須認眞建立正規的顧問團隊。羅伯茲就是被找來完成這個任務的。

一開始，他在德州圓岩（Round Rock）的戴爾公司總部就近找了二十位同事組成一個團隊，在同個辦公地點，溝通比較方便，做決策也容易些。然而，當他開始爲外地找進更多顧問之後，事情就沒那麼容易了。十八個月後，這個戴爾的顧問團隊已經超過一百人，散處在五十多個客戶的辦公場所。

因此，經常有很多決策是在羅伯茲未參與的情況下做出來的。顧問必須在客戶的辦公室工作，沒有戴爾的主管在場。有時這些顧問爲了不影響客戶，必須在晚上工作，這也意味著他們工作時沒辦法打電話找人幫忙。羅伯茲說：「我不希望他們事事都請示總部，我希望他們可以自己做判斷。」

這其實是管理工作必須面對的最典型壓力：你希望並鼓勵同事運用自己的判斷力，但你又希望他們的判斷是正確且一致的。所以，羅伯茲開始探究他的團隊最常面臨的處境，以便知道該提供什麼樣的指導原則。他發現顧問團隊最常遇到的困難是：遇到工作範圍有些許小更動的時候，是先非正式地同意客戶，還是等總部指示？一千美元以下的採購，他們可以自行決定，還是要尋求主管同意？

羅伯茲很努力地弄出一套簡單的保護性原則來處理這些難題。在他的想法裡，所謂的保護性原則有一定的寬度，可以讓顧問得到授權，又有一定的範圍限制。他以這樣的想法做出了「指導原則一覽表」，我們姑且稱爲「韋恩原則」（Wayne's Rules）。③

其中有一條原則是這麼寫的：「客戶需求變動時應該採取的行動：先做，再道歉。」顧問性質的專案計畫從來就沒有既定規則可以遵循，一定會出現無法預知的改動。計畫進行過程中，客戶需求的更動可能會讓公司投入更多時間與金錢。這類需求會讓顧問緊張，專案計畫也可能因此少賺很多錢，顧問們多半不願意擔負起這樣的責任。

這個原則的目的，就是要緩和顧問的緊張情緒。羅伯茲很清楚地知道，他的團隊所承接的專案多半爲期一到三個星期，如果爲了一個變動，顧問要花一、兩天跟客戶爭論，很可能就把時間給拖長了，也因此會讓下個客戶的計畫延後。最好的做法就是先盡速配合客戶要做的調整，之後再討論細節。「我們不需要爲了兩千美元的東西跟客戶爭論合約內容或採購問題。」羅伯茲說。畢竟，在團隊的顧問專案計畫告一段落之後，硬體採購金額都是數十萬美元的訂單。

韋恩的另一個原則是：「讓生意能夠容易一點。」在這項業務推動初期，客戶需求有變動時，必須書面提出「異動單」（change order）送往總部核可。由於戴爾的顧問都是晚上工作，所以客戶的一次異動得花四十八個小時才能搞定。顧問在晚上把單子送出來，總部的人白天處理後送回去，晚上顧問收到資料之後，要隔天早上才能送到客戶手裡。對於「讓生意能夠容易一點」的理念來說，這個例子是個負面教材。羅伯茲的團隊經過一陣子的努力，讓絕大多數客戶異動的決策，都能由在第一線工作的顧問做決定。

韋恩的原則成爲他的工作團隊奉爲圭臬的中心思想。據此，他們可以讓不同的工作夥伴在類似情況下，迅速做出類似的決定。

當我們找到核心優先事項並將之奉爲圭臬，我們的決策會比較一致，而且也不會讓人那麼焦慮。

3.

找到核心優先事項並將之奉爲圭臬，這種建議聽起來似乎有些稀鬆平常。然而，這未必是理所當然之事。我們發現，確實依照這種看來非常基本的建議去做的人十分少見，理由有兩個。

首先，人們非到不得已時，很少會去確認自己的核心優先事項到底是什麼。拉米雷茲遇上工作必須有所選擇的時候，才確立了自己的核心優先事項。英特普拉思特也從來沒有在它的使命宣言裡消除可能的壓力，直到兩種完全不同的價值觀碰撞在一起。再者，我們很容易想像得到，其他組織領導者遇上類似英特普拉思特的價值觀衝突時，會選擇逃避而非搞定它。更自負的執行長或許會更簡單地說，就這樣敲定了，用命令的方式處理問題，完全避開究竟什麼才是最優先的考量。比較優柔寡斷的執行長，或許就用政治性的手法解決問題，看當時吹什麼風，該討好哪個派系。簡單地說，即便中心思想的確立對於做出好決策很關鍵，他們依然隨性而爲。這麼做就永遠不必對自己的決定做任何說明。

其次，建立核心優先事項是一回事，把自己跟它綁在一起又是另一回事。麻省理工學院的教授威廉·龐德斯（William F. Pounds）曾主持一項研究，拜訪爲數不少的企業主管，請他們談談自己的組織裡有哪些重要問題。多數主管都提出五到八種問題。訪談後，研究人員再請他們說說上週都做了些什麼。龐德斯分享了最關鍵的部分：「所有企業主管在那段時間所做的事，都跟他之前認爲組織中最重要的事沒有任何關聯。」④他們在所謂最該優先處理的問題上毫無作爲。需要救火的事情太多了，顧不上應該優先做的事。

爲人父母者也會有類似經驗。跟小孩相處的美好時光，不是受燃眉的急事催迫擠壓，就是用在煮飯燒菜上了。緊急事項是最需要馬上處理的狀況，當然搶占了我們心智裡的聚光燈。這就是問題所在。

我們每天的行程表，其實就是優先事項的紀錄表。如果法院的鑑識人員沒收你前六個月的行程表、電子郵件往來紀錄以及你瀏覽過的所有網站資料，想想他們做出來的結論裡，你的核心優先事項會是什麼？（我們可能會擔心自己的優先事項是喝咖啡、玩憤怒鳥，以及每小時都仔細地去砍垃圾信之類的事。）

在我們認爲的核心優先事項上多花點時間（這肯定是我們的目標），必然得少花點時間在其他事情上。《從 A 到 A^{+}》（*Good to Great*）的作者吉姆．柯林斯建議我們弄出一張清單：「不要繼續做下去的清單」（stop-doing list）。[5] 這想法之所以會蹦出來，是因爲他的一位顧問有次出了個難題要他回答：如果他接到兩通會改變他一生的電話，他會怎麼做。第一通電話是：他繼承了兩千萬美元的遺產，沒有任何附帶條件。第二通電話是：因爲罕見和無法治癒的疾病，他只有十年可活。

顧問請教柯林斯，「你會有什麼不同的作爲，而且特別要強調的是，你會停止做哪些事？」從那時開始，柯林斯說，他每年都會準備一張「不要繼續做下去的清單」。

假裝自己可以一心多用，或以更有效率的方式充分利用時間做完所有想做的事，是很迷人但卻過於天眞的想法。面對現實吧，我們的行程表裡還眞沒有太多空檔。花在某件事的那一小時，就沒有辦法做其他的事了。所以，如果決定要跟小孩有更多時間相處，或去大學修一門課，或多點運動，同時也必須決定哪些事是不能再繼續做下去的。更具體地說，回頭看看過去一週的行程表，問問自己，我必須明確地放棄哪些事，才能擠出我需要的三或四或五小時？

在組織裡，要完成「不要繼續做下去的清單」，可能要先完成一些前置作業。現在花十個小時，可以讓將來少花三十個小時。麥可・阿布拉索夫（D. Michael Abrashoff）艦長接掌一九九六年下水的美國太平艦隊班福特號導彈驅逐艦（USS Benfold）時，曾用過這樣的方法，並成爲他的特色。⑥

在他的著作《這就是你的船》（*It's Your Ship*）裡有詳細的敘述。阿布拉索夫艦長上任後的第一項工作，是跟艦上全部三百一十位軍士官兵逐一面談，藉此瞭解他們的個人背景以及加入海軍服役的動機，並詢問他們與班福特號有關的建議：你最喜歡的是什麼？最不喜歡的又是什麼？如果可以的話，你會想改變的是什麼？

阿布拉索夫艦長從跟艦上官兵的對話中，把班福特號上的所有工作區分成兩大部分：清單A是跟任務成敗息息相關的核心工作；清單B則是重要卻非核心的工作，「單調乏味、一再重複，像是除鏽和刷油漆之類的工作。」把這兩份清單整理清楚後，阿布拉索夫艦長正式向清單B宣戰。

在清單B上最讓人討厭的是刷油漆，於是阿布拉索夫艦長和他的水手們，想了各式各樣的方法，讓油漆的工作減到最少。有位水手建議用不鏽鋼的螺栓和螺帽取代船上現有的鐵製品。這些螺栓螺帽的鐵鏽大塊大塊地剝落，經常毀了油漆工作的成果。

阿布拉索夫艦長很喜歡這個點子，但他們很快就撞上路障：海軍的補給系統並沒有不鏽鋼製的螺栓和螺帽。所以在海軍總司令的同意下，他們在聖地牙哥地區所有的家得寶（Home Depot）以及艾斯五金（Ace Hardware）通路，掃光所有能用的不鏽鋼螺絲和螺帽。花了很多人力和時間，終於把這些東西換上去，之後船員們一年只刷一次油漆了（從這時開始，海軍每條艦艇上的螺絲都採用不鏽鋼製品了）。

完成了這件事之後，水手們把注意力移轉到艦身上半部某些經常鏽蝕，需要替換或打磨的金屬部件。他們也找到一種很有前景的新方法，或許可以保護金屬不至於鏽蝕。這種方法是先將金屬加熱，再用熱處理的方式塗覆油漆，可以讓東西不生鏽。這樣的處理方式已經在海軍裡使用了，但目前海軍所有的維修設施，卻沒辦法處理班福特號的官兵提出的需求。

所以，艦上官兵再次即興創作，在聖地牙哥附近鑽天打洞地找了一家金屬裝修工廠，二萬五千美元就可以搞定，而且保證幾年內絕對沒問題。

「這下子水手們再也不必碰油漆刷子了，」阿布拉索夫艦長說，「也有更多時間學習其他工作，整個船艦各項裝備的整備率，從此大幅提高了。」

掃除了清單B上的工作，士官兵可以花更多時間在戰況模擬演練上，學習更廣泛的技能。提升士官兵能力的投資，帶來了一次意外的勝利。有次海軍當局要求班福特號進行一次演訓任務，標準的完成時間是六個月。然而，由於士官兵的各項演訓都超前非常多，所以只花了一個星期就完成了所有演訓課目，並順利通過最後的演訓測驗。而且，得到的分數甚至比花六個月才做完所有課目的競爭對手都還要高。海軍高層不能因為班福特號所有官兵如此優異的表現就取消演習，但也因此把期間從六個月縮短成兩個月，並且讓班福特號以巡訪各地港口的方式繼續進行訓練，包括卡波聖路卡斯（Cabo San Lucas）、舊金山以及維多利亞港（Victoria）。後來，班福特號和它的官士兵們，在美國的波斯灣行動中扮演關鍵的角色，接下了幾次艱難的任務，並因爲績效卓著而獲得勳章。

＊＊＊

我們每天都想躲開清單 B 上的工作，回到清單 A 上。這不容易。記不記得前面提到的麻省理工學院的研究發現，在整整一週的工作中，企業主管居然完全沒有花時間在他們認爲的核心優先事項上。彼得・布列格曼（Peter Bregman）是生產力領域的泰斗，也是《哈佛商業評論》（*Harvard Business Review*）上的部落客，他建議以一種很簡單的技巧來避開這種宿命。找到一個鬧鐘，設定它每小時響一次，每次鬧鐘響的時候，就問問自己：「我是在做我最需要做的事嗎？」⑦他把這稱爲「有生產力的中斷」（productive interruption），可以提醒我們最優先的事項以及願望，也可以刺激我們回到清單 A 上的工作。

在這一章我們討論的是，如果希望自己的選擇是已考慮核心優先事項後所做的決定，那就必須在決定前讓自己保持一點距離。保持距離可以使我們的短暫情緒平靜下來，也可以幫助我們越過熟悉的現況看待問題。保持一點距離後，我們可以發現並把比較不重要的給刪掉，不讓它影響到更重要的事。

保持距離可能會讓人不快，就像英特普拉思特的領導們沒完沒了地討論。但是，要產生距離並不需要延遲或受苦，有時它是唾手可得的。還好有那道防護牆——先做，再道歉，我們知道正確的選擇是什麼。也還好有個簡單的問句可以問：如果我最好的朋友遇上同樣的狀況，我會給他什麼建議？這麼問可以讓我們的眼界更寬廣。也還好有那十美元就可以買到的腕表，每小時響一次，提醒自己是不是眞的在意所訂下的優先事項。

再來要討論的就是結果了。我們做了困難的決定後，就要看事情會怎麼演變了。當然，我們不只是旁觀者。我們不能掌控未來，但如果事先做了某些考量，我們可以讓未來朝某個方向發展（如果你曾爲小孩布置過一個安全房間，你會知道我說的是什麼概念）。

在我們做完決定後，要問問自己兩個問題：我們要怎麼讓自己準備好面對不管是好的還是壞的結果？要怎麼樣才會知道，已經到了必須重新考慮之前所做決策的時機了？

換句話說，我們必須準備迎接錯誤（Prepare to Be Wrong）。

重點摘要

1 短暫情緒即使平靜下來，決策也未必容易。

- 即便金・拉米雷茲起初的興奮感消退了，她還是焦慮了幾個星期。

2 決策之所以讓人焦慮，一定是核心優先事項起了衝突。

- 核心優先事項：長期的情緒性價值、目標、渴望。你要成為什麼樣的人？你希望打造一個什麼樣的組織？
- 目標並不是讓情緒消失，而是讓有用的情緒發生作用。

3 找到核心優先事項並奉爲圭臬，讓現在和將來的問題比較容易解決。

- 在英特普拉思特裡持續不斷的爭論，直到主管們確定病患是最終的「客戶」後，才告一段落。
- 「韋恩原則」讓戴爾的現場顧問可以正確地做出一致性的決定。

4 不幸的是，建立核心優先事項是一回事，讓它跟自己綁在一起又是另一回事。

- 麻省理工學院的研究：企業主管可以在一個星期的工作中，完全沒有碰觸到他所認為的核心優先事項。

5 為了找出空間做我們認為的核心優先事項，我們必須把比較不重要的丟開。

● 在美國海軍艦艇班福特號上，官兵們主動對付清單 B 上繁瑣的工作，像是重複油漆之類的事（比方說，使用不鏽鋼螺絲螺帽，就不會有鏽蝕的斑點）。

● 吉姆．柯林斯的「不要繼續做下去的清單」：你要放棄哪些事情，才會有更多的時間用在你的優先事項上？

● 布列格曼每小時響一次的鬧鐘：「我是在做我最需要做的事情嗎？」

W　擴增更多選項

R　真實驗證假設

A　抽離自我情緒

P　準備迎接錯誤

10 拉出未來的區間

1.

拜隆．潘思塔克（Byron Penstock）最珍視的物品之一，是他跟心目中的英雄華倫．巴菲特的合照。潘思塔克對巴菲特每年給股東的公開信內容，都記得非常清楚，而且一談到股票的價值投資法時就面露喜色。你幾乎可以想像得到，如果他有把他的投資組合拍成一張照片放在皮夾裡，他會馬上拿出來給你瞧瞧。

潘思塔克並不是一開始就想進投資這一行。二十歲出頭的時候，他是曲棍球小聯盟的球員，在巴爾的摩強盜隊（Baltimore Bandits）擔任守門員。之後，他進入企業界，從事法務工作。沒多久，他就開始不齒這一行的專業行徑。當他遇上投資這個領域，又重重跌了一跤。於是他去讀了哈佛商學院，畢業後在舊金山地區經營共同基金的爾思投資公司（RS Investments）找到了第一份投資類工作。潘思塔克決心在這個領域混出點名堂，他會在凌晨三點就進辦公室開始工作。

二〇〇九年快結束的時候，潘思塔克正密切關注一檔叫銅板之星（Coinstar）的股票，這家公司有兩項主要業務。它是以製造一種名爲「銅板之星」的機器起家。這種機器通常在雜貨店可以見到，功能是幫客戶計算銅板零錢，再給出憑證用以兌換紙鈔（機器會留下一點銅板作爲工錢）。這個計算零錢的業務相當成功也很穩定，但由於銅板之星已經主宰全部的市場，所以未來的成長預期會比較緩慢。

銅板之星的第二項業務叫紅盒子（Redbox），是一種出租DVD的機台。這項業務在早期的實驗階段，成效時好時壞。後來主管決定採取新的DVD出租訂價策略，一部電影每晚只要一美元，營收開始爆發性地成長。起初，主管們也不確定，用這麼低的租金打進市場到底能不能賺錢。結果是租用量大幅成長，抵銷了低毛利造成的傷害。突然間，銅板之星手中有了一個快速成長、炙手可熱的新業務。由於紅盒子的業務走強，銅板之星的營收在二〇〇七和二〇〇八年之間倍數成長，從三億零七百萬美元成長到七億六千二百萬美元。紅盒子的機台裝置量快速上升，在二〇〇八年底，總裝置量達到一萬三千七百台。

二〇〇八年十二月，紅盒子這項業務遇上了麻煩。環球影業公司（Universal Studios）宣布，不再賣DVD影片給紅盒子。主因是，影片公司的主管認爲，紅盒子會影響他們獲利豐厚的DVD銷售業務：如果看一次只要一美元，那消費者何必花十八美元買一部DVD？

大約九個月後，好萊塢另外兩家最大的電影公司華納兄弟（Warner Bros）和二十世紀福斯（20th

Century Fox）也相繼斷了紅盒子的片源。投資者開始躁動不安：沒有了DVD片源，怎麼做DVD出租生意?因爲業務上的不確定性，銅板之星的股價在一個月內下跌二五%。

然而，潘思塔克很清楚，這次的恐慌是過分渲染的結果。前一年，就在他突然間被環球影業公司的公告敲了一棍時，他開始研究影片公司和紅盒子之間的業務關係。讓他驚訝的是，在環球斷了紅盒子的片源後，紅盒子的機台還是有環球的電影出租，像是《忘掉負心女》（*Forgetting Sarah Marshall*）以及《請問總統先生》（*Frost/Nixon*）之類。紅盒子是怎麼弄到這些DVD的？

給紅盒子打過幾通電話後，撥開了這片疑雲。爲機台補貨的司機在他的行程上增加了一站：沃爾瑪。他們在沃爾瑪購買環球最新發行的片子，然後再裝進紅盒子的機台裡！

這種近乎游擊隊的做法乍看之下有點荒唐，不過潘思塔克稍加研究後發現，這並非不切實際的做法。在美國，沒有法規禁止紅盒子在市面購買DVD後再出租給客戶。*事實上，從沃爾瑪購買DVD有時候還更便宜，因爲DVD新片的折扣特別大。

當二十世紀福斯公司和華納兄弟切斷紅盒子的片源時，潘思塔克已充分瞭解，這只是件麻煩事，卻不是毀滅性的災難。他認爲投資者是過度反應了。他開始做了一個財務模型，看看能不能在這檔股票上賺一筆。

---

*作者註：這跟我們在某些DVD開始放映前的威脅性宣告是完全不一樣的狀況。美國與一手銷售相關的法律條文指出，買方保有出租、銷售或借與他人的權利。

潘思塔克用的方法，他稱爲「價格區間分析法」（bookending）。他估測了兩種不同的情境：公司走向非常糟糕時的悲觀情境，也就是區間的下限（the lower bookend）；以及公司交上好運時的樂觀情境，也就是區間的上限（the upper bookend）。*舉個例子來說，潘思塔克算過一堆數字，並且綜合了全球原油市場發生的事件後，預測艾克森美孚（ExxonMobil）的股價，每股會在五十到一百美元之間：

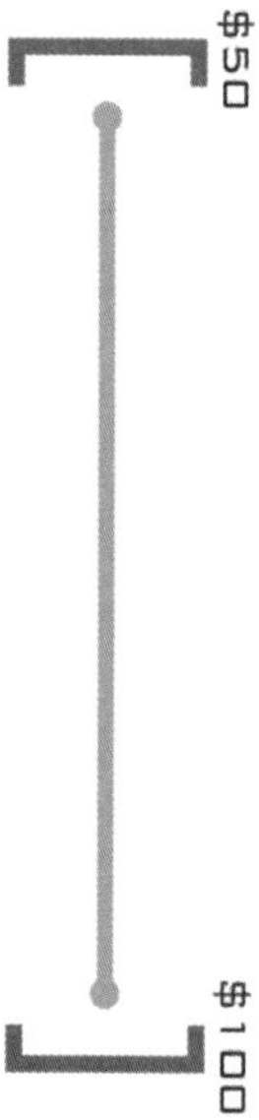

如果股票現在的價格是九十美元，那他絕對不會出手買進。因爲過於趨近區間上限，上漲空間不大，下跌的機會倒是很多。即便價格是在中間的七十五美元，對潘思塔克來說風險也太高。「我找的是未來很有潛力，但目前的股價很靠近上邊的股票。」他說。

*作者註：這兩種情境並不是指兩種非常極端的狀況，只是在現實世界的假設狀況下，「很不好」以及「很好」的結果。

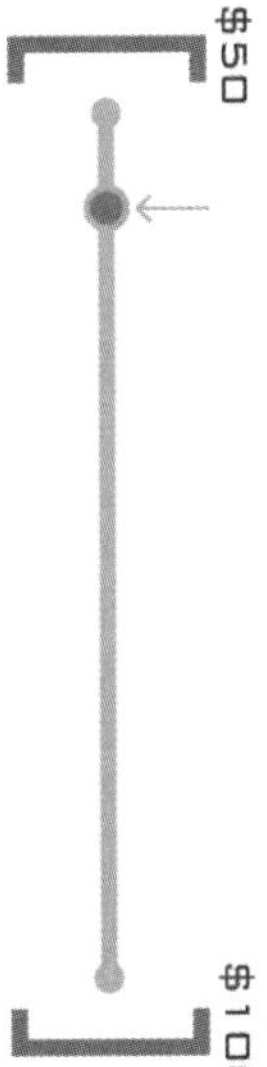

潘思塔克猜想銅板之星應該是符合這種型態的類股，於是開始分析它的股票價格區間。在考慮區間價格下限時，他假設了一種非常嚴酷的情境：公司高階主管打算放棄紅盒子的全部業務，把所有機台和ＤＶＤ以重置價格賣給競爭對手。根據潘思塔克的估算，在這種情況下，股價大約是二十一美元左右。再來，他開始考量區間價格的上限，經過計算後，他認爲，如果紅盒子的團隊運氣夠好的話，股票價格在兩年內有機會漲到六十二美元。

在此同時，福斯和華納兄弟切斷紅盒子的片源，銅板之星的股價慢慢掉到了每股三十美元。潘思塔克確信他手上已經掌握到一次絕好的投資機會了——股票價格已朝向價格區間的下限移動。

在他看來，股票價格掉到區間的下限是不可思議的事。他認爲，這家公司如果眞走到清算的地步，他也只估計了出售機台的收入，並沒有計入目前這些機台置放地點本身的價值。事實上，紅盒子的機台占據了市場上最好的地點，包括沃爾瑪以及所有的連鎖零售賣場。這些地點對競爭對手來說有龐大的策略性價值，比機台更値錢。況且，紅盒子的品牌和客戶關係也都還沒有估算在內。

根據這樣的分析，潘思塔克說服他爾思投資公司的同事，在銅板之星這支股票大大賭上一把。當股票價格跌到二十八美元時，他們開始進場。就潘思塔克的分析模式來看，下跌的空間只剩七美元，上漲的空間則有三十四美元。

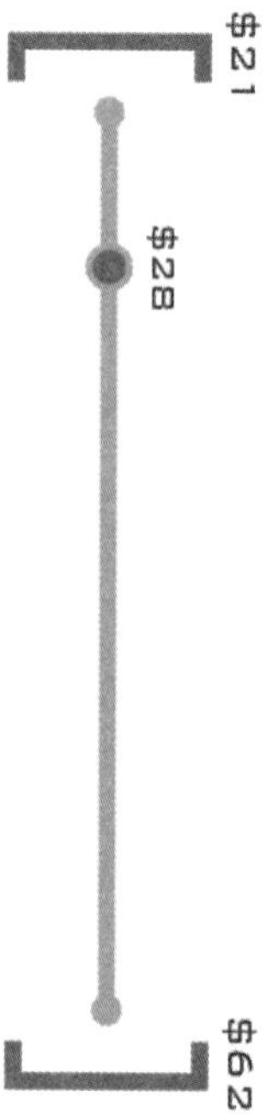

二○○九年十一月到十二月之間，潘思塔克的公司總共買進了一百四十萬股，平均價格是二十六．七美元。

接下來幾個月，潘思塔克持續焦慮不安地注意這支股票，價格開始慢慢回升，投資人也逐漸相信銅板之星並沒有陷入嚴重危機。股價突破了三十美元關卡，並繼續向上攀升。二○一○年秋天，股價反彈回到四十多美元。潘思塔克非常得意，公司因爲他的分析，獲利超過二千五百萬美元。

雖然價格一路上揚，但他對這項投資的信心開始減少，因爲價格還是朝著他設算的區間上限邁進。

到了十月中旬，潘思塔克認爲這支股票已經不再是個好標的了，所以他建議公司把手上的持股全數出清，公司也接受他的建議。他們以平均價格四十六．五四美元賣出所有持股。短短十個月，投資報酬率高達七五％。

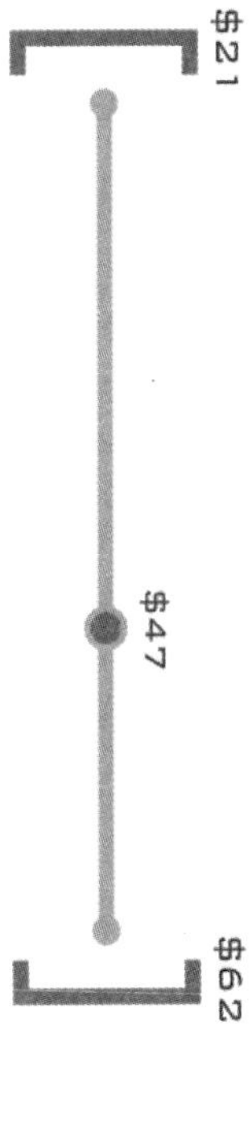

潘思塔克的價格區間投資策略在投資界是比較另類的做法。他說，許多投資者會試著對某檔股票「眞正値多少錢」做精準的價格預測，稱之爲「目標價格」（target price）。如果目標價格比現價高，他們就買進。但潘思塔克並不認同這樣的想法。他認爲，估算一檔股票的精確目標價格，是對未來抱持著錯誤的信心。

他說：「身爲投資者的工作就是要思考未來，然而，未來有很多不確定性。所以我的投資不能以瞭解未來爲思考的核心。我不需要準確知道未來會如何，只要能掌握價格區間，就能讓我聰明地投資。」

他說這種方法是所謂的「低智商投資法」（low-IQ investing）。①

＊＊＊

舉這個例子的目的，並不是鼓勵你用潘思塔克的方法把退休金拿去投資。對大多數人來說，投資個股賠錢的機會是比較高的。其中一個原因是，你是在跟潘思塔克這樣的全職專家競爭，他們早上三點就起床，開始做分析工作。即使如此，這些人中有九六%的操盤績效，仍低於單純的指數型基金（index funds。如果讀者想知道爲什麼退休金該買指數型基金，而非投資個股或共同基金，請參考本書註釋）。②

我們舉這例子的目的，是希望各位能運用潘思塔克的方法來做人生的決策。他對自己預測未來的能力抱持謙卑的態度，是做出好決策非常關鍵的因素。就像潘思塔克一樣，如果沒辦法準確地知道未來會發生什麼事，要如何才能做出有智慧的決定呢？

這就是爲什麼在預測未來時，我們必須要能「準備迎接錯誤」，這是「WRAP」裡的P。我們要打開感知未來的能力，瞭解未來可能會發生的狀況，考慮各種可能性，無論是好是壞。這就是潘思塔克價格區間投資哲學顯示的基本原則。

潘思塔克是用他的直覺發展出這樣的方法。然而，也有相關的研究事證支持這種做法。傑克・索爾（Jack Soll）和約書亞・克雷門（Joshua Klayman）曾做過一項研究：他們請受試者做一系列的猜測。舉其中一個例子來說，他們請受試者猜猜看，一九九〇年代由安潔莉娜・裘莉（Angelina Jolie）主演的電影，平均票房收入是多少？他們可以說出自己在八〇%信心度下的區間平均值（例如：我有八〇%的信心度認爲，安潔莉娜・裘莉主演的電影票房收入，在三千萬到一億美元之間）。有八〇%的信心度的意思，意味的是受試者失誤的機會只有二〇%。然而，事實發現，他們的預測都有信心過度的現象。有六一%的受試者預測出來的區間，無法涵蓋實際的票房平均收入。

有趣的是，如果請參與者明確猜測區間的上限和下限，那人們的預測會準確一點。*研究人員認為，這是因為當受試者分別被問及區間的上限和下限時，人的思維會連結到不同的知識區塊。當你思考裘莉的票房總收入為什麼會低的時候，你會想起九○年代中期她演的幾部獨立製片電影，當時她還沒沒無聞。當你思考她的票房收入之所以會高出一億美元時，是因為你會想到她演的《古墓奇兵》（*Lara Croft: Tomb Raider*），這部大賣的片子會讓平均數拉高一點。

裘莉九○年代主演的電影票房平均收入，正確答案只有一千三百萬美元（《古墓奇兵》的票房是一億三千一百萬美元，不過這是二○○一年的事了）。整體來說，研究人員發現，當受試者不考慮區間上、下限的時候，他們提出的區間寬度只有應有（跟統計常模比較）的四五%。當受試者是被問及區間上、下限的時候，答案的區間寬度增加到統計常模的七○%。如果受試者再被問及放在區間中點的最可能數字時（這需要連結到第三種知識區塊），他們的區間寬度是統計常模的九六%，離完美只差四%。③

當考慮極端狀況的時候，我們會延伸自己的覺察能力去看到可能發生的事，因此擴展出來的

---

*作者註：研究人員問的是類似這樣的問題：「在只有一○%的機會會超過的信賴區間裡，你覺得安潔莉娜．裘莉平均票房收入的上限數字是多少？」「在只有一○%的機會會低於的信賴區間裡，你覺得安潔莉娜．裘莉平均票房收入的下限數字是多少？」

區間，是比較能反應現實的。潘思塔克和其他投資人就是用這樣的區間聰明地投資股票。但是，在生活上，我們沒有辦法只是在賭一個這樣的結果，而是必須生活在這樣的結果中。所以，必須準備好面對出現在自己訂好的區間內的任何結果。

在勾勒區間下限的時候，我需要的是跟買保險差不多的做法。買新車的時候，你會增加全毀車損險的額度，萬一車子撞毀，可以買部全新的（有沒有想過，如何讓組織也有「保險」，避免新進員工對組織造成重大損害？）。在勾勒區間上限的時候，我們則要設想到，如果是好運氣讓我們成功，那又該做好什麼樣的準備。一個時裝設計師如果知道歐普拉很快就會背書支持她的產品，她會對突然湧進來的大量訂單有所準備嗎？也就是說，當我們在爲將來拉出區間的時候，對於最好和最壞的結果都要有所準備。

如果沒有拉出未來可能的區間，我們的聚光燈會鎖定在未來「最可能的預想」（best guess）狀況上，就像投資人試圖估測某家公司股票的目標價格一樣：

即便我們很會預測未來，「過度信心」的研究也證實，我們比自己想像中更容易犯錯。未來不是一個點，而是一段區間：

然而要如何才能學會轉動我們的聚光燈，看到更廣闊的天地，並預想到未來可能的區間呢？事實上，心理學家已經爲這樣的目的發展出一些簡單的工具。我們來看看下面這個思考實驗的例子：

> 你覺得在二〇二〇年十一月，亞裔美國人當選美國總統的可能性有多少？請寫出之所以會發生的理由。

這段敘述取自艾德華・羅素（J. Edward Russo）和保羅・舒馬克（Paul J.H. Schoemaker）兩位決策研究人員所做的研究。再來看看這項思想實驗的第二段文字，有點雷同，但稍微變化了一下。特別注意一下，看了這段之後有什麼樣的感受：

> 這是二〇二〇年十一月，發生了一件歷史性的大事：美國剛才選出第一位亞裔美國人出任美國總統。你覺得之所以會發生的所有理由有哪些？

羅素和舒馬克發現，當受試者看到第二種狀況時，也就是從已知的未來回頭看事情的「事後諸葛」（prospective hindsight）情況下，人們比較會找理由解釋，爲什麼事情會如此發生。你自己或許曾經有過同樣的經驗。第二種情境讓人覺得是比較確定的狀態，認知的立足點是比較穩固的。

原本在「事後諸葛」的這個研究裡，研究人員給受試者閱讀的是一份文件，內容是關於一位剛到某公司上班的員工，約略透露了一點公司的狀況和所在行業的情形。研究人員請半數的受試者提出看法：這位員工在六個月後可能會離職的合理理由有哪些。平均每個人可以提出三個半理由。

另一半的受試者則以「事後諸葛」的表述方式告訴他們：想像一下，六個月後這位員工離職了。他爲什麼會離職？這一群人平均可以提出四．四個理由，比前面的群組多出二五％。而且，後面群組陳述的理由也比較明確，跟敘述的情境比較相關。事後諸葛的表述似乎較能激發出更多的洞察力。因爲這種情況就好像要我們在現在和一個確定的未來事件之間做個塡空題（相對來說，前一組受試者則必須去猜想一個或許會發生、也或許不會發生的不確定狀況）。④

心理學家蓋瑞．克萊恩（Gary Klein）受到這個研究的啓發，發展出另一種測試決策的方法，稱爲「行前預想」（premortem）。⑤「事後檢討」（postmortem）的分析是在事情結束後開始，問的問句是：「是什麼原因造成的？」「行前預想」的方法則剛好相反，先假設計畫在未來某個時候失敗了，然後問：「是什麼東西殺了它？」團隊在做「行前預想」分析的時候，必須先假設未來是沒有希望的，然後問：好吧！十二個月後，我們這個計畫徹頭徹尾的砸了，就在我們眼前垮掉了，爲什麼會這樣？

團隊的每個人都花了幾分鐘寫下所有能想到的失敗理由。之後，由團隊的領導人當主席，輪流請每個人分享他覺得最關鍵的理由。等所有威脅都浮出檯面後，團隊可以據之預先設想各式各樣可能的負面情境，準備迎接錯誤。在本質上，「行前預想」這種方法是用來勾勒未來區間的下限，然後根據這樣的瞭解找出方法，避免眞的就那樣結束。

2.

「十萬家園計畫」（100,000 Homes Campaign）曾經在執行過程中運用類似「行前預想」的策略。計畫目標是爲十萬名長期無家可歸的遊民提供居住空間。這個史無前例規模龐大的計畫，是由成員不多、名爲社區解方（Community Solutions）的小組織策畫協調和執行的。組織的領導人是蓓姬·康妮絲(Becky Kanis)，她兼具行動家的熱情和軍人的紀律，畢業於西點軍校，在陸軍服務了九年。

在計畫的規畫階段，康妮絲和同事四處尋求專家建議。克麗絲提娜·康什默菲（Christina Gunther-Murphy）是其中之一。她曾帶領性質類似的團隊在健康照護領域改變了醫療實務的做法，拯救了十萬名病患（找到曾解決類似問題的人）。康什默菲爲他們介紹了稱爲「失敗與影響分析」（failure mode and effect analysis，簡稱ＦＭＥＡ）的方法。這是「行前預想」的先驅，在軍方和政府組織裡已運用數十年之久。

在ＦＭＥＡ中，團隊成員會先找出計畫的每個階段可能會出問題的地方。針對每一個可能出錯的地方，問兩個問題「發生的機率有多大？」以及「結果會有多嚴重？」之後，分別給每個變數一到十的權重，再把兩組問題的權重相乘，得分最高的，就是最有可能嚴重出事的地方，得到的關注也會最多。*

二〇一〇年春天，在「十萬家園計畫」團隊的一次會議裡，從「失敗與影響分析」中發現了幾個很可能讓人絆倒的障礙。其中有個問題特別傷腦筋：我們的做法如果違反公平居住相關法律，那該怎麼辦？

有位成員貝絲．桑德（Beth Sandor）分享了一個她在洛杉磯遇過的個案：有位開發商在他擁有產權的住宅區裡，對於其中屬於開放式補助住宅的部分，拒絕給遊民優先入住的權利。他手上已經有一串等著住進那間房子的人的名單。他認為，如果偏袒遊民，讓他排在最優先的順位，可能會有違法疑慮，甚至會讓聯邦政府取消相關補助。

桑德的看法是，應該讓遊民盡快進住，如果沒有盡速安置，會因此導致有人死亡的危險（十萬家園計畫的成員，是主張給脆弱的遊民最優先進住的權利）。當時，她說：「在你的等候名單裡，每個人都有住址，如果他過去五年都住在這個地方，那這些人絕對不可能是最需要優先安置的人。」

在桑德分享這個案例後，其他人也陸續分享了類似的故事。當他們完成「失敗與影響分析」後，這個住房分配的問題得到最高分，成了最大的威脅。如果地主不願意優先安置遊民，計畫會

＊作者註：這是社區解方這個團隊運用 FMEA 的方式。另外有一種方式，還包括了第三個問題：「如果情況發生，但我們卻無法覺察到的機會有多少？」然後把三個數字乘起來。

陷入困境。團隊絞盡腦汁想辦法，到底該怎麼避免這樣的事發生。

團隊中有位女士說，她認識一位全國知名的公平居住相關法律的律師，團隊同意找他幫忙提供意見。這位律師提醒他們，他得先做點研究，而且他也沒辦法保證，他研究的結果一定能支持他們的想法。雖然如此，團隊還是同意繼續進行。原因是，如果法令眞的不許這麼做，他們還是得早點知道。

幾個月後，律師回覆了一份立場堅定的法律意見書，認爲團隊的做法並不會違反公平居住相關法律。

從那時開始，這份法律意見書就消弭了這個問題。「現在這個問題再也不曾被提起，」桑德說。「我們可以繼續前進了。」

幸好做過「行前預想」的評估，團隊得以提早讓問題浮出檯面，消弭它對計畫的威脅。這麼做也讓團隊少花很多時間在法律相關問題上，從而有更多時間爲美國國內最弱勢的人找到遮風避雨的地方。

這個弱勢族群裡有位名叫馬龍（Myron）的人，是退伍軍人，在鳳凰城的街道上流浪。馬龍和他的兄弟霍華（Howard）已經有三十年無家可歸。二〇〇九年七月一個熱得要命的晚上，霍華死在他兄弟的臂彎裡。馬龍在公園的長板凳上一邊搖著兄弟的屍體一邊哭著，直到救護人員抵達。

「兄弟過世之後，他更是什麼都不在意了，」馬提．羅德（Mattie Lord）說。羅德是H3專案計畫的主管，是十萬家園計畫在當地的組織成員。羅德和同事在鳳凰城調查遊民人口的時候遇上了馬龍。他們認定馬龍是鳳凰城街上最弱勢的十五人之一。「無論遇到什麼樣的困難，我們都要想辦法把他安頓好。」

當地其他社福機構對這個想法嗤之以鼻，他們認爲馬龍很快就會重新回到街頭流浪。他不容易跟別人相處、脾氣暴躁且意志消沉。他還有酗酒的毛病，而且恨透了塡寫表格之類的瑣碎雜事。不過，三個月內，羅德和他的團隊還是把他安頓到一間公寓。當他們把鑰匙交給馬龍的時候，他還不敢相信。這是三十年來他第一次有一個家。

搬進去那天大夥兒興奮異常。工作人員爲馬龍煮了他最喜歡的義大利麵，並且送他一張裱了框的照片，是他跟兄弟的合照。這讓馬龍淚如雨下。他馬上把照片拿進臥室，放在床邊。

有了自己的房子之後，馬龍不一樣了。他無需再把所有精神都花在想辦法活下去這件事上。他重新跟家人聯繫，也去看望了多年未曾謀面的妹妹。「之前認識馬龍的人都不相信這是眞的，」羅德說：「他現在過得很快樂。」

二〇一〇年冬天，馬龍得了重病，被安置到退伍軍人之家。之後，他雖然康復了，但還是很虛弱。羅德說他像是「群棲蝴蝶」（social butterfly），他知道別人的小孩和親戚的所有點點滴滴，也每週和家人聯絡。

羅德對馬龍獲得重生的案例特別覺得驕傲。「大家都說這個案例『不可能改善』，我們證明他們是錯的。」

全國各地都有像馬龍這樣的人，拿到新房屋的鑰匙，重新展開新生活。到二〇一二年夏天，十萬家園計畫已經成功安置二萬名無家可歸的遊民了。

幾個月前，當他們安置第一萬名遊民的時候，舉行了一個慶祝儀式，西點軍校畢業生、這個計畫的領導人康妮絲，在她的手臂上刺青。但她故意把逗點放錯位置——100,00。

她告訴她的團隊：「我要讓各位夥伴知道，我們有百分之百的信心，也相信可以跟各位一起幫助十萬人永遠離開街頭！」當他們成功的時候，康妮絲說，她會在刺青後面再補上一個零——100,000。⑥

＊＊＊

「失敗與影響分析」以及「行前預想」這類方法，可以讓我們避免專注於單一、樂觀的預測上，認爲這個世界會如同我們想像的一般；並強迫自己注意背後潛藏的諸多不確定因素。探索所有的可能性，並爲最糟的狀況預做準備，如此可以有效對治信心過度的問題。

我們的判斷出錯的方式非常多。我們可能錯在沒有事先想到會遇上的問題，所以我們需要「行前預想」。我們也可能犯下錯誤，沒有做好應有的準備來因應出奇好的結果。所以當我們在拉出未來的區間時，同時考慮樂觀面和悲觀面是相當重要的事。

這是爲什麼除了做「行前預想」之外，我們還需要「提前慶功」（preparade）的思考。「提前慶功」是要我們先想想事情成功的時候：這麼說吧，一年後，我們的決策意外地順利成功，因爲眞的很棒，所以有人要爲我們慶功。如果未來眞是如此，那要怎樣才能確保我們眞的是準備好了？

一九七七年，有一家叫作明尼通卡（Minnetonka）的小公司，發現自己手上有一個極具暢銷潛力的商品。明尼通卡當時是以小衆市場的新奇產品聞名，例如泡泡浴用品、香水蠟燭以及各種口味的護唇膏。但有項新產品已經展露了龐大的潛力，這產品叫軟肥皀（Softsoap）——是一種液體肥皀，可以從塑膠瓶中擠出來使用，打算賣到家家戶戶，讓人們用來洗手。

那時候，絕大多數人都是用塊狀肥皀洗手。塊狀肥皀的市場已經被成熟的品牌——如黛亞（Dial）、象牙（Ivory）以及Zest——所主宰。這些品牌產品背後的大公司，已經爲每個百分點的市占率，拚得你死我活。然而，明尼通卡在塊狀肥皀製造商主宰的小型市場裡所做的先期測試發現，在很短的時間內，就攫取了四％到九％的市占率。

在幾個不同的市場區塊都做過先期測試，成功地試過水溫後，明尼通卡的高階主管認爲，已經準備好要大步躍進，把產品推向全國市場的時機已經成熟了。

他們眞的準備好了嗎？公司現有的產品，像是護唇膏和泡泡浴用品，之前從不曾有像軟肥皀這樣能撼動市場的潛力。主管開始討論，該如何爲可能的成功做準備。

供應鏈是關鍵的考量。如果全國的消費者都跟市場測試時的消費者那般，熱情支持這項產品的話，那明尼通卡必須準備好數百萬支塑膠瓶來裝軟肥皀。不幸的是，當時只有兩家供應商能生產這種塑膠瓶。如果沒有足夠的瓶子滿足消費者的需求，那該怎麼辦？

爲了準備好迎接這個全面向這邊靠攏的世界，明尼通卡的高階主管勇敢地跨出了一步。他們跟兩家供應商簽下總量高達一億支塑膠瓶的期權合約，有效地鎖住了十八到二十四個月內全世界的塑膠瓶供應。

用「提前慶功」的做法，公司主管得以確保明尼通卡具備迎接成功的能力。這個明智的塑膠瓶供應合約，讓塊狀肥皀的廠商在兩年內沒辦法進入市場。等他們終於可以殺入市場時，明尼通卡的軟肥皂已經在市場上占據主導地位，並且可能持續數十年。⑦

＊＊＊

「行前預想」和「提前慶功」，是用來處理可合理預見的問題或機會的最有效方法。對付未知的狀況，還有另外一種有用的方法。它很簡單：只需要假設自己過度自信，所以給自己一點健康的犯錯空間。

比方說，許多工程師都知道要在專案計畫裡多留一點安全係數（safety factor）。安全係數是源自工程師對缺陷發生的建設性恐慌（healthy paranoia）。他們相關的計算工作，很可能影響到生命的存亡：要有多少混凝土才能支撐一座水壩？飛機的機翼需要多強的材料才能支撐？

工程師可以運用精密的工具做適切的運算，但這些計算結果都有錯誤的可能。相關的變數很可能會發生完全無法預期的變化。舉個想像力豐富一點的例子，有架客機的機長遇上鳥擊，撞上一群加拿大野雁，兩具引擎損毀，必須在河道上緊急迫降。衝擊的力道會對機翼帶來無法預期的龐大壓力（這個想像力豐富的例子是真實發生過的。二〇〇九年，機長蘇倫博格〔Chesley “Sully” Sullenberger〕就在哈德遜河上安全迫降成功。⑧不可思議的是，沒有任何人員傷亡。這除了要感謝機長的駕駛技術之外，也要感謝工程師計算在內的安全係數⑨）。

再舉一個生活上的例子。在設計樓梯的時候，工程師會計算讓它能撐住四百磅的重量。之後，他們會把這個數字乘上一個安全係數，比方說是六倍。所以，在製造樓梯時，是以撐得住二千四百磅的規格去打造的。有一天，如果有八個彪形大漢決定要一起爬上這個樓梯（雖然這是個有問題的判斷），它是可以撐住的。沒有人會受傷，也不會有人挨告。

安全係數的數字在各領域都不相同。太空梭相關的地面設施，安全係數是四；電梯鋼索纜線的安全係數是十一（下次如果進到擠滿人的電梯，不由自主地計算著這群人的重量時，務必放輕鬆）。

精準的科學運算和粗略的估算兩者奇怪的混搭，是很了不起的一種做法。在計算電梯鋼纜需要承載的重量時，工程師會用上最細緻的演算法和工具。然而，當用科學方法找到最好的答案後，卻拿這個答案乘以一個近乎順手拈來的數字，十一，有點像是小學三年級的學生在算術作業本上做作業一樣。

然而，這種粗略的方式畢竟可以維繫生命安全，而且這麼做也展現了令人敬佩的謙卑：擔任工程師的人瞭解，我們容易傾向於過度自信，而且我們自己不可能免除這種傾向的困擾。所以，自我改正又有何妨？

在不那麼緊張的領域，也可以運用同樣的法則。軟體公司在規畫專案的完工時程上，也會慢慢抓到自己的安全係數。微軟的軟體開發工程師對自己的程式撰寫能力有高度信心，但也經常會低估完成目標所需的時間。軟體專案的計畫主持人瞭解這些工程師會過度自信，所以都學會在原先預定的時程上，再預留三〇％的緩衝時間。如果是作業系統（operating system）這種更複雜的專案，可能得加到五〇％（以過去微軟的作業系統一再推遲的狀況來看，這個緩衝空間本身都還需要更多一點的緩衝空間）。⑩

3.

這類針對過度自信而採取的矯正措施，在本質上是自我意識的檢視（ego-checking）與戳破假象的效應（balloon-bursting effect）。之所以要做「行前預想」，就是要逼問自己：「我們把這麼重要的計畫給搞砸了，到底是什麼原因？」之所以要在原來的時程表加上寬鬆的空間，則是因爲我們知道不能相信自己過度樂觀的判斷。這種自我意識的檢視對我們是有好處的，這會讓情勢對我們有利。

雖是這麼說，但直覺常會帶我們往相反的方向走。以企業進用新員工的做法來說，整個過程其實全都是自我與正向事實的膨脹。應徵人員提出的資料，全是她耀眼才華的亮麗描繪；用人企業提出來的，則是這個職位多麼讓人愉快優雅。這就像是男女約會一樣，柴、米、油、鹽、洗衣服、做家事之類的事，是稍晚才會出現的。這種假性的光明面，會讓雙方都無法得知他們所做選擇的眞實面：「我可以忍受這樣的工作嗎？」「我們可以忍受這樣的員工嗎？」

人與事的錯誤配置，成本是很高的。客服中心的服務員或餐廳的服務生這類基層人力，每年流動率超過一三〇%是稀鬆平常的事。意思是，在一個一百席的客服中心，人力資源部門每年都得找到一百三十個人，才能把工作位置塡滿。這種持續性的流動，會造成公司極大的資源浪費。不斷地招募、訓練員工，卻在幾個星期內就離職。更不用說，這些員工發現自己沒辦法在這個環境待下去時所感受到的愁苦。

爲了解決這樣的問題，有些企業開始實驗新的員工招募方法，稱爲假象戳破法（balloon-bursting approach）。二〇一一年，有個網站出現，有興趣的人可以上網應徵客服專員。網站上揭露了一大堆提醒事項，甚至是一些警告：「你每天都要跟挫折感很深且需索無度的客戶互動，在這樣的壓力下，還必須提供優質和友善的客戶服務。」

「公司是根據你接聽電話服務客戶的時間支付薪水。」在看完這段與薪酬有關的敘述後，應徵者必須要聽一段從實際客服案例中剪下來的錄音，稱爲「最具挑戰的對話樣板」：

客服中心服務人員：您好，我是喬西。可以先請教您的姓名嗎？

客戶：嗯，我叫〇〇〇。

喬西：謝謝。請問能為您提供什麼服務？

客戶：是這樣的，之前也發生過同樣的情況。我要抱怨的是帳單，帳單上多收了資料傳輸費。你可以先把帳單調出來看看嗎？

喬西：好的，沒問題。

客戶：你可以看到費用明細裡有一筆是「資料傳輸費：一．一美元」。你們已經跟我收了好幾次這筆費用了，我每次都要打電話跟你們反應。我沒有使用資料服務。事實上，我已經把手機上的這項服務整個關掉了。我覺得你們根本就是在訛詐我的錢……因為不會有人為了一．一美元打客訴電話……因為只是很少的一．一美元。你們把這樣的費用偷偷塞進帳單裡，讓每個人都付錢。這根本就是犯法的！太不合理了！〔愈來愈生氣的聲音〕我要你馬上把這一．一美元從我的帳單上拿

> 掉，而且我永遠都不要在帳單上看到這樣的費用！

在聽完這段錄音後，會進一步問應徵者：「你確定每天都可以容忍這些粗魯的、受到挫折的、搞不清楚狀況的客戶，並且還要協助他們解決問題嗎？」

網站的下一頁出現的是給應徵者的警告：資訊系統很難使用、嚴格準時上工的規則、跟其他班次的同事共用桌子（這表示沒辦法放個人照片，或其他讓辦公空間有點人味的東西）等，讓人覺得很不舒服的各種事項；還有，必須要有大眾運輸工具以外的通勤方案，因爲他們經常要工作到公車收班後。

相對於任何正常的用人程序，這根本就是讓人不要來應徵。這就像某人第一次跟女生約會就對她說：「我得先把話說在前頭。我已經破產，現在正陷入嚴重低潮。我的腹部圓滾滾，將來會得糖尿病。而且我的情緒起伏跟小嬰兒一樣，直接跟我的消化狀況有關。好了，要不要一起去吃頓晚餐？」

這個客服中心「醜話說在前頭」（warts and all）的用人程序，稱爲「眞實工作預覽」（realistic job preview）。前述案例，是一家叫依歐富（Evolv）的公司建構出來的程序。執行長邁思・辛姆可夫（Max Simkoff）說，很多負責人員招募的專業人士並不瞭解設定期望（setting expectation）能帶來的力量。辛姆可夫說：「一般客服中心的座位每年要換三到四次人員，有人離職的時候，客服中心人員第一時間的反應是：『我們找錯人了，我們得重新檢視一下公司的職能模式（competency model）是否該調整？』我們會說，『不是這樣的，你們只是沒有跟雇用進來的人好好說清楚，他們眞正會面對的工作狀況是什麼！』」

有個規模不小的研究結果證明，「眞實工作預覽」的做法可以有效降低流動率。辛姆可夫分享了依歐富客服中心的案例。這個單位每年招募新人的數量大約為五千四百人。在導入「眞實工作預覽」的做法後，一年內新招募的人員數降低了一〇％，即五百七十二人，總共累計省下的費用高達一百六十萬美元。⑪

這個做法也在很多專業領域裡試過，包括雜貨包裝人員、海關驗貨人員、護理人員、陸軍、海軍新兵、壽險業務員、銀行臨櫃櫃員、旅館前檯服務人員等。菲立普斯（Jean Phillips）在做過四十種不同的「眞實工作預覽」分析後發現，跟客服中心的經驗一樣，實務上這種做法是可以降低流動率的。不過，之所以能夠降低的原因，可能跟你想像的不太一樣。⑫

你或許會以為「眞實工作預覽」的做法之所以有效，是因為嚇退了一批無法應付這類工作的求職人員。某種程度來說，這也是事實，不過只是很小的一部分。事實上，在菲立普斯的某幾個研究中發現，曾接觸「眞實工作預覽」的應徵人員，比較不容易在過程中半途而廢；未完整接觸眞實狀況的應徵者，則比較容易放棄。

「眞實工作預覽」之所以能降低流動率，主要是來自菲立普斯所稱的「預防針效應」。讓他們在工作前先接觸「小劑量的組織現實」，當他們遇到狀況時，就不至於震驚和沮喪。所以，在客服中心，如果有位剛上班的客服人員接到忿怒的客戶來電，她就不會做出不當的回應。因為這已經是她預期會發生的事了。

這也可以解釋另一件令人迷惑的事：即使是在員工進門後，再給他們進行一次「眞實工作預覽」，也可以降低流動率。也就是說，這樣的預告不只能讓不適合的人在進用過程中選擇離開，還可以讓現有員工在工作上遭遇無可避免的困難時，能適應得更好。也就是說，「眞實工作預覽」的做法不但可以減少流動率，還可以提高工作的滿意度。*

作爲管理工作者，你可以在自己的組織裡，針對所有新進人員做一次「眞實工作預覽」，爲他們打預防針。你也可以用在自己身上，爲自己要做的決策做點準備。比方說，三個月後你要在市場上推出一項新產品，你是否覺得應該找個曾經歷類似產品上市的人，先來一次「眞實工作預覽」？或者，在另一個領域，如果大學新生都可以先有一次「眞實工作預覽」，讓高年級同學現身說法，說說他們在學校最辛苦的事，學生中輟的數據會不會有所不同？

***

「眞實工作預覽」可以啓動我們的因應機制，還能讓我們思考該如何反應和行動。換句話說，我們不是只預想會發生何種困難的情境，還可以進一步思考，當眞正遇到時該如何回應。

還有一種類似的方法稱爲「心智模擬」（mental simulation），是認知行爲療法（CBT）的心理諮商人員經常使用的工具。認知行爲療法強調的是心智預先演練的價值，目的是處理困難的人際

*作者註：附帶說明，這也是爲什麼要把「眞實工作預覽」放在WRAP程序的「準備迎接錯誤」這部分。因爲這方法的主要目的，並不是要協助人們做選擇。如前面提到的，菲立普斯發現，當受試者看過「眞實工作預覽」後，很少改變他們的決定，也不會退出。也就是說，他們已經決定了：我要這份工作。「眞實工作預覽」打預防針的效應，讓人們成功的機會增加，他們會待在這個地方，而且快樂的工作。

問題。

馬修・馬凱、瑪莎・戴維斯和派翠克・芳寧三位心理諮商師，出版了一本名爲《思想和感受》（*Thoughts and Feelings: Taking Control of Your Moods and Your Life*）的書，裡面提到了珊卓拉的案例。她希望主管能夠調整她的薪水，但卻因此而神經緊繃。她寫了個劇本，內容包括她打算怎麼做，也考慮到如果情況發生錯誤的轉變時，她要如何因應。

這份心智腳本的一開始，她想像自己去見了主管，跟他要十五分鐘的時間，討論調薪的問題。主管有點推託。但她告訴自己，要「堅持」去做。最後終於敲定了跟他見面的時間。

之後，到了見面的時間，她想像自己走進主管辦公室，坐進藍色椅子的畫面。通常訪客都坐在這把椅子上。她繼續想著，怎麼把話題從客套的寒暄，拉到她想調薪一〇%的正題上。然後開始解釋，她年年考績都很好，但是已經好長一段時間都沒有調薪了。

我們把她想像中的腳本用她自己的話寫出來：

- 他面露不悅，並且說，目前部門狀況不理想，大家都得學著縮衣節食。
- 我想著：「這是我應該得到的，不要放棄。」
- 我指出，與其找新員工訓練她接手我的工作，給我調薪是比較符合成本效益的方式。
- 他依舊不以為然。
- 我深呼吸一口氣，並且提醒自己，態度堅定、語氣和緩，再次說明這是我應得的。
- 我說，如果沒有得到應有的調薪，我會開始去找別的工作。

- 他同意調五%。
- 我還是堅持我的要求，並提醒自己以及主管，我能力很強而且經驗豐富。
- 他發現我不會改變主意後，最後終於同意了。
- 我謝謝他，並且確認調薪什麼時候生效，然後得意地走出他的辦公室。

有沒有注意到，珊卓拉的腳本裡預想了她和主管的對話可能出狀況的地方。她想像主管會對她的要求面露不悅。當他訴諸社會壓力，「大家都得學著縮衣節食」的時候，她會繼續進逼，提出自己的論點，跟主管說：「與其找新員工訓練她接手我的工作，給我調薪是比較符合成本效益的方式。」

她在自己的想像裡演練了這樣的場景四次後，請她老公扮演「難纏的主管」一角。做完這些功課之後，她就準備上陣了。

當她在員工休息室遇到主管的時候，就跟他約了見面的時間，他馬上就同意了。她說出了自己的要求，跟事先預想的狀況一樣，主管是很硬的談判對手。

不過，她帶著八%的調薪離開了主管的辦公室。

從事情的本質來看，她正是爲自己做了一次「眞實工作預覽」——跟主管要求加薪會是什麼樣的狀況。她的決策已定，她知道需要跟主管討論調薪的事。但是要怎麼做才能增加自己的勝算呢？她發現，透過對於未來的想像，包括可能的不愉快場景，讓她能有所準備。這種策略是值得我們學習的。

用過度的自信面對未來，會毀掉我們的決策。我們會因此而提不起興趣為可能發生的問題預做準備，也會讓我們面對愉悅的驚喜時，手足無措。

＊＊＊

要克服過度的自信，意味著我們必須把未來看成一段區間，而不是一個定點。潘思塔克在研判紅盒子這個生意的時候，並沒有試著預測它的目標價格，而是拉出了可能的區間。他這種低智商投資策略，幫他做了一個勇敢的投資選擇。

拉出未來的區間，意思就是要轉動我們的聚光燈，從而擘畫出所有的可能性。無論情勢的演變是壞（運用「行前預想」的概念）是好（運用「事先慶功」的概念），我們都有勝券在握的打算。十萬家園計畫運用「行前預想」的概念，解決了關鍵的法律問題；明尼通卡為了軟肥皂產品，鎖住了全世界塑膠瓶的供應，為產品的成功打下基礎。

即使我們沒有辦法把最壞的結果降低到最小，我們還是得幫自己一個忙，做一次「眞實工作預覽」，就像打預防針一樣。即使是在困難的工作進行的過程中，這麼做都有助於減少沮喪，甚至提高滿足感。因為，當我們的心智已經為可能發生的挫敗做好準備的時候，是比較容易妥善因應的。

讓情勢對我們有利，當然就會增加成功的機會。然而，即使是最周延的想法和規畫，事情有時候就是不如想像中那樣演變。我們都見過，有人做了不好的決策，卻還繼續加碼投入，把白花花的錢投進壞決定裡。要如何才能知道，是該重新檢視之前所做的決定了呢？要如何學會從我們所做的決策裡撤離呢？反過來說，在什麼樣的情況下，我們可以加碼投入？

我們需要的是一種工具，在打瞌睡的時候適時地叫醒我們，確保不會錯過停損的時機，或從機會中得到最大的好處。

簡單地說，我們需要的是設下必要的絆腳索（tripwire）。

重點摘要

1未來並不是一個「定點」，不該只預測單一的情境。未來是一個區間範圍。我們要能拉出未來的區間，從最糟的到最好的結果，都要能設想到。

- **潘思塔克用區間價格分析法發現銅板之星的上漲空間比下跌空間要大很多，決定賭上一把。**
- **當我們拉出未來的區間時，我們的預測會更正確些。**

2爲下限做準備的時候，需要做一次「行前預想」的功課。「一年後，我們的決策徹底失敗了，爲什麼？」

- **十萬家園計畫運用了「行前預想」的方法，避開了法律風險。**

3爲上限做準備的時候，需要來一次「事前慶功」。「一年後，我們成了英雄，我們眞的準備好迎接成功了嗎？」

- **液體肥皂的廠商為了在全國各地推出產品，鎖死了塑膠瓶供應商十八到二十四個月内的全部產能。**

4爲了無法預見的事，可以用「安全係數」的方式思考。

- **電梯鋼纜的承載能力是實際需要的十一倍；軟體開發的時間表都把「緩衝因素」包含在內。**

5 預期問題的發生，有助於妥善處理問題。

- **「真實工作預覽」：事先揭露工作上的負面情境，像是打預防針一樣，可以降低人們的挫折感。**
- **珊卓拉演練如何跟主管要求調薪，模擬在遭遇各種狀況的時候，該怎麼說、怎麼做。**

6 拉出未來的區間，預期可能的逆境與順境，並做好必要的準備，才能讓情勢有利於我們所做的決定。

11 設置絆腳索

1.

網路鞋店薩波斯（Zappos）是以超出期望的客戶服務享有盛名，各式各樣稀奇古怪卻讓人愉悅的客服故事傳誦不已。一個故事是這樣的。有位客戶到拉斯維加斯旅行，這地方是薩波斯總部所在地。到了目的地，她才發現忘了帶自己最喜歡的那雙鞋。於是她打電話到薩波斯，看能不能再買一雙同款鞋子。客服人員發現剛好沒有現貨了。然而，這卻沒有難倒這位客服人員，他跳進車子，開到競爭對手的店裡買下同款鞋子，送進客戶住的旅館。

還有另一個故事。有個客戶要退錢還貨，錢是退了，客戶卻一直沒把鞋子寄回。有位客服人員打電話問她什麼時候可以把鞋子送回來。客戶說她非常抱歉，因爲媽媽過世，自己忙著處理一些事情，並且說會盡快把鞋子用優比速（UPS）送回去。幾分鐘後，這位客戶收到一封電子郵件，告訴她已安排好優比速到她家拿鞋子，她不需要自己跑一趟。第二天，花店還送來一大籃白色百合和玫瑰。①

薩波斯的企業文化色彩鮮明而且有趣。對有些人來說就像天堂一般，也有人覺得有點超過了。因此，在雇用新進人員時，公司會特別注意來的人是不是眞的「適合」。就拿瓊・烏思柯（Jon Wolske）先生的經驗爲例，他在二〇〇七年應徵客服人員的工作，並接受面談。他三十歲，過去幾年在拉斯維加斯的現場表演節目裡擔任現場製作之類的工作。單調乏味的表演節目工作讓他筋疲力盡，他覺得該換環境了。

之前他也曾在客服中心工作，他其實並不是那麼想回到上班族的日子，不過他想：「我已經三十歲了。之前的工作，必須全天候待命，我沒有保險，如果跌斷了腿，麻煩可就大了！」他聽人說薩波斯有工作機會，就來應徵了。當他接到電話，請他到公司見面談談的時候，他抓了條領帶掛在脖子上，就出發前往位於拉斯維加斯市郊的總公司辦公室。

接待人員領著他走進像是海灘邊小木屋的公司會議室。他坐進了一張沙灘椅，抬頭看看漆著天空藍的天花板。跟他面談的人穿著牛仔褲，問他很詭異的問題：你覺得你這輩子幸運嗎？以十分量表來看，你有多古怪？（他給自己打了七到八的分數。）

後來，面談人員希望他可以參加下一梯次的客戶服務訓練，這時他終於開口問，可不可以把領帶拿下來？這是再清楚不過的正確行動了。參加爲期四週訓練課程的人來自不同部門，甚至有剛來報到的資訊部門主管（薩波斯的每一位員工，不管擔任什麼樣的工作，都必須先接受客服訓練才能開始工作）。

訓練第一天快到尾聲的時候，教室裡的每個人都跟經驗豐富的客服人員坐在一起，聽他們分享在工作中是怎麼處理客戶的電話。烏思柯發現自己對鞋子這種東西該學習的還有很多。「在這之前，我的鞋子智商眞的非常糟糕。」他說。「這麼久以來，我不知道鞋子還有寬度的區別。我自己就是一雙二十六號的寬腳，之前眞的毫無概念。」

訓練進入第二個星期的時候，發生了一件意想不到的事。主講的講師離開了教室，另一位人士走進來，跟他們這麼說：「各位已經知道我們是什麼樣的公司，要給客戶的是什麼樣的服務……如果公司錄用了你，就表示我們相信你適合在這樣的文化裡工作，但如果你不喜歡，那這就不會是你成長的好地方。我們不希望你只是因爲需要一份工作而不得不待在這裡，動彈不得。所以，今天我們有個提議。」

參加受訓的新進人員都好奇地聽下去。「任何時候只要覺得這不是你適合繼續待下去的地方，也就是說，你在這裡沒辦法出人頭地、無法成長，你就站出來說『我想接受這個提議』，我們會給你一千美元請你離開。」

沒錯，就是這樣！新員工如果選擇離開，薩波斯會給他一千美元（事實上，在二〇一一年底，這個金額已經提高到四千美元）。烏思柯回家告訴老婆說：「這眞的令人難以置信……」這樣的做法會讓人仔細想想，他是不是眞能全心全意投入這家公司工作，是不是眞的要把自己的時間花在薩波斯所期望的、幾近瘋狂的客服工作上。每天在如此嘈雜、混亂的工作環境中，受得了嗎？自己的古怪程度是否足以欣賞這樣的企業文化？而且，他是否有十足的把握可以拒絕現金一千美元的提議？「一旦我拒絕了這樣的提議，」他想，「就表示我認同這家公司的文化了。」

他拒絕了，並從此在薩波斯工作。

事實上，只有二％的受訓人員選擇拿錢走路。這些人之中，絕大多數也是講師覺得不適合留下的那些人。

這種做法的目的，是讓所有人都快樂些——員工快樂地離開，因為拿到一張支票；薩波斯的主管也開心，因為員工一旦進用後才發現不適應，後續的管理成本更昂貴。拒絕這種提議的員工也會很高興：「我寧可留下來工作，也不願意拿錢走路。」這樣的表態，在某方面來說，也讓這些人覺得挺不錯的。

在新進員工訓練制度中，刻意插入這種讓員工有所選擇的做法，為什麼能有效地區分出適任與不適任的員工呢？

＊＊＊

貝利．柯斯克納（Barry Kirschner）是辛辛那提表演網路（Showtime Networks）公司的業務主管。他說，YouTube 有幾段影片讓他這輩子有了少數幾次「原來是這麼回事」（aha moments）的感受。有一段五十六秒的影片告訴你怎麼剝香蕉皮，讓他受到極大的啓發。「從小到大，」他說：「我都是從香蕉柄這頭剝香蕉皮。當你用力把手指掐進香蕉皮的時候，會把香蕉搞得黏糊糊的。」他從 YouTube 這段三百三十萬人次的影片中才發現，從香蕉的尾部剝香蕉皮要簡單多了，絕不會把香蕉給弄糊了（從香蕉柄這頭不容易剝的時候，我們甚至會用嘴巴去咬，順便嘗嘗香蕉皮苦澀的味道。從尾部剝，就再也不需要這麼做了）。②

當我們的行動是處於自動駕駛狀態時，對自己的行為是不會有所覺察的。你最近一次仔細想過自己是怎麼剝香蕉皮或是怎麼洗澡的是什麼時候？當我們可以用自動駕駛的狀態洗澡時，腦袋就能多點時間想些別的事。我們能選擇性地避開自己部分經驗的能力，可以讓我們得到不少好處（像是在 YouTube 上教人怎麼剝水果皮的技巧，來賺點廣告費度日之類的事）。

當然，這也會有問題。這類自動駕駛狀態下的行為方式，有時是有必要仔細檢視的。我們大多數人從小就一直把香蕉給弄糊了，當然，這不是什麼了不起的悲慘事件。但若一些比較重要的事——像是處理我們的電子郵件信箱，或回應客戶的要求，或者跟家人晚上餐敘時維持良好的對話氣氛——能有更好的做法呢？

要中斷這種自動駕駛狀態是非常困難的，這也正是自動駕駛這東西最麻煩的地方。我們根本不會覺察自己正在做些什麼。在生活中我們隨波逐流，飄浮在過往選擇的覺知中，根本就忘了，我們其實有能力可以改變方向。

有位住在阿拉巴馬州的女士，一直夢想著去義大利看看。有一年，當她有機會去的時候，又因為工作而推遲。時光飛逝，她腦袋裡時時想著義大利，轉眼間就過了幾十年。到後來，她的身體健康狀況已經糟到沒有辦法旅行了。確切地說，她是在哪一天「選擇」不去義大利的呢？是每一天嗎？或她從來就沒有做過這樣的選擇呢？她肯定從來就不會想到，她第一次推遲旅行的決定，卻演變成永遠去不成的遺憾。

想要解決這種問題，就得在我們決定的事情上設置幾條絆腳索，在該發出聲響時適時運作，讓我們保持清醒，強迫我們重新考慮原本的決定，或做出新的決定。就像車子裡油箱液位警示燈會亮起來的這種設計，會吸引你的注意力一樣（如果阿拉巴馬這位女士有個義大利旅遊的警示燈在她失去健康前能夠亮起來，會是多麼美好的事！）。絆腳索的目的就是要刺激我們，讓自己跳出無意識的例常行為，並讓我們知道自己該做決定了。

對大衛．李．羅斯來說，舞台後台巧克力糖碗中的褐色 M&M 巧克力，就是一條絆腳索，提醒他必須特別留意舞台搭架的事。薩波斯在新進員工的進用上也設置了絆腳索，給一千美元讓那些不太說話、卻嘮叨地懷疑自己的能耐的人——我不確定自己適不適合這項工作？——可以很快地做決定。薩波斯的講師很明確地提醒受訓員工，讓他們從自動駕駛的狀態裡清醒過來：「我們真的不希望你們只是留在這裡打混……」

然而對組織來說，要改變方向尤其困難。因為現有的種種基礎，都是過去決策所留下的結果。比方說，推出新產品的決策，就會需要有一筆預算、一批人馬和一套程序，凡此種種，都會阻礙方向的改變。

過去決策所形成的深刻足跡，就會形成組織的慣性，領導者即便知道非變不可，還是有可能舉步維艱。伊士曼柯達（Eastman Kodak）的精彩案例提供了最好的說明。過去經歷兩次關鍵的轉型時機，都獲得了逆轉性的勝利，卻在第三次一敗塗地。

＊＊＊

伊士曼柯達的創辦人喬治．伊士曼（George Eastman），原本在羅徹斯特（Rochester）的一家銀行上班。一八七〇年代晚期，他打算到陽光普照的山多多明哥（Santo Domingo）去休假。爲了在這次假期中可以拍些照片，他買了所有必要的工具——照相機、底片、化學藥劑、沖洗照片的設備。在這過程中，對於這些設備和工具龐大的體積與散亂，倍感無奈。事實上，他眞的是無奈到了極點，因此取消了度假的計畫，並決定爲自己發展出一套更好的照相方法。

當時的照相機使用玻璃基板，在上面塗覆濕式的感光化學材料，用以抓取影像。但伊士曼打算發展的是乾式的做法。他聽說這種做法在英國已有成功運用的例子。經過三年笨手笨腳的努力，終於在一八八一年拿到了乾式基板底片製作方法的專利，並成立了伊士曼乾式底片公司（Eastman Dry Plate），不久後改名爲伊士曼柯達，簡稱柯達。他如果知道這家公司居然存活了一百三十年，肯定會非常驚訝（然而，不幸的是，二〇一二年一月柯達宣布破產了，原因有一大部分源自接下來要說的故事）。

公司的壽命能持續這麼久，至少有部分的原因是它的領導人能不斷在核心技術上創新。第一次創新就在公司成立不久後。伊士曼發現，即便是乾式的玻璃基板底片，也絕對沒辦法讓業餘人士上手使用。太大、容易破，價格也太貴了。

所以，他發明了用紙做成的捲筒狀底片，之後又慢慢進步到使用賽璐珞（celluloid），直到現在。當時的專業攝影人士都嘲笑紙製底片照出來的相片品質不好，但使用紙底片的照相機馬上成了一般大衆熱切想擁有的東西，因爲方便多了。一八九八年，伊士曼推出了第一台名爲「布朗尼」（Brownie）的照相機，售價一美元，而且十五分錢就能買到一卷底片。在短短四年內，全世界八〇%到九〇%的賽璐珞底片市場，都是柯達的產品。

柯達的第二次創新，是在二十世紀初推出的彩色底片。跟第一代的紙製底片一樣，剛開始的時候，沖洗出來的彩色照片影像品質也很糟糕。但伊士曼認爲，未來一定是彩色底片的天下。於是，他在公司的研究發展上投入了龐大資源，經過多次失敗後，終於在一九二〇年代推出了高品質的底片。在這波彩色革命之後，底片的市場穩定地成長了數十年，柯達也一直保持市場龍頭的地位。

到了一九六〇年代，這個舞台上展開了第三次革命：數位影像技術。在人類首次進入太空的那幾年，美國太空總署（NASA）開始運用數位技術把照片傳回地球。之後，在一九七二年，德儀公司（Texas Instruments）提出了第一個無底片電子照相機的專利申請。不到十年，索尼推出了全世界第一台商用電子照相機 Mavica。

柯達的領導階層對這類數位發展都掌握得很清楚，在公司的實驗室也大力鼓吹數位技術的各種實驗。然而，他們似乎從來沒有眞正地說服自己，並讓自己相信未來是數位的天下。即使是事業夥伴或供應商催促柯達轉型，移動速度還是非常遲緩。這種不願意改變的心態，源自一種「科學性的驕傲」（scientific pride）——底片就是眞的比數位的好啊！這些人很難想像，爲什麼一般社會大衆會喜歡次級品，而不喜歡更優異的科技（當然，有點諷刺的是，當年柯達也曾以它的布朗尼照相機，得罪自負又傲慢的攝影人士）。

一九八一年，柯達內部有個團隊曾經評估過，十年後數位科技會對柯達產生什麼樣的威脅。當時，報告的結論是這樣的：

- 一般消費族群不會接受從電子影像列印出來的照片之品質，更不可能以此取代基於影像科學所產生的照片（即底片的科技）。
- 一般消費大眾用手拿著照片、看照片和分送照片，這樣的欲望，是不可能由電子顯示裝置取代的。
- 電子裝置（照相機以及可從電視螢幕上閱覽影像的輸入裝置）的價格不可能低到能讓一般消費大眾都負擔得起。

從這些結論，我們可以聞到些許「確認偏誤」的味道。這好像是在說：「我們不是做得好好的嗎？」持平來看，報告裡所預測的情況相當正確，在一九八〇年代的確是如此，甚至延伸到一九九〇年代。

然而，就是在這段期間，這個產業永久轉變的基礎工作已經一點一滴的開始了。一般社會大眾擁抱了手機和網路這些關鍵性的科技以後，往數位科技移動的趨勢是不可能回頭的了。二〇〇二年，數位相機的銷售量首度超越傳統相機。二〇一一年進大學的學生們，這輩子可能從來都沒有拿底片去沖洗照片的經驗了。

＊＊＊

柯達注意這一波技術的發展已經數十年了，但公司還是沒能活下來。一九九七年，柯達市值最高的時候有三百一十億美元，之後就開始下滑，從二〇〇七年起，往下掉的速度更是不斷地加快。二〇一一年中，公司的市值只剩下二十億美元。二〇一二年一月，公司宣布破產倒閉。

到底發生了什麼事？這段公司走下坡的故事相當複雜，其中包括一位高姿態接手、最後卻一敗塗地下台的執行長，以及好多次的嘗試，像是在傳統的底片事業上虛飾塗抹一點數位科技——Advantix 顯示型照相機（Advantix Preview Camera）就是其中一例。這款照相機的背面裝著最先進的數位顯示螢幕，聽起來頗吸引人，對吧？然而，這個顯示裝置只是讓你看到用底片照出來的照片會是什麼樣子，之後還是得拿底片去沖印店把照片沖洗出來。這有點像是賣你一支可以裝進口袋的小電話，但是得回家掛在牆上才能打電話。

在這段為時不短的期間，柯達這隻鵝被慢火熬煮著，公司的高階主管一次又一次地錯失了扭轉方向的機會。「底片的生意已經不行了」的警報到處響得不停，然而，卻看不到有足夠的堅持去抵制柯達主管們耳邊縈繞的誘人聲音：底片的生意還是很賺錢……我們先走著瞧，看會發生什麼事吧。

我們每個人的耳邊都有同樣的聲音，只是內容不太一樣而已。「我的男友遲遲沒有用我期望的方式對我，不過或許他會改變……我就再等等看吧。」或是，「我知道公司的營業額不如預期，不過，在重新檢討我們的策略以前，還是再等一等，看會發生什麼事吧。」

柯達的主管們就是陷入了自動駕駛模式，在過往決策的動能下，慣性地往前滑行。他們需要的是一條絆腳索，可以把他們拉回當下，並強迫他們做出新的決定。

柯達的高階主管可以用什麼樣形式的絆腳索呢？答案其實就在一九八一年的報告裡。把前景一片大好的預測，轉換成能及早提出預警的系統，其實是很簡單的。比方說：

一般的消費族群不會接受從電子影像列印出來的照片品質，更不可能以之取代基於影像科學所產生的照片（也就是底片的科技）。

↓

在超過一〇%的消費大眾對數位影像表示滿意的時候

我們會開始有所行動

一般消費大眾用手拿著照片、看照片和分送照片的欲望，是不可能由電子顯示裝置所取代的。

↓

當某些電子觀景系統已經被超過五%的消費大眾所接受的時候

我們會開始有所行動

電子裝置（照相機以及可以從電視螢幕上閱覽影像的輸入裝置）的價格，不可能低到讓一般消費大眾都負擔得起。

↓

我們會開始有所行動

變化是漸進的，有時甚至是無法覺察的，不容易知道什麼時候該跳起來，而絆腳索會告訴你什麼時候該跳起來了！但即使設置了絆腳索，也不保證柯達的領導人一定能做出正確的決定。有時再清楚不過的警報，我們也會刻意忽略（就像我們會忽略辦公室裡的火災警報，認爲是誤報居多）。但絆腳索至少能讓我們意識到，是該做決定的時候了，免得我們處在自動駕駛狀態，而錯失了選擇的時機。③

2.

或許你也有認識的人長時間卡在自動駕駛模式而不自知。自動駕駛模式有時會導致人們忽略了掌握身邊的機會。或許你有個朋友，從幾年前就說要寫本小說，但都沒看見他有什麼進展。有時候，自動駕駛模式讓人在註定不會有結果的事情上堅持著，像是已經讓雙方都很痛苦的婚姻關係；或有著天眞的夢想，想當風景畫家來維持生計的親朋好友；或死不承認自己鍾愛的計畫已徹底失敗的企業主管。對事情的堅持是一種美德，可是在某些時候，卻會成為否認現實的偏執。當你發現身邊的人處在這種狀態時，要怎麼做才能把他們敲醒？

方法之一就是設定期限，這是絆腳索最為人所知的形式。有些期限是再自然不過的，像是日報的截稿時間，不管故事寫好了沒有，報紙在某個時間是一定得出的。然而，人生中，我們面對的絕大多數期限，其實都是自己所做的單純決定。這些人為的絆腳索，為的就是強迫我們有所行動，或做個決定。

有些期限則是由法律的力量支撐。比方說，每年四月十五日是美國國稅局的繳稅申報截止日，相信大家對這個期限所具備的效力，是不會有任何懷疑的。雖然，知道自己設下的期限，是讓我們採取行動，去做對我們有好處的事，然而我們對於這個期限的效力，卻如同外人般陌生。

心理學家阿默思．特佛斯基（Amos Tversky）和艾爾達．夏佛（Eldar Shafir）做了一項實驗，以五美元的代價請大學生塡答一份問卷。如果給同學五天的期限，有六六%的同學會完成問卷，並拿走應得的報酬。如果沒有訂下期限，只有二五%的同學會拿到報酬。④

在報償相對顯著的事情上，也發現同樣的現象。英國經濟與社會研究院（Economic and Social Research Council）的任務之一，是補助大學的研究人員從事全球經濟、安全與教育等相關研究。有段時間，他們決定把研究建議書提交的時間限制取消，改採隨到隨辦的做法。這些做研究的教授們應該會鬆一口氣吧。之前，研究計畫建議書只有幾個固定的收件時間，通常都剛好安排在教書工作的空檔，現在彈性更大，只要是有空的時間都可以。

結果是，研究建議書提交的數量很快地降低了一五到二〇%。⑤

這看起來不像是合乎理性的行爲。如果同學們喜歡塡答一份問卷可以拿到五美元，或研究學者需要補助款，照理說，他們不需要期限也能堅持完成。然而，類似這樣不理性的行爲，似乎在每個人的身上都看得到。期限可以讓我們的聚光燈專注在必須做選擇的事情上。它拎著我們的衣領跟我們說，如果要做這件事，現在就去做。

有了這樣的瞭解，讓我們來看看傳統上每年一次的員工績效考核這事。每年只給員工一次績效考核意見，這種想法其實是頗令人玩味的（意思就像是要父母每天都得把意見呑進肚子裡，累積到十二月的某一天，才要小孩坐下來，再慢慢跟他說）。

當然，一年只做一次並不是那麼合適，但總比一次都不做要好得多。如果沒有設定期限，事情通常就會變成那樣。所以，每年一次的員工績效考核，就是一種非有不可的絆腳索，確保某些關鍵要事，一年至少會發生一次。

如果你有親朋好友或同事處於自動駕駛狀態，卻走在錯誤的路上；或你覺得他們對自己的成功過度自信，務必想辦法跟他們一起設置好絆腳索，並想辦法讓他們預想的是眞的靠得住的事。

「六個月之前，你不是說會拿到那個錄影的合約嗎？」

這種性質的對話並不容易，提醒別人沒做到的事很討人厭，也沒辦法期望他人會因此改變方向，過度的自信是一股龐大無比的力量。樂觀的創業人士總相信明年的業績一定會一飛沖天，立志成名的歌手總認爲自己隨時會被星探挖掘。如果能重新檢視，有比較多的機會能在愚蠢的決策中止步，總強過把這些決定晾在那裡吧。

＊＊＊

除了期限和計量成果之外，另一種可行的策略是運用「切割」（partition）的方式作爲絆腳索。想像一下這樣的場景：你在一家潛艇堡餐廳吃中飯，你還買了一小包洋芋片佐餐。當吃完這包洋芋片時，你或許會想再來一點，但是你得先做個積極的決定：你得站起來，走到櫃台，再買一包。幾乎可以很確定的是，你不會這麼做。然而，如果這家餐廳的洋芋片是用碗裝著，而且隨時可添加，就像某些墨西哥餐廳隨你吃的玉米片那樣，你會怎麼辦？很容易猜得到，你一坐下來可能就會吃上兩、三小包量的洋芋片。

從事這項研究的兩位學者是帝立普·索門（Dilip Soman）和阿摩·奇瑪（Amar Cheema）。用他們的語言來說，這小包裝的洋芋片，扮演的就是「切割」的角色。它把資源（洋芋片）切割成不連續的區塊。索門和奇瑪的研究發現，切割是很有效的方法，能讓人更仔細思考自己到底用掉了多少資源。原因是，它會強迫我們做一次「要不要繼續下去」的有意識決定。

另外有個研究，受試人員在志願的情況下做「小餅乾品嘗研究」。每個人會拿到一個很容易開關的盒子，讓小餅乾可以保持新鮮。但是，其中有一半的人拿到的盒子裡有點小小的不同：每塊小餅乾都各別用包裝紙包起來。

這小小的不同，卻有很大的影響。拿到沒有包裝的小餅乾的受試者，平均花六天的時間把東西吃完。拿到各別包裝小餅乾的受試者，則花了二十四天的時間。小包裝所扮演的就是「切割」的作用，強迫人們仔細思考，到底要不要繼續下去（這讓我們聯想到，把吃角子老虎機器用布包起來，或許能幫助嗜賭上癮的退休人士）。

事實上，把吃角子老虎機器包起來並不全然只是個笑話。有個研究發現了這樣的結果。去賭場的人如果把帶去的錢包在十個信封裡，會比全放在一個信封裡少賭一點。索門的另一個研究還發現，領現金的日薪工作者如果把薪水分裝在幾個信封裡，儲蓄率會大幅提高。這種因為分割產生的效果，或許可以解釋為什麼信用卡會讓人們過度花費，因為它會讓你在沒有切割的狀況下持續花錢，就像拿著有如沙發那麼大包的洋芋片來吃。⑥

有些創投業者也運用類似的切割邏輯。他們不會在一開始就投入一筆大錢，而是分成幾回合，在未來的一段時間內分次投入。每一回合都可以啓動新的對話：我們原先的計畫是否正確？客戶對我們的產品滿不滿意？資金的切割會強力導引創業人士的行為。*

---

*作者註：「切割」的方法比較適合用在自我控制類型的事，例如存錢或吃小餅乾。如果你開始思考在辦公室裡運用這種方法，可能會有點奇怪。比方說，你希望同事們在使用彩色印表機的時候能夠節省一點，所以用「切割」的做法，強迫大家每印十張就得再按一下滑鼠，很快的，你的辦公室就會血流成河。

從前面幾個跟切割有關的例子可以看到，這是絆腳索帶來的額外好處。之前，我們強調的是，絆腳索可以讓人們從自動駕駛的狀態裡清醒過來。但「切割」的目的不同，它可以畫出一條分界線。

分界線有其必要，理由是，人們會因爲自己的選擇而提高負責任的程度。舉個很簡單的例子，有個小孩在玩砍殺殭屍的電動遊戲，她犯了錯，所以她在遊戲中的角色死掉了，她必須再花一些點數才能繼續玩下去。在那個時間點，要掉頭走開，感覺上不太容易。她或許已經投資了數美元，也花了二十多分鐘才走到那裡。一旦離開就會一切歸零，所以再花些點數繼續玩下去，不是很划算嗎？

這是個有意識的決定，不是自動駕駛模式下無意識的選擇。不過這當中還是藏了一個陷阱，如果她沒能在某個時點中斷這周而復始的循環，她終究會把所有籌碼花光，也玩不成其他遊戲了（畢竟這並不是獲得快樂的好方法）。

再想像一下，同樣是這個女孩，手上拿著三張不同的儲值卡走進電動遊樂場（或是拿著一把硬幣走進學校老式的電動遊戲房），她心裡想好只分配一張儲值卡在砍殺殭屍的遊戲，這就是一條絆腳索。它的作用，就是讓穩定升高的資源投入循環有中斷的機會。當她用完第一張儲值卡的點數時，她自己會感受到壓力，而不再繼續玩下去。這時，如果她決定用第二張卡繼續玩，她會有點痛苦，因爲她知道已經偏離原先設下的規畫了。當然，這類偏離原先設想的情況很常見。想想某些羅曼蒂克的親密關係，或企業的某些投資（我們已經投入這麼多了，難道不值得再多投入一點點嗎？）。如果你正與某人交往，而這人似乎還不太願意有所承諾，你能不能設下爲期三個月的絆腳索，看會不會有所進展？或是有個專案計畫已經拖了一陣子，你能不能設下五萬美元的預算限度，用來推它一把？⑦

設定了正確的絆腳索，可以確保我們不會把錢或時間砸在已經爛掉的地方。

＊＊＊

對於陷阱以及可能的偶發事件做這樣的考量，或許會讓人覺得，設置絆腳索這樣的做法是不是有點小心過頭了，有點像是騎單車還要戴上安全帽的決定。然而，我們認為應該從另外的角度來看。有了絆腳索，能夠劃分出一塊可以去嘗試的安全地帶，從而鼓勵我們接受一定程度的風險。

如果妳的老公想創業，為客戶做奇形怪狀的雕刻作品，妳覺得這想法過於瘋狂，不切實際，但他的熱情讓妳不忍心澆他冷水，那就可以設下絆腳索：好吧，親愛的老公，我們就試試看這個奇形怪狀雕刻的生意做不做得起來，不過，是不是能以不超過一萬美元的額度為限？或者換種方式說：這樣好了，就去試試看吧，不過如果三個月還沒有找到一個願意付費的客戶，那我們要不要想想該怎麼調整？

類似的絆腳索可以讓風險維持在一定的範圍，並且可以創造一定程度的心理滿足感。因為這麼做可以讓你們倆在自動駕駛模式裡前進，直到遇上絆腳索停下來為止。如果只花了兩個月就走到這裡，或只燒掉四千三百美元，那你會如釋重負。沒有理由為這種事擔心、吵架或煩惱。你可以從容上路，並且相信絆腳索會告訴你，什麼時候需要再注意一下這件事。同樣的狀況，如果柯達的高階主管當年設置了適當的絆腳索，就可以放輕鬆並且繼續把精力花在底片相關的生意上，直到其中一條絆腳索的條件發生，讓他們摔倒爲止。

簡單地說，絆腳索讓我們更有信心往既定方向前進，即便有一定的風險也沒關係，而且可以讓過度自信的成本降到最低。

3.

隸屬於史丹佛大學醫院系統的盧希勒派卡德兒童醫院（Lucile Packard Children's Hospital，簡稱ＬＰＣＨ）在拯救病人生命的相關作業上，使用了不同形式的絆腳索。ＬＰＣＨ是舊金山灣區的兒童病症治療中心。醫院的品質部門主管凱特．梁（Kit Leong）說：「我們醫院的普通病房照顧病人的方式，就像其他醫院的加護病房一樣。」

在一次由醫療改善協會（Institute for Healthcare Improvement，簡稱ＩＨＩ）主辦的醫療品質研討會上，凱特發現，其實兒童醫院裡的某些死亡案例是可以預先防範的。ＩＨＩ曾發起「拯救十萬生命計畫」，目的是減少病人因醫療上的錯誤和無效的醫療行爲而喪命。*根據ＩＨＩ的觀察，如果病人問題的徵兆可以早點發現、快速回應，很多病患可以避免出現緊急狀況。所以ＩＨＩ極力推動醫院成立「快速回應小組」（rapid-response team，簡稱ＲＲＴ）。典型的情境是這樣的：一旦護理人員注意到病人的重要徵兆數據有不正常的變化時，馬上召喚一群由不同專長的醫護專業

*作者註：上一章曾簡要提過這計畫。ＩＨＩ的一位專家提供十萬家園計畫必要的協助。

人員組成的快速回應小組，迅速在病人的床邊集合，分析相關狀況。

這想法很吸引凱特。就她所知，成年人通常都是以可預見的狀況慢慢衰弱下去，但小孩卻經常是突然間就過去了。卡拉・昂思特（Karla Earnest）是心血管加護病房經驗豐富的護理人員，她說：「他們會忍耐又忍耐好長一段時間，當再也忍不住的時候，就砰的一聲撞牆了！」所以，每當護士發出緊急呼叫的時候，病童的生命已經危在旦夕。因爲時間延誤，搶救回來的機會便大爲降低。

凱特瞭解，設置「快速回應小組」的目的，是鼓勵護理人員盡早在不得不緊急呼救前就採取行動。她說服了同事們一起給這想法一次驗證的機會。

在進行相關訓練課程時，講師把六種呼叫快速回應小組時機的絆腳索列在卡片上，請大家傳閱。其中五種是客觀數據，像心跳速率、血壓、血氧濃度的急速變化等。第六種卻是最重要的，所以列在卡片的第一欄——如果你很擔心某位病患，請呼叫快速回應小組。

加護病房的部分工作人員對此項規定有點疑慮，這會不會讓第一線的護理人員有太大的主導權。如果護理人員過度使用快速回應小組的資源，排擠到醫生們本身在加護病房的工作時間，那該怎麼辦？儘管有這樣的疑慮，醫院還是決定做個先導性的快速回應計畫。

在十八個月的期間內，醫院的快速回應小組大約每週會接到兩次召喚，而且最常用的理由就是列在卡片第一欄的：護理人員擔心這位病患。加護病房的護理人員卡拉・昂思特說，把護理人員主觀的擔心設置成絆腳索，賦予它正當性，是很關鍵的。她說：「當一位病房的護理人員，你不一定得口齒清晰地說：『我看到呼吸速度的變化或心跳速度的變化……』你只要會跳起來大聲求助：趕快過來看看這個小孩，他看起來狀況不太好！」

當醫生和護理人員瞭解到，這麼做的確可以比過去更早掌握問題，之後對這個計畫的信心就增加了。其實，緊急呼叫的情況本來就不太多，每一千位病人只會有兩、三次。醫院設置了快速回應小組後，發生的次數就更少了。凱特和昂思特在這個計畫正式推出後的前幾週，最常聽到的聲音就是：「為什麼我們沒能早點想到這樣的做法呢？」

二〇〇七年，《美國醫療協會期刊》（*Journal of the American Medical Association*）摘要刊登了這個計畫執行了十八個月後的成果。由於快速回應小組的設置，加護病房以外的緊急呼叫下降了七一%。病人問題的掌握和處理都提前了。十八個月內，快速回應小組總共出動了一百四十三次，估計挽回了三十三位病童的生命。

之前，擔心加護病房重要醫事人員的資源會被稀釋的疑慮，並沒有發生。事實上，快速回應小組還把資源鬆綁了。「出動快速回應小組，只要花二十分鐘就可以讓一位病童的狀況好轉，」凱特說，「之前用緊急呼叫的做法，至少要花一個小時。」

只因為設下幾條簡單的絆腳索，就能讓三十三個孩子安全地回到父母身邊。⑧

＊＊＊

前面我們提到的絆腳索都是很明確的：薩波斯公司的一千美元，填答問卷的期限，以及另一半創業的預算上限。

兒童醫院這案例的情形有一點不同。最重要的絆腳索，是在護理人員擔心某位病人的狀況時，就要馬上求助。這部分其實是有點模糊的，也是主觀的。所以，快速回應小組的成員無法預知護理人員何時會撞到這條絆腳索，也不知道會有幾次。也就是說，這類絆腳索並非很清楚的數據，像是設置了預算、期限或切割等，而是以某些人的認知來啓動。

這是一種很重要的辨識能力。在很多組織裡，領導人千方百計地希望他們的工作人員能夠具備這樣的覺察與辨識能力。他們期盼員工對環境裡的威脅和機會都能保持警覺，在看到這類跡象出現時能分辨得出來，並且如果他們有被授權的話，還能採取行動。這是快速回應小組的運作規則背後，很具威力的一種特性。任何時候護理人員只要感覺病童看起來不對勁，根據這樣的規則，就可以讓他們提高聲量大聲說話：我想我們有問題了，而且醫院裡其他同事也都可以接受。

當然，同樣的概念可以拿來對付威脅，也可以用來抓取機會。組織的領導人大都希望成員對環境的變化很敏銳，並且願意勇敢地說出來——「這裡有新鮮的事了。」「這是個大好的機會。」彼得·杜拉克（Peter Drucker）提醒企業主管，要能充分運用那些「突如其來的成功」（unexpected success）。他是這麼寫的：

> 當某個新事業真的成功時，有時候的情況是，這個新市場和當初標定的市場完全不同，產品或服務與原先設想的也有很大差異。買東西的客戶絕大部分是當初想都想不到的一群人，在產品的使用方式上，除了原本設計的之外，還多出各種奇奇怪怪的用法。如果新事業原先沒有預期到這樣的狀況發生，那務必要想辦法充分掌握這些之前看不見的、突如其來的市場，否則只會幫競爭對手創造全新的機會。

讓禿頭的人重新長出頭髮的落建（Rogaine），就是「突如其來的成功」故事中，很著名的一個。落建的發現其實純屬意外。落建最有作用的成分是敏諾西代（minoxidil），它是另一種名爲洛寧（Loniten）之藥物的主要成分，原本是給病人用來降低血壓。想不到洛寧有種副作用，會讓病人的手臂、背部和腿上開始長出新的毛髮（你可以想像得到，這可不是常見的副作用）。普強（Up-john）公司的研究人員，很快就發現了潛藏在這問題裡的機會，他們迅速調整藥品配方，成爲預防禿頭的靈丹妙藥，就是我們今天看到的落建。

威而剛（viagra）的發現也是類似的情節。這款藥物在臨床實驗時，是用來治療胸腔絞痛的病症，結果是失敗的。然而，病人卻開始出現很奇怪的副作用（想像一種很尷尬的對話：「醫生，我的胸部還在痛……可是，嗯，有個地方好像有點奇怪的反應……」）。

有位記者從這些故事裡得到的結論是：「製藥這一行，似乎靠運氣的成分比仰賴計畫的更多。」這種說法未必完全正確，落建不是靠運氣就能做起來的，這些偶然出現的機會，還要有專業素養才能看見，並且讓它變成有價值的東西（我們必須承認，從長在背上的討人厭毛髮裡看出十億美元的商機，並不是眞的那麼理所當然）。⑨

這跟快速回應小組的成功，靠的是同一種感知的絆腳索。護理人員對病患的徵象是很敏銳的，而這些藥物學專家對於相關機會的跡象，也有一定的敏感度。

你能不能爲團隊成員訂出類似的絆腳索呢？你能不能讓團隊成員具備足夠的敏感度，以便掌握彼得．杜拉克所說的「突如其來的成功」呢？小公司的老闆也可以跟員工說：「如果有人看到客戶用我們不曾想到的方式來使用公司的產品，務必提出來供大家一起討論。」高中的學科主任可以這麼說：「如果各位老師發現什麼新的作業，可以激發同學的學習動機，請務必在下次的會議中拿出來討論。」

在教導組織成員辨識威脅或機會的形式的同時，也可以從我們每個人都曾經歷過的「到處都是」效應（seeing it everywhere effect）中得到好處：當學會一個新觀念或新字彙之後，會突然發現到處都看得見它。美國有個網站名為「奇聞妙事一千件」（1000 Awesome Things），編號第五二三號裡就敘述了這樣的現象。⑩很多網友留言分享自己的類似經驗：

> 這真是件很妙的事情……「日用品雜貨店」（Haberdashery）是我最近學到的單字。真不知道世上還真有這個字？學校的教授說，杜魯門曾經是一間日用品雜貨店的老闆。然後，你知道嗎，我接著發現，我的祖母也用這個字，之後我又在一家小店的招牌上看到它……這世界真是小啊！
>
> 我記得小時候有次無意間學到了「可行的」（feasible）這個字以後，第二天在西洋棋俱樂部裡，看到一本提示我們怎麼下好棋的書上，就一而再、再而三地用這個字。我的棋藝沒怎麼進步，倒是字彙增加了不少。

把絆腳索明顯標示出來，可以更容易注意到它的存在。就如同我們學到「haberdashery」這個單字的時候，就會常常看到它出現在身邊。比方說，飛機駕駛要對一種稱為「leemer」的情況特別留意，那是指某些事情可能不太對勁，是一種模糊的感覺，即便自己也不知道爲什麼。當一發現有這樣的感覺時，馬上把它標示出來，會讓駕駛員比較不容易忘掉它的存在。在這樣認知的瞬間，會從自動駕駛狀態快速轉換成手動控制，也就是讓行爲從無意識回到有意識的狀態。

生活中常常都有這種快速轉換的需要，提醒我們現在走的軌道並非一成不變的。絆腳索可以在我們行動之前即時地提醒我們：

我是有選擇的。

重點摘要

1生活中，我們會很自然落入自動駕駛的狀態，視過去所做的決定爲理所當然。

●比方說，幾乎所有的人都是從蕉柄剝香蕉皮。從來不會有人強迫我們重新檢視這件事。

2有了絆腳索可以喚醒我們，讓我們瞭解自己是可以有選擇的。

●薩波斯用一千美元創造了一條岔路，讓新進員工可以有所選擇。

●大衛．李．羅斯用 M&M 褐色巧克力提醒自己，必須仔細檢視演唱會場地的布置。

3在變化是漸進的狀況下，絆腳索特別能發揮作用。

●數位影像讓柯達走向死亡：它的領導階層當時如果懂得運用絆腳索的概念，說不定可以啓動更大膽的因應行動。

4對於卡在自動駕駛模式的人，可以用期限或切割的方式，讓他有所調整。

●「六個月之前，你不是說會拿到錄影合約嗎？」

●切割：日薪工人把薪水放在一個或分別放在十個信封裡，後面的做法會存下比較多的錢。

5 我們會在爛決定裡投入更多資源，切割可以有效控制這種狀況。

● 比方說：「我們會再推這個搖搖欲墜的計畫一把，但是以五萬美元的預算為上限。」

6 絆腳索其實創造了安全空間，讓我們得以去冒某種程度的風險。⑴讓風險保持在一定的水準；而且⑵讓你的心得到平靜，直到絆腳索發生作用爲止。

7 威力強大的絆腳索很多是靠「感覺」啓動的，而非期限、數字或預算。

● 預想不到的問題：兒童醫院的護理人員被告知，如果開始擔心某位病患的時候，就馬上呼叫迅速回應小組。

● 彼得．杜拉克：要為突如其來的成功做好準備。

● 落建的技術研發人員有足夠的專業，可以看到背部長出毛髮所蘊藏的商機。

8 絆腳索讓人們有一個非常寶貴的理解：我們是可以有所選擇的。

12 信任程序

1.

我們日常生活上的決定，像是走哪條路上班，買哪家的三明治當午餐，通常都無需花費太大力氣。但是，有很多一定要做的困難工作，卻是必須付出代價的。對我們這些大都在組織裡工作的人來說，困難的工作很可能就是所謂的群體決策。

這本書從頭到尾所討論的，就是如何喚醒、刺激並啓發大家做出更好的決定——想辦法再多找出一個選項；找到曾解決類似問題的人，向他請教；問問「如果我們的想法是正確的，那有哪些事必須是先決要件？」；用試水溫的方式降低組織內的政治問題；根據核心的優先順序來做重大決定；做一次「行前預想」以及「提前慶功」的思考；安置好必要的絆腳索。凡此種種都可以用來改善群體決策的結果。

我們也提過決策的餘波該如何處理。大部分的決策或多或少會給組織裡意見沒被接受的族群帶來一點傷害，這些人會生氣、情感上受創，甚或是對新的方向失去信心。要怎樣才能讓決策在大家的眼裡看起來是夠公平的呢？

WRAP這種程序如果可以在組織內持續運用，會有助於組織成員對決策公平性的認知。他們會瞭解，組織的決策是怎麼做出來的，而且未來也會以同樣的方式進行，這會讓成員更放心。除了WRAP之外，再提出幾個想法，讓你在遇上群體決策時可以參考運用。

想讓決策公平最直接、也最困難的方式，就是讓所有該參加的人都參與，並想辦法讓所有人都同意。記得前面提到的保羅．納特吧，他專門蒐集組織的決策案例，並發現絕大多數的組織決策都只有單一選項。在他後來所進行的研究裡，分析了奇異、美國太空總署以及通用汽車等組織的三百七十六項決策，最後到底是怎麼拍板定案的。納特發現，只有七分之一的決策會出現「討價還價」（bargaining）的情況。①這在本質上是一種妥協的藝術，在衆人對某個議題意見不一的時候，彼此討價還價，直到絕大多數人都可以接受的狀況出現。雖然討價還價的情況很罕見，然而，只要有這樣的情形，決策成功的機會就會提高；納特甚至認爲會「大幅提高」。

現在，如果你有以下這兩種疑慮的話，是可以諒解的。第一種反應是：妥協是脆弱的表現，也很俗氣。跟妥協有關的一個老笑話是：「委員會做出來的那匹馬，就叫作駱駝。」iPhone肯定不是委員會決策下的產品。如果你在蘋果這樣的組織裡工作，團隊價值觀、公司成長的軌道都已經從不同的意見裡凝聚出來的時候，那某種形式的妥協可能確實是不需要的，甚至對生產力會有負面影響。不管怎麼說，蘋果算是個例外，它有自己的原則。不過，如果你想像通用汽車的執行長因爲自己對車子設計的品味，而期望工會能大幅度讓步，那得祝他好運了。當決策牽涉到很有影響力的群體時，妥協是無法避免的。

這也並不是說，妥協是一種必要之惡。正好相反。妥協本身就是有價值之事，因爲妥協就顯示你納入了原本分歧的意見，而這也正是限縮風險的一種方法。理由是這樣的：討價還價的人帶著不同的選項來到你面前，這就讓決策者從偏狹的框架中跳脫出來（的確，會來討價還價的人一般來說，都至少會考慮決策裡兩種完整的可能選項。相對來說，沒有討價還價的決策就只有一個選項）。再者，討價還價的人通常是扮演魔鬼代言人的角色，提的問題都是決策者不常自問的駁斥性問題。

有位學區的督學爲她的管區規畫了一個遠大的新計畫，並無視反對意見，打算強力推動。她實則是冒著很大的風險。如果她對學區面臨之問題的看法以及解決方法都錯得離譜時，會發生什麼樣的狀況？另一方面，如果她可以跟同事以及老師協商相關的意見和做法，她的計畫或許會攙進一些水；然而，所謂的攙水，實質上很可能只是拿掉沒機會往下執行的東西而已。

對討價還價可能有的第二種疑慮是：好吧，把更多人找來一起做決策是很棒的想法，而且可以談到每個人都意見一致的地步。不過，幫幫忙好嗎，我們哪有那麼多時間啊。企業經營只有快速的決策才能活下去，要等到大家都有共識是快不起來的。

反對意見必須受到尊重。討價還價也確實會讓決策的速度變慢，但卻沒辦法以此來評斷決策是否有效。畢竟，決策只是達成目的的手段。比方說，你的團隊正在尋求一種軟體系統，好處理客服部門的電話。然而這決策的本身並不是目的，終極目的是讓客戶高興。換句話說，你不只要選對系統，還得讓同事熱情地使用這個系統，從而讓客戶覺得愉悅。也就是說，系統的成功必須經過兩個階段：階段一是決策，階段二是執行。

討價還價可能會造成初期的延遲，但也因此有機會產生關鍵性的好處，以資彌補——事前的討價還價會加速執行的速度。學區的督學如果獨斷專行，當然可以快如閃電地做出決策，但如果同事、老師都不喜歡，往下推動工作時，必然面臨遲滯的狀況。

所以，你希望把時間花在什麼樣的事情上？事前討價還價？還是事後跟扯後腿的人奮戰？討價還價能讓人願意買單。

＊＊＊

當然，這並不是說討價還價就能讓所有人都高興。有些決策必然會讓某些人的狀況更糟，但這是爲了其他人的好處或組織本身的利益，所必須付出的代價。

做決策者如果沒有考量到決策程序的公平性，他們的反應方式會讓事情產生極大的差異。下面是兩個法律求償的小案例：

案例一：卡羅斯控告承包商麥可，說他負責的廚房流理台上，花崗石的裝設工作簡直是糟透了。卡羅斯出庭作證的時候說，他得重新找包商、從頭再做一次，所以他要麥可退還他六百五十美元的工資。法官仔細聽取兩造當事人的陳述後，判決卡羅斯勝訴，並說明從幾張照片所顯示的接合狀況來看，麥可的確沒有把流理台的檯面弄好。

案例二：安娜莉莎控告她的管家珍，說珍弄死了她的熱帶魚。安娜莉莎的說法是，珍沒有按照她所留下的精確時間表餵魚。當安娜莉莎回到家裡的時候，魚都浮在魚缸的水面上了。珍的說法是，在記憶所及，她是照著那份要求很超過的餵食時間表做的。在安娜莉莎還想陳述更多事證時，法官很魯莽地打斷了她的發言，然後判決珍勝訴，同時嘴巴還嘟噥說著「本來就沒辦法讓魚活得太久」。

這兩個案件的判決有很大的不同。案例一聽起來似乎頗公平，案例二卻不盡然。專事研究這類法院判決的人員發現，判決後的餘波發展有相當一致的態樣。勝訴的一方——卡羅斯和珍，對於這樣的判決是很開心的，這部分並不讓人意外（珍的快樂可能會比卡羅斯稍微少一點，因為法官好像有點瘋瘋癲癲）。

但敗訴一方的經驗感受上，卻會產生強烈的對比。熱帶魚的主人安娜莉莎，在這場不公平的官司上輸掉了，肯定會對這樣的結果勃然大怒。她甚至連話都沒能說完！

然而，最意想不到的可能是廚房流理台案子裡輸掉的麥可，他雖然沒有比勝訴的卡羅斯快樂，但應該也差不多。事實上，麥可可能要比珍快樂些，雖然珍是勝訴的一方。②研究人員把這種公平的感受稱為「程序正義」（procedural justice）。也就是說，如果決策時運用了這樣的程序會公平些。相對的概念則是「分配正義」（distributive justice），關心的只是決策後的成果是否被公平地分配掉。有很多研究結果都確認了人們對一個決策的感受，程序正義是相當關鍵的因素。也就是說，不是只有結果重要，程序也一樣重要。

程序正義的內涵其實很簡單：讓人們的意見有機會被聽到，有機會說出他們的看法。傾聽——眞心地聆聽——他們是怎麼說的。運用嚴密的資訊做決策，也要有機會讓別人挑戰這些資訊的正確性。在任何情況下都要能一致運用這樣的原則。避免偏見與自利的行爲。跟大家解釋決策是怎麼做的，對相關的風險或顧慮也要直言無諱。

當然，應該也沒有人認眞地討論過，是否這樣才是正確的決策方法（有誰會去討論那些前後不一、蠻橫的決策呢？）。說眞的，我們有時確實會把自己的意見放在公平的程序之前，也會有選擇權宜之計、忽略程序正義的時候。

另外，當我們試著要建立程序正義，卻發現這樣的努力沒有得到他人的認同。就拿仔細傾聽這事來說，你可能已經很用心地聽同事說話，點頭表示你很專注。在腦袋裡，你是眞的在聽，你是在建構程序正義最重要的基礎。然而，從你同事的立場來看，卻未必眞的那麼清楚。他或許會覺得你好像有在聽，或正在思考要怎麼反駁他的意見。所以，需要有一種方法，讓別人能充分感受到。

羅伯．努金（Robert Mnookin）在爲牽涉龐大金額的企業訴訟案件擔任調解人時，就面臨了這樣的課題。有次，是索尼控告蘋果侵犯智慧財產權，蘋果也反控索尼。兩造當事人的敵意很深，他必須謹愼因應。其中非常關鍵的是，是否能讓雙方都覺得程序是符合正義原則的。所以，他不只是傾聽而已，他說：「我會陳述對方的立場，且優於其自我陳述。之後，他們就開始放輕鬆了，因爲他們感到有人眞的在聽他們的意見。」當你能闡明他人的觀點，且比他的自述更清楚時，便足以證明你確實有在傾聽。③

在爲決策辯護的時候也必須如此。當你做了某個有反對意見的決策時，必須讓持反對意見的人知道，你不是蒙著眼睛或天眞地做這個決定的。當這些人提出質問時，第一時間的直覺，通常是更深入、更熱情地爲自己的立場辯解。然而，令人意想不到的是，有時反向操作的效果反而會更好一點。

NetApp 的創辦人達夫・海茲（Dave Hitz）說，他發現「有時爲決策辯護最好的方法，就是指出它的缺點」。在他很有趣的自傳《如何閹割公牛》（*How to Castrate a Bull*）裡，敘述了他處理反對意見的方法：

> 比方說，你已經決定好要進行 A 計畫了。作為一個主管，你的責任之一，就是跟屬下解釋甚至辯護公司的這個決定。所以，當有人走進辦公室跟你說，計畫 A 肯定行不通，計畫 Z 會更好。你會怎麼處置？……依我過去本能的做法，在聽完計畫 Z 之後，就跟他說，我不喜歡這計畫裡的某些東西，並盡我所能地跟他說計畫 A 有多棒、多好。當然，這位同事早在決策公布時我發的電子郵件裡，就看過這些說法了，但他們不認同。一定是他們沒聽清楚我所說的東西，所以我最好再重複一次同樣的看法，是不是？我可以老實跟你說，這種做法很難產生效果。
>
> 比較好的做法是，我一開始先同意他的看法：「嗯！計畫 Z 聽起來是滿有道理的。除了你提到的那些理由之外，還有另外兩個優點。我們現在決定的計畫 A，不只有你提過的

那些缺點，還有三個其他的問題。」這種說法的效果非常神奇，看似完全違反我們的直覺。即使這麼做也無法說服他認同你的計畫，但聽你說自己的計畫有很多缺點後，會讓他們覺得舒服一點。④

海茲的邏輯是公然地對抗我們公關的本能。我們不是該大聲地爲自己的立場辯護嗎？我們如果自承有缺點，難道不會嚇壞別人嗎？

不會的，海茲的做法是正確的。當主管的人如果能自我批評，並不會讓他人焦慮，反而會讓人覺得舒服點。因爲這種情形意味的是，決策是根據現實狀況所做的。主管這種說法背後的意思是：「我們之所以下這樣的賭注，是根據很清楚的資料所做的決定，而且我們會仔細看著它往前走。」（我們眞實驗證假設，並且設好了絆腳索。）另一方面，主管如果跟不認同決策的人對立，成爲決策的發言人並迅速退回她原本的觀點，這會讓人不安。她的團隊會開始擔心，即使決策失敗了，她也不會轉向。

2.

與程序正義有關的研究結果顯示，人們對程序是非常在意的。我們大家都期望，那些影響我們的決策，在制定的程序上是公平的，是把所有正確資訊都納入考慮後所做的決定。即使決策的結果跟我們的意見不同，對程序的信心也是十分重要的。海茲承認自己的決策有很多缺點，能讓團隊對程序有信心，而不只是針對單一決策。個人的決策經常會有錯誤，但正確的程序在任何情況下都會是個好盟友。

即使是純屬個人決策的情況，程序依然可以有效發揮作用。麥特・達立葛（Matt D'Arrigo）是一個非營利組織的領導人，從他的案例可以知道程序的好處。⑤達立葛的故事，要從他的家人連續受到令人心痛的打擊開始說起。

一九九一年春天，他是大一的學生，就讀阿拉巴馬州默比爾（Mobile）的春山學院（Spring Hill College）。達立葛接到通知，他的母親被診斷出胃癌。他的父親約集家人——他與四個姊妹——一同討論相關事宜。醫生們對他母親的癌症抱著相當的希望，認爲是可以控制的。於是，達立葛回學校繼續他的課業，雖然有點擔心，但還算樂觀。

就在同一學期，姊姊凱特突然發現肩膀經常會一陣陣地疼痛。持續到了夏天，醫生幫她做了核磁共振檢查後，找到了一顆腫瘤，是淋巴瘤。那年夏末秋初，他的媽媽和姊姊一起做了化療。「我們全家人的世界都天翻地覆了。」他說。

這時候，達立葛決定不回學校了，他選擇跟家人一起待在波士頓。在這段極度艱困的時期，是藝術讓他能神智清楚地過日子。他在繪畫中找到治癒之道，平息了焦慮。在這一年快過完的時候，姊姊的病況有所好轉，但媽媽卻每下愈況。十二月初，醫生發現媽媽的癌細胞已再次擴散開來，聖誕節後的幾個星期就過世了。

達立葛心煩意亂，但還是每天持續作畫。有一天他領悟到，他從畫畫這項藝術活動得到的好處，應該對別人也會有幫助。突然間，他瞭解了：這可能是我應該要做的事，我可以透過藝術來幫助孩子。

但他不敢和其他人分享自己的領悟，他覺得有些不自在，擔心別人覺得他的想法很愚蠢。後來，他的生活終於回到正軌，回學校完成學業，陸續做了幾個不同的工作，搬了幾次家後，終於在聖地牙哥落腳。如今距他有所體悟之時，已是將近十年後；他覺得再也不能漠視這個想法了。跟父親商量後，父親提供了五千美元給他當種子基金，姊姊則買了一些如何經營非營利組織的書供他參考。

二〇〇一年，他成立了一個名爲「亞特思」（A Reason To Survive，簡稱ＡＲＴＳ）的非營利組織，宗旨是用藝術讓病童減少痛苦。他去麥當勞叔叔之家（Ronald McDonald House）擔任志工，當病童在對街的兒童醫院接受治療時，家人可以暫住在此。他第一次幫助的，是正在接受化療的三歲小男孩萊利，和他的姊姊愛麗思。就在數小時裡，讓萊利和他的家人幾乎忘了生病的事。達立葛教他們怎麼素描，怎麼用水彩作畫。他們一起爲醫院裡的其他病童畫祝福他們早日康復的卡片。有天他還放海灘男孩（Beach Boys）的音樂給他們聽，大家一邊聽音樂一邊作畫。就在音樂聲中，完成了好大一幅以海灘爲主題的壁畫。

二〇〇一年底，小男孩萊利還是走了。達立葛開了四小時的車去參加他的葬禮。萊利的家人要他說幾句話。萊利的過世，對達立葛來說是非常大的打擊，但他更清楚地知道，這就是自己應該要做的事。「我希望能爲處於生命中非常黑暗時期的孩子，帶來一點光亮。」他說。

亞特思這個組織開始運作的頭幾年，只有達立葛再加上一群擔任志工的藝術家。他們設計出一種作畫方式，讓病童在一次的畫畫時間裡就能完成作品。達立葛說：「這些小孩大都是無家可歸、受虐或在醫院接受治療的病童，你不知道下個星期還能不能見到他們。」

過了一段時間，組織壯大了。有更多的志工參與，捐款也增加了不少。服務對象也從數十位增加到數百位。到了二〇〇七年，達立葛勸募了足夠的一筆錢，讓組織第一次有了自己的亞特思中心（Arts Center），這是專為啓發孩子而設計的。「它簡潔、明亮、色彩繽紛，」達立葛說：「小孩一進門，就會感受到很大的不同。」

在亞特思中心，你會見到這樣的場景：一位從少年法庭出來的小孩，跟一位從無住屋者收容所來的小孩，再加上一位唐氏症的小孩一起畫畫。有位女孩跟達立葛說：「學校和家裡都是必須保守秘密的地方，但是在亞特思中心卻可以放心地說出來。」

二〇一一年，亞特思慶祝了十週年慶，但這又引起了達立葛內心的一陣擾動。從一、兩年前開始，他有點覺得不那麼踏實。在他的理想中，亞特思應擴展為全國性的非營利組織，但至今仍只侷限在聖地牙哥。當他跟董事會的其他成員提出這種想法的時候，他們總是勸他還是專注在目前這地方的工作上。

他開始考慮，是不是要離開亞特思這個組織？或許展開他的顧問生涯，協助其他城市裡和他有相同想法的人。但要離開一手創立、並帶頭經營了十年的組織，並不容易。他為了這事心煩了好幾個月：他應該離開，還是繼續待在這裡？

在一次（由本書作者奇普主持的）決策研討會裡，達立葛說明了他面對的困境。主持人直截了當地問他：「如果十年後，亞特思這個組織在聖地牙哥經營得非常成功，服務的孩子比現在多很多，組織也已經是當地社區不可或缺的重要支撐，但卻沒有走出這裡。你會開心嗎？」達立葛搖著他的頭說：「不，我不會開心。」

他的回答讓自己清醒了一點，他知道必須有所行動了。他再次請教同事、捐款人以及幾位董事會成員，請他們提供意見。有一次的對話特別對他產生了影響力。他遇上聖地牙哥地區負責兒童福利事務的一位女性執行長，達立葛告訴她這陣子令他煩惱的事——是留在基金會繼續拓展當地業務？還是離開基金會去追求全國性的版圖？這位女士說：「麥特，爲什麼不能同時完成兩件事呢？」她鼓勵他研擬出一個計畫，可兼顧亞特思在聖地牙哥地區的健全發展，也能讓他實現把這種做法推展到全國各地的理想。

達立葛知道她的建議是對的，同時進行這兩件事並沒有任何扞格。所以，他從此不再思考離開組織的事，而是思考如何讓亞特思的雄心壯志進一步向前推展。二〇一一年夏天，他邁出的第一步，是向董事會說明他的新方向。

達立葛詢問了所有董事會成員，要擴大目前聖地牙哥的業務這件事，以及要怎麼做才能讓大家放心。他們顧慮的事項都是可以理解的——他們擔心失去工作重點，稀釋了組織的資源。

達立葛覺得這些問題是可以解決的。他訂下爲期一年的期限，要展開這項新的工作：我會在二〇一二年六月三十日的董事會弄好這個計畫，並且讓董事會同意，亞特思的策略可以往全國各地拓展。他知道，要讓這策略性的改變成眞，聖地牙哥的團隊需要更多資金和成員。所以他增聘了一位工作夥伴，由他帶領進行更積極的募款活動。然後他開始加強聖地牙哥的夥伴，好讓自己抽離原本的職責，把注意力放在全國性的工作上。

爲了測試擴充計畫，他找上拉梅斯特拉社區健康中心（La Maestra Community Health Centers）作爲合作夥伴，它的服務對象是來自六十多個國家的新移民。達立葛知道，他們也有小孩需要亞特思提供服務（設想一下這樣的場景：有位新移民的小女孩，正在適應新文化和學習新語言，而她的長輩則正在跟病魔奮鬥）。達立葛的構想是訓練拉梅斯特拉的工作人員，讓他們懂得如何帶領小孩進行藝術治療。如果他成功了，而工作人員在沒有達立葛參與的情況下，也能發揚他的志業；那麼，這同時也是一個鐵證，證明達立葛無須大幅擴充人力，也能將亞特思擴展到全國。

在此同時，亞特思的影響力在聖地牙哥地區持續成長壯大。亞特思掌握了一次很重要的機會，接管了某低收入社區的一處設施。這棟建築物本來是一間老舊的圖書館，當地政府重新裝修後移交他們使用。當地民衆對於這地方即將轉型爲亞特思中心都異常興奮。對亞特思來說，這更是完美：使用面積是原本的三倍，租金只要四分之一。該建築物附近還有一所初中和高中，是弱勢家庭、家暴與無住所居民收容所裡的孩子上學的地方。這附近需要亞特思服務的孩子，多不勝數。

二〇一二年三月，在達立葛自訂期限的三個月前，他得到了董事會的同意，朝向新規畫前進。他終於鬆了一口氣，同時也覺得希望無窮，重新燃起熱情。「我又精力充沛了。很興奮。我覺得自己的創造力再次上升了。」

＊＊＊

在本書付印時，我們仍無從得知亞特思和達立葛的新方向是否會成功。這其實很正常，所有決策都會面臨同樣的情況。當我們做決定時，並不知道會不會成功。成功除了來自高品質的決策，還要遇上高品質的運氣。我們無從控制運氣，但可以控制決策的方式。

達立葛做了一個很好的選擇。

他避免陷入偏狹的框架。他不再這麼想：「我到底該離開這裡追求全國性的擴展，還是留在這裡繼續奮鬥？」他找到了兼籌並顧的方法。他選擇兼籌並顧，捨棄了二選一的思考方式。

他也眞實驗證了假設。從朋友、董事會成員以及其他非營利組織的領導者，尋求相關意見。其中一位給了他非常寶貴的意見，協助他突破了偏狹的框架：「麥特，你爲什麼不能兩件事一起做呢？」

他並沒有一頭栽進去推展他的想法，他試了一下水溫。他跟拉梅斯特拉合作，實驗了新的想法，可以在不冒太多風險的情況下拓展理念。

在困難的選擇中掙扎時，他讓自己跟決策保持一點距離。問問自己，十年後若他的組織沒有走出聖地牙哥，他會有什麼感覺？從這個問題的答案中，他發現自己渴望有更多擴展。核心優先事項讓他決定必須擴展工作範圍。

他跟董事會成員一起拉出了未來的區間，探討了新方向可能會因爲什麼樣的理由而失敗。他們做了分析，爲最壞的狀況做好打算：預想當達立葛向外發展時，聖地牙哥地區的資金募集狀況可能會很辛苦，亞特思因此增聘了一位聰明積極的開發專員專責募款；達立葛還擔心自己被每天打仗般的工作牽絆，於是想辦法提升工作同仁的能力。最重要的是，他設下了絆腳索：我在二〇一二年六月的董事會，會提出完整的計畫。

這就是一個好的決策過程應該有的樣子。

這不是一張試算表，在我們塡進某些數字後就會自動吐出「答案」。這也不是一長串的正反意見表列清單。它是一道護欄，導引我們進入正確的方向。

達立葛並不是一個拘泥於程序的人。在他的職場生涯裡，從來也不曾被所謂的「決策樹」（decision trees）支配。然而，從他的經驗中可以看到，熱情與程序是可以彼此密切配合，一起完成任務的。這是一個思慮周密的程序，讓他得以兌現持久不斷的熱情，讓孩子們在絕望時透過藝術得到一點安慰，一如他曾得到的撫慰。

3.

本書的目的，就是要啓發大家用更好的程序做決策。但並不是每個決策都會像達立葛那樣，有很重的情緒成分。前面提過各式各樣的決策，有些甚至有點超乎一般人的想像，像是從鯊魚皮得到靈感，運用在新款的泳衣上；或是在哥斯大黎加的叢林裡布下纜線格網；以及用M&M巧克力來檢視承包廠商是否用心裝修舞台。

我們也看到很多生活上常見、卻很重要的決策：要如何決定是否接受某項工作邀約？要如何處理一段困難的婚姻關係？要如何選讀對的大學？要如何聘用到最好的人才？要怎樣買車才划算？要怎樣才能確保自己的時間是用在最重要的事情上？

以上提到的這些不同性質決策，都可以用上這樣的程序。我們可以學著多找出一個選項。眞實驗證假設。依照核心優先事項做最困難的決策。謙卑地準備迎接可能會發生的錯誤。

這樣的程序未必需要花上太多時間。即便只有四十五分鐘就必須做出一項重要決定，也可以做很多事：做一次選項消失測試，看有沒有忽略掉某個重要選項；或打電話給曾解決類似問題的人，問問他的意見；或問問自己，如果是最好的朋友遇到同樣的事，我會給他什麼建議？（或者，如果是工作上的事，就問問自己，接手的人會怎麼處理？）找幾個朋友或同事做一次「行前預想」。

這一路走來，我們想找出方法，說服大家「程序」（process）的好處，結果卻發現這是一場艱苦的戰鬥——在英文裡，再也找不出另一個比「程序」更讓人搞不清楚的字了。就像是讓人頭昏眼花的某種運算法。

「程序」的作用其實是在啓發我們更多的信心。這不是從蒐集有偏差的訊息、並忽略所有不確定性而產生的信心過度與自負，而是眞正的自信。因爲你知道，這是你能做出的最好決定。用程序做決定，並不表示你的選擇會更容易，也不表示做出的決定就聰明絕頂。但一定會讓你的心平靜下來。你可以不用再問：「我有沒有漏掉什麼？」你當然也能因此跳出煩惱的圈圈。

同樣重要的是，信任程序能讓你有信心承擔風險。程序就好比登山好手的裝備和繩索，可以讓他們更自由地往前探索，不需要無謂的擔心。程序絕非拉扯和限制，而是讓我們更放心、更勇敢地往前走。

無畏也往往是正確之途。前面提到，在短期情緒下，我們會覺得現況是誘人的。但是當研究人員問及年長者，他們生命中最後悔的是什麼？他們不後悔曾做過的事，而是爲沒能去做的事感到後悔。他們後悔沒有及時抓住機會，後悔遲疑不決，後悔當時沒能下定決心。⑥

果斷本身就是一種選擇。果斷是一種行爲方式，並非遺傳的特質。果斷讓我們得以做出勇敢和自信的選擇，這並不是因爲我們覺得自己一定是對的；而是因爲去試了，即使失敗，也好過拖延和後悔。

我們的決定永遠都不會是完美的，但可以愈來愈好。更勇敢，更有智慧。正確的決策程序能讓我們走向正確的選擇。

在正確的時點做出正確的選擇，可以改變一切。

重點摘要

1 一群人做決策會多一種負擔：決策必須讓大家都覺得是公平的。

2「討價還價」讓不同意見的人也能接受。以這種方法做決策，會讓大家覺得公平。

● 納特：討價還價有助於決策成功，效果「十分顯著」。

● 討價還價會在事前多花一點時間，但未來的決策執行會因此加速。

3「程序正義」是人們覺得決策公平與否的關鍵。

● 法院的案子：輸了官司的人如果覺得程序是正義的，會比贏了官司、卻不覺得有程序正義的人更快樂。

4 應該要讓人感受到程序是正義的。

● 金額龐大的商務仲裁人努金：「我會陳述對方的立場，且優於其自我陳述。」

● 創業家海茲說：「指出決策本身的缺點，會是為決策辯護的最好方法。」

5 值得信任的程序，可以協助我們走過最棘手的決定。

●亞特思的創辦人達立葛找到兩者兼顧之道，不但可以繼續服務當地的孩子，也能把自己的熱情擴展到全國。

6 「程序」並不迷人，但它帶來的信心卻彌足珍貴。信任程序，讓我們能多冒一點風險，做更勇敢的抉擇。以年長者爲對象的研究顯示，他們不後悔曾做過的事，而是爲沒能去做的事感到後悔。

讀完本書之後，可以做的幾件事

在讀完本書後，若仍求知若渴，可以參考我們的網站：http://www.heathbrothers.com/。請先看看「resources」這個部分，登錄後可免費得到以下資料：

重點摘要。有一張WRAP架構圖，可以印出來貼在書桌旁，隨時參考。

決斷工作手冊（The Decisive Workbook）。此處蒐集了本書中提過，並可在日常工作與生活中付諸實行的一些想法與建議。例如：

- 當一群人陷在偏狹的框架中討論事情的時候，該如何讓他們停下來。
- 要如何才能找到曾解決類似問題的人？

- 「現狀偏誤」會打消我們希望有所改變的想法，可以用一個問句來挑戰它。
- 在生活與工作中設置絆腳索的更多想法。

十二種決策情境。面對這類兩難，如何運用WRAP架構的一些想法：

- 我該不該跟男友分手呢？
- 我討厭跟我一起工作的同事，怎麼辦？
- 我應該買哪個牌子的電視機？
- 還有其他九個！

本書的播客（podcast）。由作者錄製的簡短播客，內容稍微深入地討論以下兩個問題：

- 猶豫不決慢性症候群者該如何變得果決
- 在工作的選擇上該如何果斷地決策

讀書會的討論指引。如果你是在某個讀書會研讀本書，這裡可以找到一些用來討論的問題與主題。

進階閱讀建議書單

從這裡開始

丹尼爾・康納曼（Daniel Kahneman）在二〇一一年出版的《快思慢想》（*Thinking, Fast and Slow*）。這位諾貝爾得主在決策心理學方面做了很多蓽路藍縷的研究工作，爲我們提供非常完整的概念。本書充滿了智慧、洞察力，且讀起來頗有趣味。

艾德華・羅素（J. Edward Russo）、保羅・舒馬克（Paul J. H. Schoemaker）在二〇〇二年出版的《制勝的決策》（*Winning Decisions: Getting It Right the First Time*）。這是本很容易讀也很有用處的書。內容探討決策會遇到的各種問題，作者針對這些問題一一提出了明確的對治方法。

更進一步

丹・艾瑞利（Dan Ariely）在二〇〇八年出版的《誰說人是理性的！》（*Predictably Irrational: The Hidden Forces That Shape Our Decisions*）。這本書討論我們大家常做的許多不理性的決策，是由決策研究這個領域最有才華的研究人員所撰寫的。

理查・塞勒（Richard H. Thaler）與凱斯・桑斯坦（Cass R. Sunstein）在二〇〇八年出版的《推力》（*Nudge: Improving Decisions About Health, Wealth, and Happiness*）。這是行爲經濟學家和法學教授共同完成的一本書。人力資源部門的主管、政府官員以及負責設計系統讓人們可以有所選擇的人，都該讀這本書。

麥可・羅伯托（Michael A. Roberto）在二〇〇九年出版的《知己所不知》（*Know What You Don't Know: How Great Leaders Prevent Problems Before They Happen*）。政府部門、衛生保健部門、公共安全以及科技領域的領導者，都必須隨時準備應付無法預期之事，這本書應該對他們有所啓發。

保羅・卡羅（Paul B. Carroll）、梅振家（Chunka Mui）在二〇〇八年出版的《價值百億美元的一堂課》（*Billion Dollar Lessons: What You Can Learn from the Most Inexcusable Business Failures of the Last 25 Years*）。兩位作者分別是新聞記者和顧問，他們分析了許多企業界犯下的動輒數十億美元的慘痛錯誤，並分

享他們對於應如何避免重蹈覆轍的看法。如果你的工作是爲組織做策略性的決策，這本書或許可以讓你避開主要的陷阱。

約翰・穆林思（John Mullins）、藍迪・高米沙（Randy Komisar）在二〇〇九年出版的《展開 B 計畫》（*Getting to Plan B: Breaking Through to a Better Business Model*）。這是由矽谷的創投人士與商學院教授合力完成的書。討論如何做出關鍵的決策，讓一個想法可以發展成眞正的事業。各地的創業人士應該可以從書中的架構得到相當的助益。

安德魯・哈蘭（Andrew Hallam）在二〇一一年出版的《我用死薪水輕鬆理財賺千萬》（*Millionaire Teacher: The Nine Rules of Wealth You Should Have Learned in School*）。如果你擔心要如何爲退休存到足夠的錢，那你肯定可以從這本書得到有所助益的啓發和建議。作者將相關研究做了很好的整理，並據此提供了務實的建議。

阿隆・貝克（Aaron T. Beck）在一九八九年出版的《愛永遠不嫌多》（*Love Is Never Enough: How Couples Can Overcome Misunderstandings, Resolve Conflicts, and Solve Relationship Problems Through Cognitive Therapy*）。作者是認知行爲療法的創始人。在夫妻關係的處理上需要新鮮的點子，做出更好的選擇嗎？你或許可以從本書得到一些有用的想法。雖然這本書是爲已婚夫婦所寫，但在處理親子關係或同事關係上，也可參考運用。

個案診療室

接下來我們整理的三個案例，是現實世界裡眞實發生的。你可以藉由這幾個案例來思考如何運用WRAP的架構，做出更好的決定。希望你可以把這幾個案例當成本書的總整理。

首先，要給打算來踢館的人一個小提醒：這幾個案例最後的結果並不那麼乾淨利落，也未必皆大歡喜，這是刻意安排的。我們不能從結果來判斷一個決策好或不好，要不然在賭城賭輪盤贏錢的人，都必定是決策天才了。我們在此要強調的是程序——看看以下幾位人物是如何運用WRAP的程序，讓情勢對己有利。

診療室個案一

小蝦米該告大鯨魚嗎？

狀況描述

（註：在個案診療室中，所有跟事實相關的部分都取自《Inc.》雜誌的案例研究，作者是珍妮佛·阿瑟佛〔Jennifer Alsever〕，詳見註釋。）①

金·依瑟里奇（Kim Etheredge）和朋友溫蒂·李維（Wendi Levy）一起創辦了一家美髮用品公司蜜絲奇克（Mixed Chicks），以各色人種女性爲目標市場。經過八年的努力，營業額成長到五百萬美元。二〇一一年二月，依瑟里奇收到一封讓人心煩的電子郵件。有家經銷商回報說，年營業額三十億美元的零售業巨頭、也是最大的競爭對手莎莉美容用品公司（Sally Beauty Supply），也開始爲各色人種的女性推出類似產品。產品名呢？就叫作蜜絲席克（Mixed Silk）。依瑟里奇實在不敢相信會發生這樣的事。一個鐘頭後，另一家經銷商也打電話來說了同樣的事。

依瑟里奇和李維請同事到市場上買瓶產品回來看看。當她們看到蜜絲席克的產品時，簡直就要氣瘋了，競爭對手根本是徹頭徹尾地抄襲她們的產品，用同樣款式的瓶子，同樣的包裝盒，甚至連上面印刷的字體都一樣，並且，在市場銷售的價格只有她們的一半。

她們對蜜絲席克的品質並不怎麼看好，但很擔心消費者看到這兩種商品一起擺在貨架上時，沒辦法區分兩者間的差異。不久後，有更多經銷商回報，消費者已經開始買那些價格便宜的產品了。

有哪些選項？

兩位創辦人研究了業界人士遇上類似情況時是怎麼處理的，並且請教了律師，請律師給點建議，從法律上可以採取何種做法？她們可以請求法院對競爭對手發出不正當競爭的禁制命令，要求莎莉美容用品公司馬上停止製造以及銷售相關產品。但是會有相當的風險：如果法院判她們敗訴，她們必須賠償零售業巨頭的收入損失，這不是一筆小數目。另一方面，如果她們到法院提告並且勝訴了，那就可以把蜜絲席克永遠趕出貨架，並要求對方賠償損失。

法律方面的選項需要極高的費用，專家估計每年要花二十五萬到五十萬美元的訴訟費用，而且案子一拖就是好幾年。值得把時間花在訴訟上，並爲此而分心無法專注於業務發展嗎？

然而，萬一蜜絲席克的低價策略把蜜絲奇克給打趴了，那該怎麼辦？到時候是否會因爲沒有及時爲自己的立場奮鬥，而感到遺憾？

兩位創辦人爲這個問題煩惱：到底告還是不告？

怎樣才能做出好決策?

● **擴增更多選項**。「告還是不告」這樣的思維方式意味著她們已經陷入偏狹的框架裡了。想跳出偏狹的框架，要記得問出「機會成本」的問題：如果用同樣多的時間與資源，我們還可以做些別的什麼?比方說，與其每年花五十萬美元在法律訴訟上，可不可以用這筆錢做廣告，或多雇用幾位業務高手打拚，結果會是如何?《Inc.》雜誌引用了零售界專家詹姆士·諾柏(James T. Noble)的看法，他從這樣的思路進一步分析，建議了一個很不錯的想法：「與其興訟，兩位創辦人其實可以藉這次機會重新定位公司的產品，讓它成為市場上的高級品，並且趁著這一波由競爭對手所炒熱的市場機會，爭取更多銷量和成長……也就是說，讓莎莉美容用品進入市場這件事，成為自身事業成長的大好機會。」另一種可以操作的方式，是用這筆錢在公關層面和競爭對手較勁一番。這樣一來，就會有大衛大戰哥利亞（David vs. Goliath）的經典可以傳誦了。

● **真實驗證假設**。兩位創辦人很有智慧，她們找上曾面臨相似狀況的其他企業主，請教他們的看法。這是真實驗證假設很好的一種方式。在詳細探討法律行動的選項時，務必謹慎進行，也要小心尋求駁斥性的事證。當然，可能代表她們出庭的律師，在立場上是不可能中立的，因為每年有五十萬美元的律師費可收（我們認為，律師費的估計，應該想辦法從其他企業主過去的經驗值裡尋找，千萬不要聽律師本身的預估。萬一律師低報費用，之後發現每年的律師費要一百萬美元，豈不是一場災難）。如果要得到更正確的法律相關訊息，兩位創辦人可否「反向思考」一下?比方說，在尋求法律相關意見的時候，可以試著找可能代表對手出庭的律師事務所，花幾個小時的律師費，問問他們的意見。律師可以協助進行「大範圍觀照」：瞭解在過去的經驗裡，這類官司勝訴的機率是多少？律師也可以做「近距離檢視」：一旦打起這樣的官司，日子會過成什麼樣？（每天會是什麼樣的感覺？它會主宰你每日的生活嗎？會影響身體健康嗎？）

● **抽離自我情緒**。該發生的還是發生了。二〇一一年三月，蜜絲奇克到法院提出告訴。「我倆的感受完全相同，」李維說：「我們不能就只是坐在那裡等著。」這樣的想法讓我們有點憂心。聽起來，這樣的決定似乎並沒有抽離自我情緒，站在一定的距離外進行評估，也沒有對未來可能結果的長期觀點。要「釘住」莎莉美容用品公司的想法是全然可以理解的，如果我們站在她們的立場思考這事，也會有相同感受。但有沒有可能，她們是被自己的憤怒主宰了選擇？如果她們曾問過「接手的人會怎麼做？」這問題，會有什麼樣的結果？從他人的角度來審視自己面臨的狀況，或許可以讓我們保持一點距離。還可以用另一種方法來看待目前的狀況：問問自己，到底經營這個事業的核心優先順序是什麼？如果成立這家公司是爲了服務各色人種女性客戶的美髮需求，採取法律行動眞能比其他做法更符合這樣的目標嗎？再者，她們應付法律訴訟的時間，該從什麼地方挪出來？一定有些事情是必須停下來的。我們覺得，作爲成長中企業的負責人，即便在訴訟還沒開始的時候，也不會有太多空間。因爲這樣的選擇，有哪些事會受到影響呢？

● **準備迎接錯誤**。兩位創辦人應該做一次「行前預想」，看看提出告訴的做法有哪些最大的風險。我們覺得，最大的風險在於會因此流失大量現金。官司纏訟經年，也會削蝕創業家的熱忱，讓她們心情沉重並因此分心，無法專注在事業經營上。面對這種看起來沒完沒了的情況，必須考慮設置絆腳索。或許可以設定打官司的花費以七十五萬美元爲上限，或不讓這事拖過十八個月。她們沒辦法把所有精力花在這樣的訴訟上，可想而知，案子拖下去，情緒只會一天糟過一天，也更辛苦。

對決策程序的感想

我們認爲，這個決策最大的風險是：⑴陷入「告或不告」的偏狹框架中，而忽略了其他更好的選項。⑵因爲不理性的情緒，做了一個成本很高的決定。在本書付梓時，官司仍在進行中。

診療室個案二

應該搬到城裡去住嗎？

狀況描述

蘇菲雅是年近三十歲的單身女性，中國出生，移民美國，在頂尖大學拿了MBA學位。二〇一二年，她住在印第安那州的韋恩堡（Fort Wayne），在一家規模不小的時尚公司負責企業策略規畫的工作。她喜歡這份工作，跟同事相處也十分愉快，但她很想成家。「我很難想像自己到了三十五歲還沒有結婚，會是怎樣的景況！」她說。她在韋恩堡已經住了五年，忍受了多年索然無味的約會日，開始擔心在這地方可能找不到適合的另一半。「單身的男人好像都不住在這裡……人們通常是來這裡買房子，安家落戶的。」她說。蘇菲雅有個同事住在芝加哥，必要時就通勤到韋恩堡的辦公室上班。這位同事慫恿蘇菲雅也這麼做。芝加哥城裡有一百三十萬個男人，蘇菲雅不能再抱怨自己沒有選擇的空間（蘇菲雅其名和地點都是故意編造的，請韋恩堡的男性不要有被冒犯的感覺。個案的其他細節都是眞的）。

有哪些選項？

蘇菲雅萌生搬到芝加哥去住的念頭，也有一、兩年了。她認為，如果真的要搬家，老闆也會同意，只是她還沒那麼認眞看待這事。因為還有一堆煩人的事要處理：她得賣掉現居的韋恩堡的房子；在芝加哥找到住的地方；並且得重新熟悉一個完全不同的城市。然而，時間過得很快，又是幾個月過去，約會的事毫無進展，她又開始想著是不是就這樣下決定了。該搬還是不搬呢？

怎樣才能做出好決策？

- **擴增更多選項**。注意到了嗎？又是二選一：搬還是不搬？絕大多數情況下，這都是陷入偏狹框架的跡象。但說實在的，蘇菲雅其實已經認眞考慮過其他幾種選項了。她考慮過換工作，或許有機會可以搬到比較適合單身者居住的地方，但她捨不得離開現在這份工作和同事。另外，她還想了很多辦法，更努力地在韋恩堡認識更多人，比方說加入某些社團。
- **真實驗證假設**。蘇菲雅要如何找到可信任的資訊，讓她的決策有方向可以依循呢？首先，她可以請教世界上最瞭解這個問題的專家，就是那位住在芝加哥通勤上班的同事。她可以很仔細地問這位同事一些駁斥性的問題：住在那麼遠的地方，最糟糕的事情有哪些？住在那地方，有沒有什麼是讓妳覺得後悔的？住在那裡，花了多少時間才交到新朋友？另一方面，處於這種情境，似乎不容易試水溫：蘇菲雅當然可以在兩地都住上一、兩週，但這可能是最糟的狀況，必須花很多時間在煩人的通勤上，卻絲毫沒有交新朋友或開始新生活的樂趣。這種狀況下，試水溫充其量也只是情緒性地讓腳趾頭沾沾水而已。她要不就是毅然決然地下決心搬家，要不就是斷了這念頭，平靜下來。

●**抽離自我情緒**。蘇菲雅思考搬家的問題已經好一陣子了。到頭來，這個決策的問題只在於她是否準備好接受相關風險。韋恩堡可能單身男性是少了點，但卻是自己熟悉的地方。芝加哥，想像中讓人頗爲興奮，但卻有很多不確定性（注意到了嗎？這裡出現的「單純曝光」效應和「害怕失去」效應）。有一晚，飯局上有位同事問蘇菲雅：「如果是妳最好的朋友面臨這樣的狀況，妳會給她什麼建議？」蘇菲雅居然毫不遲疑地說：「搬！搬到芝加哥去！」當她一開口就說出這樣的回答時，似乎自己也嚇了一跳。當天晚上，她給老闆傳了個簡訊，問他是否還繼續支持她搬到芝加哥的想法。

●**準備迎接錯誤**。一旦決定要搬，蘇菲雅應該要考慮到，若不適應時可以有什麼選項。最好的安排是，她先留下韋恩堡的房子，至少爲期九到十二個月，並找到房客，用租金支付房子的貸款。這種安排，在她需要的時候，可以很容易地回到原本的生活方式。她也可以再從住在芝加哥的同事那裡得到「眞實工作預覽」：她應該要爲最壞的情況做好什麼準備？（之前她已問過一些駁斥性的問題，心裡已經有點譜了。）最後，她也可以爲自己設下絆腳索：如果搬過去的一年內沒有遇上幾次有趣的約會，那她或許可以下個結論，找不到適當的男朋友，問題可能出在自己的生活方式，跟住在哪裡沒有關係。如果眞是如此，解決之道可能是少花點時間旅行，或者花更多時間在其他社交活動上，例如志工組織、教堂或專業人士的相關社團（甚或是更好的安排——爲什麼不能兼籌並顧？也就是搬到芝加哥，並展開全新的各種社交活動）。

對決策程序的感想

我們一再提醒大家，千萬要避免「搬或不搬」之類的二選一決策。但以此個案來說，這似乎是合理的（蘇菲雅已考慮過其他選項）。所以我們認爲，關於蘇菲雅的決定，最重要的是抽離自我情緒，讓最重要的東西得以顯露出來。在這個案例裡，「妳會建議妳最好的朋友怎麼做？」這個問句，讓她得到了她需要的距離。在本書付印時，她仍處於規畫階段，仍未動身（或許她需要另一條絆腳索）。

診療室個案三

公司的軟體產品該降價嗎？

狀況描述

你是一家軟體公司的業務主管。公司的主要軟體產品，是協助客戶有效處理線上客服問題。到目前爲止，公司已有好幾家高科技客戶，但公司高層希望能盡速把業務拓展到政府部門，因爲他們也有爲數甚多的市民需要服務。不幸的是，把產品賣進政府部門這事，初期進行得並不順利。花了六個月的時間，兩位全職的業務代表，只在少數幾個小單位有點眉目。團隊裡有位業務代表湯姆一直跑來跟你說，必須降價才有辦法打進政府部門。但你當業務主管已經很久，知道業務代表永遠都希望價格可以低一點。因此，你合理地懷疑，降價並不是正確的做法。

有哪些選項？

採取某些行動，讓公司在政府部門的市場有更多斬獲是你的職責所在。但有什麼選項並不清楚。你可以什麼都不做——有時打好關係就是得花時間，或許眞的只要多花點時間就能成功。或者，你可以馬上降價，看會不會有所不同。除了這些想法，你也不清楚還可以再嘗試些什麼。你面對的是模稜兩可的情況。

怎樣才能做出好決策？

- **擴增更多選項**。重要的是，不要因爲湯姆的抱怨，就陷入「降或不降」這種偏狹的思考框架。價格並非客戶買或不買的唯一條件。你有哪些其他選項呢？如果腦袋裡一時沒有，就試試「爬樓梯」的概念。首先，看看公司內部有沒有可以參考的亮點，你最近砍下了幾個不錯的案子，有沒有辦法從這些案例裡學到經驗呢？之後，你可以往上爬一層，有沒有其他軟體公司在做政府市場的生意呢？他們用什麼方法打進這個市場？再往上爬一層，或許可以研究同時進入企業和政府市場的任何產品？進入這兩個市場，在產品組合和銷售方式上有什麼差別嗎？或許你會發現，比方說，比起公司有很多技術高手的科技公司客戶，政府部門可能需要更多的現場支援服務。簡單地說，在沒有更多資訊以前，你不該調整價格。你需要更多選項，也需要更多資訊。
- **真實驗證假設**。首先，先試試水溫。給湯姆的一、兩個客戶多一點價格空間，看看會發生什麼狀況。如果你可以想辦法去瞭解的時候，爲什麼要臆測？同時，也可以反向思考：理論上，如果問題在於價格，那能不能找到某些問題不在於價格的事證？比方說，你可以請業務團隊的另一位業務代表把價錢報高，但把相關的支援服務都含括在內。在你做了這些實驗後，還可藉由「大範圍觀照」及「近距離檢視」得到很多重要線索。在「大範圍觀照」

的部分，或許可尋求第三方意見——例如市場研究公司——問問他們，是否軟體公司對政府部門客戶都會多給一點折扣？若是，那是多少？（這就有「基本率」的味道了。）再者，也可以「近距離檢視」，跟幾位業務代表一起拜訪幾家客戶，跟客戶見面、聽聽他們的意見，可以更清楚地知道實際狀況。

- **抽離自我情緒**。這時你還沒準備好做決定。首先，你需要更好的訊息以及更多選項。也就是說，如果湯姆的說法是正確的，那你就要先決定公司的核心優先順序爲何：應該調降價格、損失利潤，以換取在政府市場建立新的客戶基礎？核心優先事項是市占率還是產品毛利？這可能需要跟領導階層報告，聽聽他們的看法。
- **準備迎接錯誤**。如果不知道你的決定會是什麼，當然就很難做善後的準備。然而，你一定可以爲自己設下適當的絆腳索。比方說，你跟業務代表做實驗的時候，可以預先訂下某些限制條件。你跟湯姆也可以一起設下適當的絆腳索：在他要求的折扣條件下，如果兩個月內還是沒有把客戶帶進來，那是否大家都能同意再試試其他方法。

對決策程序的感想

爲了程序正義，讓湯姆覺得你有聽進去他的意見是很重要的事情（當然，這跟自動就接受他的意見是不同的感覺）。給他機會證明他的看法。作爲領導者，你也不能在湯姆去證明他的理論的這段期間，把其他的路都給封死。你必須要分頭並進。找出多方面的訊息，進行幾個聰明的實驗，才能弄清楚最好的選項是什麼。

克服障礙

以下我們整理了有效運用WRAP程序最常遇到的十一種障礙，以及如何克服這些障礙的建議（這些建議是以「行話」的方式撰寫，只有讀過本書的人才會瞭解我們在說什麼）。

1 我自認是個還不錯的決策者，但我做決策的速度比我預期的慢很多，並且我的選擇都是比較保守謹慎的做法。我要怎樣才能快一點、勇敢一點？

建議：(1)聽起來你是傾向「避凶」的決策心態，所以可以試著用「趨吉」的問題來問問自己，例如：「如果我是專注在爲自己打開一扇機會之門，那我會怎麼做這個決定？」(2)試著問自己「如果是我最好的朋友遇上同樣的狀況，我會給他什麼樣的建議？」你之所以小心謹慎，可能是短期的恐懼情緒所致（例如怕做錯決定而丟臉）；但是長期來看，這並不是那麼重要。讓自己的心智抽離出一點距離，可能會幫你看清楚這件事。(3)如果你擔心你的選擇所產生的結果不如預期，考慮設下（以日期或預算爲上限的）絆腳索，將損失限縮在一定範圍內，好讓自己安心。

2 **我們公司的人手一直不足，而且處在非常混亂的市場。我們沒有時間在每次決策時都走一趟精雕細琢的決策程序。**

建議：可以試著用以下這個簡易版的WRAP程序。⑴擴增：想辦法在你的考慮中增加一個選項（如果一下子想不出來，那就從你熟識的人裡或網路上，找到曾遇過相同問題的人，請教他們的意見）。⑵驗證：找到有經驗的人，給他打個電話，告訴他你面臨的狀況，問問他有沒有基本率可以參考（例如：成功的機會有多少？需要多少時間才能搞定？）。⑶保持距離：問問自己，哪個選項最符合你的核心優先順序，可以試著運用這方法解決兩難的問題。⑷準備：拉出未來的區間。花一個鐘頭想一想，哪些地方可能會出問題，哪些地方會有意想不到的好結果，並且爲這兩種狀況的出現做點準備。

3 **我的另一半（或工作夥伴）想要做一件我認為很瘋狂的事。**

建議：⑴或許他們已成爲偏狹思維模式的犧牲品了，所以會認爲這個瘋狂的想法是達成他們目標的唯一方式。你能否試著提出其他有點吸引力、但又不那麼詭異的選項？⑵想辦法讓他去現場實際感受一下？也就是說，請他出一次任務，讓他有機會吸收到有用的訊息，體會更細微的感受？（比方說，可以請初露頭角的珠寶設計師去參觀相關秀展，請他算一算，某家珠寶商在三十分鐘內到底做成了幾筆生意？）⑶記得前面提過的，那位想從事雕刻業的人的案例嗎？你可以設定絆腳索，明確指出對於這個瘋狂的想法，你可以接受的風險是什麼。

4 我們分析又分析，但就是什麼事情都沒決定。

建議：⑴如果決策之所以拖延是因爲討價還價，那是値得等一下的。團隊的決策品質會因爲納入不同甚至是反對的意見，而有所提升。⑵你們所分析的事，有沒有可能是做一次測試就能弄清楚的呢？用實驗重新架構你的選項，而非用直覺想像。⑶學習安迪．葛洛夫問的問題：如果你被換掉的時候，繼任者會怎麼做？⑷如果是因爲害怕風險而遲疑不做決定，那就先來一次「行前預想」，看看有沒有辦法把可能的損失控制在一定的範圍內。

5 我們的問題是，每個人都害怕做決定。任何新嘗試都有很大的職場風險，因為要把自己的項上人頭放在斷頭台上。繼續做現在的事，比較保險一點。

建議：⑴試著運用羅傑．馬丁的問題：「需要哪些事證，才能讓這個選項是正確的？」如果能請團隊成員一起回答這問題，可以讓成員對這個決策有更多責任感。如果每個人都同意你將用來做最後決定的條件，那每個人都對這樣的決策負起了同樣的責任。⑵把你的頭從斷頭台上抽出來，在跳下去之前先試一下水溫。如果失敗，那你的損失也有限。⑶單純曝光效應會讓人覺得維持現狀是比較安全和舒適的，而嘗試新的構想是有風險的。試著找到曾解決相似問題的人，讓新的構想感覺起來安全一點。明白的告訴大家，這樣的做法已經有人試過了，別人已經歷過同樣的風險了。⑷記得達夫．海茲「爲決策辯護的最好方法，就是指出它的缺點」的說法嗎？承認自己的想法裡也存在風險，並設下絆腳索；明確告訴大家，遇到某種狀況時，你會有所調整（如果你曾公開表明結果會不如預期，而且已經做好因應的準備，那你成爲代罪羔羊的機會會小很多）。

6怎麼知道我的選項已經夠多了呢？

建議：⑴試著做到「戀愛兩次」。選項的尋找，最好是找到有兩個你覺得夠好的爲止。⑵多頭並進的目的，就是讓你可以很容易在幾個選項裡比較並有所對照，這可以描繪出更清楚的整體狀況，讓你知道什麼是可能的。如果多出來的選項並沒有辦法讓你變得更聰明，那就差不多夠了，可以告一段落。⑶要注意的是，避免選項多到沒有足夠時間或資源去驗證這些選項背後的假設（比方說，渴望買棟房子的人最好把她很嚴肅看待的選項，限制在四到七個物件，而非三十個，只因爲相關後勤支援會有現實問題）。⑷如果在諸多選項中，有一個是沒有任何人曾提出反對意見的，可以先把它拿掉（如果這是跟個人有關的決定，某個選項從來就沒有放過心裡想望的最高優先順序，也先把它拿掉）。

7我們每次都被老闆要求必須提出建議，並且做相關的決策分析，但到頭來，老闆還是自行其是。

建議：⑴反向思考：或許你的老闆是對的。他可能比你有更廣泛的訊息來源作爲決策的參考。記得羅斯福總統的顧問總是很驚訝，爲什麼連雞毛蒜皮的事總統都很清楚。如果這麼說你還是不放心老闆所做的判斷，請繼續往下看。⑵如果老闆最後終究會用他的「膽識」來做決定，那你願不願意花點力氣訓練一下他的膽識？比方說，安排他近距離檢視現實世界的種種，像是參訪零售通路、拜訪客戶，或是到病患的住家去坐坐等。這會讓他的直覺獲得更多資訊。(3)試著找到方法，在會議場合持續提醒團隊成員，組織的核心優先順序是什麼。把這些優先順序提到檯面上討論，或許會讓老闆不那麼容易爲所欲爲。(4)對於這次老闆要做的決定不再表示意見，但開始思考下一回合該怎麼辦：設法讓老闆記得設下必要的絆腳索。比方說，九個月後如果遇上某些狀況，會不會讓他重新考慮原來的決定？

8 我試著勸我的小孩運用類似做法，但他就是不聽。他就是要做他想做的。

建議：(1)對某個年齡層的小孩來說，父母本來就不適合擔任規勸者的角色。所以，試著找一位他們或許更信得過的人來跟他們說。或許你可以找到一位曾爲了自己選擇的生活方式，眞實經歷過的人，來跟他們分享現實是什麼景況（比方說，有位青少年不想讀大學，要去紐約市一圓他的演員夢。如果可以從某位目前正在奮鬥的演員口中聽到他的日子是怎麼過的，那肯定會有很大的收穫）。(2)可以這樣問你的小孩：「如果我同意你的決定，那你要讓我看到什麼樣的結果，好讓我知道你是做了最好的選擇？」（渴望去紐約市圓夢的小孩或許會這樣回答：「老媽，我很清楚地知道，這麼做我會很快樂，我可以很節儉的過日子。」）有了這樣過度自信的說法先說在前頭，到時候如果事實證明並非如此，那你就可以適切的運用（或者，可能剛好相反，這說法說不定會讓你瞭解，你的小孩才是對的）。

9我們的資訊量實在太大了。一大堆客戶資料，如果真的要統統處理完再做決定，那可能要花上四倍時間。

建議：⑴或許你的「近距離檢視」過頭了。專家們的預測之所以比較好，是因爲他們向外尋找基本率數據，而非從個別案例資料來判斷。⑵如果你想辦法就可以瞭解的事，就不必用猜的。有沒有可能試一下水溫，避免落入過度思考的惡性循環？⑶你會不會老是被這個決策到底值不值得的想法困住了呢？試著做一次10／10／10的分析，看看結果是不是眞的重要到讓你必須這麼煩惱。

10這裡的文化就是沒有人願意放棄已經爛掉的計畫或想法，因為這麼做等於承認失敗。這種愚蠢的堅持讓我們很受傷。因為這麼做耗盡了新計畫可以運用的資源。我該怎麼辦？

建議：⑴記得同時運用「避凶心態」和「趨吉心態」的做法嗎？就像那些在經濟不景氣過後表現特別好的企業一樣。你所面臨的狀況，運用「趨吉心態」或許可以協助團隊成員，把注意力放在掌握新機會上，不要再盯著已經失敗的過去。⑵試著丟出某些負面看法，能不能請團隊成員設想一下，如果那些已經失敗的計畫繼續拖下去，競爭對手和客戶會怎麼做？現在承認失敗總比將來面對更大的災難要好吧！⑶安迪．葛洛夫在英特爾的記憶體事業上也曾面臨同樣的狀況。這個業務曾經非常成功，但也慢慢走到盡頭。「接手的人會怎麼做？」這個問題給了他足夠的勇氣，正式宣告從記憶體市場撤退，並加碼投入微處理器的事業。⑷以切分資源的方式，設置一條絆腳索，強迫公司在特定時間重新評估（比方說，「我們打算再給這個計畫六個月的時間，或額外投入二十五萬美元，到時候如果沒有任何轉變，那我們就得重新考慮下一步了」）。這麼做會讓改變方向容易些，也避開政治性的考量。

11 我知道哪些事是該做的，但我沒有把握能否政治正確地讓其他人接受這個想法。我該為這樣的想法奮戰，還是乾脆躲到大家都不想去的部門算了？

建議：(1)想想兼籌並顧的可能性：避免一開始就落入非黑即白的思考模式，除非你已經確定沒有任何辦法可以做該做的事，同時也讓你的同事覺得滿意。(2)當魔鬼代言人。雖然知道自己無法強力影響最後的決定，但對於決策的後續執行方式，還是會有一定程度的影響。(3)如果你認爲該做的事跟組織成文的價值觀非常一致，可以端出核心優先順序的訴求。這樣，討論組織價值觀的責任就落在這些同事身上了，不至於出現人身攻擊。(4)如果上面這理由沒辦法使用，那就想辦法拉出未來的區間。在你看得到的部分，想辦法把可能的傷害範圍先指出來。這麼做，一則是維護組織的利益，一則是讓自己成爲看得到損害即將發生的智者。(5)請不要忘記，要永遠抱持善意：或許你的同事是錯的，但也可能你是錯的；大家都希望做最正確的事。

致謝

撰寫決策相關論文或書籍的人，都會深深感謝丹尼爾．康納曼和他的研究夥伴阿默思．特佛斯基。奇普尤其感謝阿默思的引領，得以進入決策研究的領域，並在他的教誨下，學到永遠抱持著虔敬之心看待這個領域的傑出研究成果。

有幾位讀者在本書的初稿上給了我們非常重要的意見，各位的看法讓這本書更加不同。我們希望各位可以在最終的版本看到它們的蹤影。真的好多了！謝謝你們！

諸多比較不常被引用的參考資料，要感謝 Lars Flatmo 運用了很聰明的考古技巧找到它們的出處。

還要感謝來參加本書構想先導測試研討會的諸位朋友：Bill Tobin、Phil Wickham 以及 Kauffman 的相關成員；Janine Mason 以及 Fieldstone Foundation 的幾位夥伴（我們跟達立葛第一次見面談他的決定的地方）；Cary Matsuoka 與 California Superintendents 的相關成員；Carla O'Dell 與 APQC 的團

隊；Gary Hoagland 以及灣區的學校校長們；Rosella Derickson 以及 GSB Insider 的團隊成員；Andrew Ellner、Somava Stout 與哈佛醫學院的諸位創新前輩；Michael Norton 以及哈佛商學院的相關參與夥伴；Eric Johnson、Elke Weber、Michael Morris，以及參加在哥倫比亞大學舉辦之決策研討會的所有人員；Mike Smith 院長，以及參加在北卡羅來納大學教堂山分校政府學院舉辦之研討會的所有人員；Kevin Trapani、Curt Hazelbaker 以及參加 YMCA Metro South Conference 的所有人員。

還有一些人與我們深入對談他們生命中的重要決定，各位的坦誠分享與回饋意見，是本書很多構想得以形成的重要因素。我們也在此表示誠摯的謝意。

還要感謝許多曾與我們交換決策相關意見的人士：Jeff Belkora、Hilary Briggs、Rachael Brown、Chip Conley、Rob Delamater、Karen Douglas、James Durbin、Andy Epstein、Chris Flink、Jay Freedman、Brian Gibbs、Ric Grefe、Christina Gunther-Murphy、Marcela Gutierrez、Steve Heller、Sarah Hernholm、Karl Kempf、Clint Korver、Sharon Lawrence、Dan Leemon、Jean Martin、Paige Nesis、Don Norman、Dr. Robert Pearl、Martha Piper、David Reinke、Ginger Rona、Kevin Skelly、Carl Spetzler、Devlyn Torres、Beth Viner、Shelley Volz、Donna Wiktorowski、John Willard 以及 Soon Yu。

讀過全部稿子，並提供許多深度意見的諸位，也要在此特別感謝：Jonah Berger、Rob Gertner、Barbara Kiviat、Rick Larrick、Michael Morris、Carla O'Dell 以及 Hersh Shefrin。還有跟我們長談過本書以及決策這主題的 George Wu 與 Josh Klayman，也要一併致謝。

我們非常幸運有這麼好的夥伴：Justin Gammon、Christy Darnell、Christy Fletcher 以及 Fletcher & Co. 的團隊；Les Tuerk、Tom Neilssen 以及 BrightSight 的每一個人；Crown Business 的團隊，特別是

Tara Gilbride 與 Roger Scholl 兩位。由於各位的努力協助，才讓我們的構想獲得了生命。謝謝各位。

當然，最感謝的是我們的家人，老爸和老媽（已經結婚五十年，持續中！），Susan、Emory、Aubrey、Amanda、Susan、Oksana、Hunter 以及 Darby。謝謝大家對我們的包容。

註釋

引言

①引自丹尼爾．康納曼於二〇一一年出版的《快思慢想》。「幾乎不會被卡住」見第九十七頁。「心智活動所處的狀態」見第八十五頁。在《快思慢想》中，康納曼以他橫溢的才華，簡化了決策相關文獻中令人困惑的偏見和錯誤，並說明這些現象是有系統地在「眼下所見即是全部」的心智狀態下產生的。要進一步瞭解此原則如何製造出本書所談到的偏見，可參考康納曼對偏狹框架（narrow framing, p.87）、過度自信（overconfidence, pp.199-201, 209-12, 259-63）、確認偏誤（confirmation bias, pp.80-84），以及情緒和決策怠惰（emotion and in-decision, pp.401-6）的分析。

②關於職場的選擇。「四〇%的失敗率」取自 Brooke Masters, "Rise of a Headhunter," *Financial Times*, March 30, 2009, http://www.ft.com/cms/s/0/19975256-1af2-11de-8aa3-0000779fd2ac.html#axzz24O1DwtbW。文中描述了這

此決策的成本，知名獵人頭公司軒德（Heidrick & Struggles）的執行長凱文・凱利（Kevin Kelly）說：「對企業來說，損失收入的代價很昂貴。雇用員工的代價也很昂貴。這些都會損傷員工的士氣。」與老師有關的研究取自 National Commission on Teaching and America's Future, "Policy Brief: The High Cost of Teacher Turnover," http://nctaf.org/wp-content/uploads/NCTAFCostofTeacherTurnoverpolicybrief.pdf。跟律師有關的統計來自 Alex Williams, "The Falling-Down Professions," *New York Times*, January 6, 2008, http://www.nytimes.com/2008/01/06/fashion/06professions.html（有趣的是，醫生這行也有六〇%因爲士氣低落，考慮退出這個行業）。

③ 企業決策。二二〇七位企業決策人士的研究引用自 Dan Lovallo and Olivier Sibony (2010), "The Case for Behavioral Strategy," *McKinsey Quarterly* 2: 30-45。安侯建業（KPMG International）在一九九九年也曾進行一項研究，探討企業宣布購併之後一年的股東權益報酬狀況，並且與同產業其他公司的績效相比較。用這種一般性的成功標準來衡量，「八三%的企業購併並沒有產生價值」。哈汀（David Harding）和羅維特（Sam Rovit）在二〇〇四年出版的《掌握合併》（*Mastering the Merger*）一書中也提到，有八三%的企業購併沒有爲股東創造任何價值，甚至有一半根本是把公司給毀了。

④ 在個人事務的決定上。「老年人的遺憾」的相關討論引自 Thomas Gilovich and Victoria Husted Medvec (1995), "The Experience of Regret: What, When, and Why," *Psychological Review* 102: 379-95。

⑤ 本能直覺本身就充滿了各式各樣根本靠不住的意見。「終極紅毯起士蛋糕」的資料請參考 http://abcnews.go.com/Business/diet-disasters-top-calorie-heavy-menu-items/story?id=14114606#.UA2nOLTUPYQ。麥當勞的雙層起士漢堡請參考 http://nutrition.mcdonals.com/getnutrition/nutritionfacts.pdf。彩虹糖請參考 http://www.wrigley.com/global/brands/skittles.aspx#panel-3。伊麗莎白・泰勒的故事取材自維基百科。

⑥ 本能直覺其實是經常拿不定主意的。塗掉刺青請參考：http://www.boston.com/lifestyle/fasion/articles/2011/09/02/tattoo_remorse_fuels_reverse_trend_tattoo_removal/（二〇一二年九月二十七日存取）。「新年的決定」相關資料來自赫特福德（Hertfordshire）大學韋斯曼（Richard Wiseman）教授的研究，並曾在阿洛克．杰哈（Alok Jha）主持的專欄裡討論過："New Year Resolution? Don't Wait Until New Year's Eve," *Guardian*, December 27, 2007, http://www.guardian.co.uk/science/2007/dec/28/sciencenews.research。

⑦丹．洛瓦羅（Dan Lovallo）與奧利維．席波妮（Olivier Sibony）的研究。這篇精彩的研究取自Dan Lovallo and Olivier Sibony (2010), "The Case for Behavioral Strategy," *McKinsey Quarterly* 2: 30-45。席波妮提到的法庭譬喻，來自Bill Huyett and Tim Keller (2011), "How CFOs Can Keep Strategic Decisions on Track," *McKinsey on Finance* 38: 10-15。洛瓦羅的引述來自二〇一二年四月奇普．希思與他的訪談。

⑧富蘭克林的「心智代數」（moral algebra）：這封信的全文在網站上很容易找到，或可參考John Towill Rutt (1831), *Life and Correspondence of Joseph Priestley in Two Volumes*, vol. 1 (London: R Hunter)，見一七七二年九月十日，第一八二頁。

1 決策會遇到的四大惡棍

①有關史迪夫．寇爾的引述內容，來自奇普．希思在二〇一一年五月以及二〇一二年六月與他的兩次訪談。

②Paul C. Nutt (1999), "Surprising but True: Half the Decisions in Organizations Fail," *Academy of Management Executive* 13: 75-90。保羅．納特（第二章我們會提到他）在一次大型研究計畫中發現，當組織選擇供應商的時候，如果只有一個回合，就從中選取最好的一家（這是多數組織的典型做法），這種方式長期下來的成功率是五一％（參見其研究第八十三頁的表四）。如果從第一回合瞭解該領域的相關狀況，再據以進行第二階段的選

擇，成功的比例可跳增至一〇〇%。

③ 抽煙者的研究爲 Timothy C. Brock (1965), "Commitment to Exposure as a Determinant of Information Receptivity," *Journal of Personality and Social Psychology* 2: 10-19。

④ 洛瓦羅的看法取自奇普．希思在二〇一二年四月與他的訪談。

⑤ 這個故事出自一九九六年安迪．葛洛夫的自傳《十倍速時代》（*Only the Paranoid Survive*）第八十一至九十三頁。葛洛夫談到一九八四年的事和新執行長的事，出自第八十九頁。英特爾股票價值是由 Wolfram-Alpha 在二〇一二年四月三日計算出來的。另外，貝瑞．史托（Barry M. Staw）做了最多的研究，也最瞭解組織爲什麼會持續投入已經沒有希望的計畫或行動。因此，他認爲葛洛夫的方法是有效的。他說，要區分合理的投入與過度投入最好的方法是「定期回頭檢視，並且從外人的角度來看這個計畫。在這樣的時點，可以問自己一個好問題：如果是我今天接下這個工作，發現有這麼樣的一個計畫還在進行，我會繼續支持還是把它給砍掉？」見 Barry M. Staw & Jerry Ross (1987), "Knowing When to Pull the Plug," *Harvard Business Review*, March–April 1987: 1-7 的第五頁。

⑥ 在決策分析（decision analysis）這個領域裡，基本上是運用試算表來做決策。如果要找到夠聰明、容易上手的版本，請參考 John S. Hammond, Ralph L. Keeney, and Howard Raiffa (1999), *Smart Choices: A Practical Guide to Making Better Life Decisions* (Boston: Harvard Business School Press)。

⑦ 這是蘇聯官方在一九八六年四月二十九日的說法。見 http://www.apnewsarchive.com。

⑧ Clifford Pickover, "Traveling Through Time," PBS *Nova* blog, October 12, 1999, http://www.pbs.org/wgbh/nova/time/through2.html。

⑨ 這種說法到處可見，但聽起來像是個頭殼壞掉的自大狂說的話，所以我們認爲這可能只是道聽塗說。專研技術發展歷史的洪謝爾（David A. Hounshell）說，這樣的傳說版本可能是眞的，也可能是杜撰的；但他提出當

時的幾封信，許多聲望卓著的電報科學家和企業界人士的確曾說貝爾的專利是玩具。詳細資料請參考 David A. Hounshell (1975), “Elisha Gray and the Telephone: On the Disadvantages of Being an Expert,” *Technology and Culture* 16: 133-61。

⑩ 披頭四的故事請參考 Josh Sanburn, “Four-Piece Groups with Guitars Are Finished,” *Time*, October 21, 2011, http://www.time.com/time/specials/packages/article/0,28804,2097462_2097456_2097466,00.html 以 及 Beatles Bible http://www.beatlesbible.com/1962/01/01/recording-decca-audition/。約翰．藍儂的說法見 The Beatles (2000), *The Beatles Anthology* (San Francisco: Chronicle Books), p. 67。星探迪克．羅威後來承認，「吉他四人組的樂團更是看不到未來」是錯誤的決定。之後在喬治．哈里森（George Harrison）的建議下，於一年後（即一九六三年）簽下了滾石合唱團（Rolling Stones）。根據維基百科的說法，德卡沒能簽下披頭四非常懊悔，所以跟滾石合唱團談條件時極度低姿態。這個樂團談到的條件：「權利金是一般新手的三倍，完全主導唱片相關的藝術事務以及擁有唱片的母版。」見 http://en.wikipedia.org/wiki/The_Rolling_Stones。

⑪ 這是廣泛被決策相關論文共同接受的四個基本階段。實務上，每本決策的書會有不同的切割區分。我們採用的方式主要根據 J. Edward Russo and Paul J. H. Schoemaker (2002), *Winning Decisions: Getting It Right the First Time* (New York: Currency/Doubleday)。奇普在多年的教學生涯都運用了此書早期發展出來的模式，稱爲 Decision Traps。由衷感謝他們，這讓早幾年的教書工作容易多了。另外還有值得一提的決策模式簡稱爲「GOFER」（Goals clarification, Options generation, Fact-finding, consideration of Effects, Review and implementation），見 Leon Mann, Ros Harmoni, Colin Power, and Gery Beswick (1988), “Effectiveness of the GOFER Course in Decision Making for High School Students,” *Journal of Behavioral Decision Making* 1: 159-68。

⑫「正反意見表列法」取自普利斯特里與朋友的往來信件，見 John Towill Rutt (1831), *Life and Correspondence of Joseph Priestley in Two Volumes*, vol. 1 (London: R Hunter)。請特別參考 1772 to Dr. Price (July 21, August 25,

September 27), Reverend W. Turner (August 24), Reverend T. Lindsey (undated), and Reverend Joshua Toulmin (December 15) and the famous moral-algebra letter from Dr. Franklin (September 10) on pages 175-87。我們對普利斯特里生平的瞭解，除了上述資料以外，還要特別感謝美國化學學會（the American Chemical Society）的貢獻。此學會每年頒發普利斯特里獎章予在化學方面有卓越貢獻的人士，可在網站 acs.org 上搜尋「Priestley」。

⑬ 過去幾年，有股強大的潮流鼓吹人們在生活和工作上運用直覺式的決策方式。例如 Malcolm Gladwell (2007), *Blink: The Power of Thinking Without Thinking* (New York: Back Bay Books)，或 Gary Klein (2003), *The Power of Intuition: How to Use Your Gut Feelings to Make Better Decisions at Work* (New York: CrownBusiness)。最近幾年，由於丹尼爾．康納曼在其著作《快思慢想》裡對直覺做了簡單易懂的解釋，大家已逐漸瞭解直覺本身有種種限制。

可用直覺做出好決策的領域是相對有限的，這一點可能是支持直覺式決策人士所忽略的。在什麼樣的情境下，直覺可以產生合理可靠的答案，相關研究結果已逐漸達成共識。羅賓．霍格思（Robin Hogarth）是這個領域的專家之一，對於直覺在什麼狀況下有用、什麼狀況下無效，曾做過清楚的描述。這主要取決於我們所處的學習環境是友善或惡劣而定。如果在友善的環境，本能產生的直覺可能是好的；但如果在惡劣的環境，本能產生的直覺可能是不好的。在友善的環境下，回饋清楚、迅速，而且不會因爲決策行爲的影響而有所偏差。預測明天的天氣是屬於友善環境決策的例子。回饋迅速（明天）、清楚（下雪或是沒下雪），預測天氣這件事也不影響天氣（是雨或雪，不會管天氣預報員怎麼說）。

相對來說，醫院急診室的環境則屬於惡劣的一個例子，因爲長期的回饋非常欠缺。急診室的醫護人員可以馬上得到很好的短期回饋（要嘛就是幫患者止住了血，要嘛就是沒有）。但長期的回饋卻是很糟糕的，當他們離開了急診室以後，無從得知病患是什麼狀況（例如：我們使用的止血方法是不是讓後續處理變得更複雜呢？）。企業推出新產品上市的工作，在上述三個構面都屬於惡劣的環境。回饋不清楚（Pets.com 可能是很爛的想法，也很可能是走在時代前面的想法）、會遲延（通常要幾個月甚至幾年），還會受到預測的每個步驟所影響（比方說，推出新產品的工作在公司裡是否爲優先考慮的資源分配項目，會影響到預算多寡，以及團隊成員素質）。因爲環境因素不同，在企業主或產品經理推出新產品的時候，最好不要相信他們本能產生的直覺。對於氣象預報員的直覺，倒還可以信上幾分。我們可以相信急診室醫護人員會找到短期有效的解決辦法，處理緊急的健康問題；但卻不能在慢性病的相關問題上聽取他們的建議。關於霍格思的論據，請見 Robin Hogarth (2001), *Educating Intuition* (Chicago: University of Chicago Press), pp. 218-19。

說起來有點讓人沮喪，我們生活中許多重要的決定，像是上哪所大學、該跟哪個人結婚、該推出哪種新產品、該提拔哪一位同事等，似乎都不是應該相信本能直覺的情境。杜克大學教授瑞克．賴瑞克（Rick Larrick）曾歸納出某些環境可訓練出好的直覺，他稱爲「電玩世界」（video game world）——迅速、清楚且反饋不變。在電玩世界，你可以死掉再回來很多次。然而，我們在本書裡討論的決策，基本上是沒有辦法重新來過的。

有趣的是，丹尼爾．康納曼和蓋瑞．克萊恩對直覺的價值曾有長達數年的爭辯，最後達成了一致的見解，在方向上跟霍格思的看法基本上是相同的。克萊恩一向強有力地支持直覺的價值，但他後來承認，「直覺的感受」只是決策程序中諸多投入元素之一而已。在《麥肯錫季刊》（*McKinsey Quarterly*）的訪談中，當被問及企業主管該不該相信自己的直覺，他的回答是：「如果你問這問題的意思是『我的本能直覺是這樣告訴我的，所以我會照著這麼做，而且我不需要擔心』，那我要告訴你，千萬不要相信這種直覺。你可以把本能直覺當成一項重要的資訊來源，但還是得小心並刻意地去評估它，看它在所面對的情境裡是否用得上。」兩位最後都同意，直覺在兩種環境中是比較值得相信的：⑴可預測的，⑵回饋良好的。關於克萊恩的說法，請參考 "When Can You Trust Your Gut?" *McKinsey Quarterly* 2010 2: 58-67。康納曼與克萊恩爲心理學家撰寫的對話資料，可參考 Daniel Kahneman and Gary Klein (2009), "Conditions for Intuitive Expertise: A Failure to Disagree,"

American Psychologist 64: 515-26。

⑭ 我們第一次寫大衛・李・羅斯的故事，刊登在二〇一〇年三月出版的《快速企業》（*Fast Company*）專欄。其他關於大衛・李・羅斯的說法，都來自他的自傳：David Lee Roth (1997), *Crazy from the Heat* (New York: Hyperion)。電視的故事出自第一百五十六頁，M&M褐色巧克力的條款出自第九十七至九十八頁。羅斯提到，芝加哥有所大學就是沒注意合約中這個特別重要的條款，導致樂團的舞台倒塌，壓壞了籃球場剛鋪好的橡膠地板，損失了八萬美元。但根據報導，羅斯把更衣間砸得稀爛，則導致八萬五千美元的損失。

⑮ Roy F. Baumeister, et al. (1998), "Ego Depletion: Is the Active Self a Limited Resource?" *Journal of Personality and Social Psychology* 4: 1252.

2 避免陷入偏狹的框架

① 「要不要分手」的討論來自 http://www.ask.com/answers/177313841/break-up-or-not。研究報告取自費契賀夫的 Baruch Fischhoff (1996), "The Real World: What Good Is It?" *Organizational Behavior and Human Decision Processes* 65: 232-48，見第二百三十四頁的表一，是費契賀夫所做的摘要（費契賀夫說，青少年的決策只有一個或沒有明確選項的比例爲六五%，有兩個或較實際選項的比例有三〇%。剩下的五%，費契賀夫稱爲「尋找或設計選項」，例如「……到底該怎麼辦？」之類的決策。我們不確定這部分該如何區別，所以本書中的討論只提前面兩種）。青少年的決策，只有穿什麼衣服這類的決策沒有「要或不要」的傾向。成衣市場這些了不起的行銷專家已經讓考慮替代方案變得這麼容易了，但還是有四〇%的青少年在選擇穿什麼衣服的時候，

居然沒有第二選項。

② 貴格購併思樂寶的案例，其背景和分析多半來自 Paul C. Nutt (2004), "Expanding the Search for Alternatives During Strategic Decision-Making," *Academy of Management Executive* 18: 13-28。貴格購併思樂寶的內容在十七至十八頁。「超過十億美金」的評估取自 Barnaby J. Feder, "Quaker to Sell Snapple for $300 Million," *New York Times*, March 28, 1997, http://www.nytimes.com/1997/03/28/business/quaker-to-sell-snapple-for-300-million.html?pagewanted=all&src=pm（本文亦提到，當貴格賠錢賣掉思樂寶的時候，股票開始上漲，表示投資人爲這遲來的決策鼓掌）。當史密斯伯格宣布公司歷史上最大購併案的當天，兩家公司的股價都大跌，貴格掉了一○%。可參閱 Glenn Collins, "Quaker Oats to Acquire Snapple," *New York Times*, November 3, 1994, http://www.nytimes.com/1994/11/03/business/company-reports-quaker-oats-to-acquire-snapple.html?pagewanted=2。「應該有幾個人站在反對的立場來給點意見的。」取自席尼．芬克斯坦（Sydney Finkelstein）二○○三年的著作《從輝煌到湮滅》（*Why Smart Executives Fail*）的第九十八頁，這是我們認爲最值得推薦的一本與決策相關的書，芬克斯坦也討論了貴格因爲購併而負債的課題。

③ 席尼．芬克斯坦在《從輝煌到湮滅》中，花了一整章的篇幅討論購併的問題。請參閱第四章，第七十七至一○七頁。KPMG的研究在第七十七頁。

④ Paul C. Nutt (1993), "The Identification of Solution Ideas During Organizational Decision Making," *Management Science* 39: 1071-85。在第一○七九頁的表四，納特談到單一選項失敗的比例，高於多選項的狀況。納特有關單一選項之缺點的相關討論，見 Paul C. Nutt (1999), "Surprising but True: Half the Decisions in Organizations Fail," *Academy of Management Executive* 13: 75-90 的第七十八頁。

⑤ 海蒂．普萊斯幫助學生的案例，來自丹．希思和海蒂．普萊斯在二○一一年七月和二○一二年四月的兩次訪談，以及二○一二年七月和考菲德．背納格的訪談。

⑥經濟學家針對同時獲得兩類聲望不同的大學都給予入學許可的學生，做了一系列的研究，統計選擇進入聲望較低學校的學生，在進入職場後的收入是否有所不同，答案是：沒有。這份精彩的研究來自普林斯頓大學的經濟學家戴爾（Stacy Dale）與克魯格（Alan Krueger），見 David Leonhardt, "Revisiting the Value of Elite Colleges," *New York Times*, February 21, 2011, http://economix.blogs.nytimes.com/2011/02/21/revisiting-the-value-of-elite-colleges/。這項研究成果首見於 Stacy Berg Dale and Alan B. Krueger (2002), "Estimating the Payoff of Attending a More Selective College: An Application of Selection on Observables and Unobservables," *Quarterly Journal of Economics* 107: 1491-1527。李昂哈德（Leonhardt）在前述報導中引用克魯格的說法：「我給學生的建議：千萬不要認爲那家不給你入學許可的學校是你唯一值得讀的大學……你自身的動機、企圖心與才華會決定你成功與否，而非文憑上學校的名字。」

⑦取自丹・希思和博蘭斯菲德神父在二〇一一年六月的訪談對話，以及後續的電子郵件往來。

⑧有關機會成本的研究以及艾森豪的部分均取自 Shane Frederick, et al. (2009), "Opportunity Cost Neglect," *Journal of Consumer Research* 36: 553-61。買音響的故事並沒有特定歸屬，故事後續的部分出自丹・希思與賢尼・費德理克在二〇一二年三月的訪談。

⑨故事取材自丹・希思和「桑德絲」在二〇一一年十月的訪談。「桑德絲」和「安娜」的名字都是虛構的。

3 分頭並進

①來自丹・希思和大衛・普拉塞克二〇一〇年九月的訪談內容，以及早期的一篇個案研究：Chip Heath and

Victoria Chang (2002), "Lexicon (A)," Stanford GSB M300A。書中這版本的故事，首次乃發表於我們撰寫的《快速企業》專欄：Dan Heath and Chip Heath, "How to Pick the Perfect Brand Name," *Fast Company*, December/January 2011。

② 網頁橫幅設計的研究，見 Steven P. Dow, et al. (2010), "Parallel Prototyping Leads to Better Design Results, More Divergence, and Increased Self-Efficacy," *Transactions on Computer-Human Interaction* 17 (4)。參與者對於設計程序的回應在第十六頁。克萊姆的話，引自二〇一〇年九月奇普・希思與他的訪談資料。

③ Kathleen M. Eisenhardt (1989), "Making Fast Strategic Decisions in High-Velocity Environments," *Academy of Management Journal* 32: 543-76.

④ Sheena S. Iyengar and Mark R. Lepper (2000), "When Choice Is Demotivating: Can One Desire Too Much of a Good Thing?" *Journal of Personality and Social Psychology* 79: 995-1006.

⑤ 某些研究的事證顯示，選項沒有超過六個以上的時候，選擇能力癱瘓的狀況是不會發生的。目前有些研究甚至質疑這種狀況根本就不存在。這些研究典型的方式是讓四至六種小量選項的選擇和二十至三十種大量選項的選擇做對比。初期的研究結果顯示，面對大量選項的時候，人們比較會延遲甚至是拒絕選擇。巴瑞・史瓦茲整理了二〇〇〇年代初期的相關研究，他在二〇〇四年出版的《選擇的悖論》（*The Paradox of Choice: Why More is Less*）一書中，強調了選擇能力會癱瘓的論點。我們在前作《創意黏力學》、《改變，好容易》中談到選項過量相關研究時，引述了艾爾達・夏佛及其他幾位研究人員的研究事證，發現甚至只有兩種選項的時候，都有可能發生選擇能力癱瘓的現象。但一般的研究顯示，選擇能力癱瘓的情形，多在六到二十個選項的時候發生。

最近有些研究人員認為，即便是在有大量選項的時候，選擇能力癱瘓也不是個嚴重的問題。選擇能力癱瘓這個主題在剛開始的時候吸引了很多的注意力。二〇一〇年有一群研究人員針對受測者超過五千人的五十多篇已發表論文，進行了一次綜合性的分析。他們發現，選項增加並不會降低受測者選擇的動機和滿意度。事實上，人們在專業領域或很成熟的偏好項目（例如咖啡之類的食品），更多選擇是可以增加滿意度的。請參考 Benjamin Scheibehenne, Rainer Greifeneder, and Peter M. Todd (2010), "Can There Ever Be Too Many Options? A Meta-analytic Review of Choice Overload," *Journal of Consumer Research* 37: 409-25。

相關的討論還在繼續進行之中。如果我們有機會改寫前作《創意黏力學》或《改變，好容易》，我們會考慮是否繼續強調選項過多的相關研究結論。至於我們對「分頭並進」這種做法的建議，即使有二十個選項時會發生決策癱瘓的情況，但對於某些人來說，加上第二或第三選項是不會造成嚴重問題的，這也就是我們要建議的。再者，即使在小數量的多選項可能發生選項過多的麻煩，但根據納特教授的研究以及德國科技公司的案例，忍受選項過多的一點痛苦，有機會換得從二到三種選項中做選擇的好處。

⑥ Hans Georg Gemünden and Jürgen Hauschildt (1985), "Number of Alternatives and Efficiency in Different Types of Top-Management Decisions," *European Journal of Operational Research* 22: 178-90。在這項研究裡，用以回顧評估決策的程序是嚴謹的，四個回合，每次四小時（你上一次花四小時評估過去的決策是什麼時候？）。而且，從最後的成績分布來看，參與評估的主管們本身也是很強悍的。他們認爲很好的決策只有二六％，不好的有三四％，滿意可接受的有四○％。當然，從這些事證來看，這樣的結論是彼此相關的，而不是刻意安排的。研究人員還消除了一個主要的困擾，那就是無論是複雜或簡單的決策，多選項有更多好處。也就是說，並不是只有簡單的決策需要有更多選項。

⑦ Henry Kissinger (1979), *White House Years* (New York: Little, Brown), p.418.

⑧ 一般來說，我們在想「應該」怎麼做的時候，或是因爲責任、義務（當你跟小孩談到他擔任學生會長的事），或是在我們想到會有損失的時候（房價跌了）；或危險的時候（收音機裡的新科技）會啓動「避凶心智狀態」。而「趨吉心智狀態」的啓動，則是在我們想到目標、渴望（你兒子當上會長後的大目標）；或理想（你房子

裝修的構想）；以及當我們想到獲得與機會的時候（新科技）。在我們的生活裡，常會聽到用以描述這兩種心智狀態的言詞。「一失足成千古恨」、「一鳥在手…」、「三思而後行」等，可用來表述「避凶心智狀態」。「及時行樂」、「不入虎穴焉得虎子」、「當斷不斷，必受其害」則可用以表述「趨吉心智狀態」。

發現這種狀態的心理學家是哥倫比亞大學的辛吉斯（Tory Higgins），其二〇一三年的著作《聚焦》（*Focus: Use Different Ways of Seeing the World to Power Success and Influence*）即討論此議題。

⑨ Ranjay Gulati, Nitin Nohria, and Franz Wohlgezogen (2010), "Roaring Out of Recession," *Harvard Business Review*, March 2010, pp. 4-10.

⑩ 朵琳的故事來自 Susan Nolen-Hoeksema (2003), *Women Who Think Too Much: How to Break Free of Overthinking and Reclaim Your Life* (New York: Holt), pp.89-91。

4 找到曾解決類似問題的人

① 沃爾瑪二〇一二年的營業額取自 Michael T. Duke, "To Our Shareholders, Associates and Customers," http://www.walmartstores.com/sites/annual-report/2012/CEOletter.aspx。其他趣事：沃爾瑪是全世界第三大的雇主，僅次於美國國防部和中國的人民解放軍，見 Ruth Alexander, "Which Is the World's Biggest Employer?" *BBC News Magazine*, March 19, 2012, http://www.bbc.co.uk/news/magazine-17429786。如果沃爾瑪是一個國家，那它相當於世界第十九大經濟體，見 "Scary (but True) Facts About Wal-Mart," *Business Pundit*, July 1, 2012, http://www.businesspundit.com/stats-on-walmart/。你知道在澳洲、歐洲大陸和紐約沒有沃爾瑪嗎？見 Walmart, "Our Locations”；http://corporate.walmart.com/our-story/locations ； Matt Chaban, “Walmart in New York City: Just How Desperate Is the Retail Giant to Open in the Big Apple?” *Huffington Post*, August 6, 2012, http://www.huffingtonpost.com/2012/08/06/wal-mart-in-new-york-city-losing-fight-to-open-store_n_1748039.html。

② 集中式收銀台與「複製」的說法引自 Richard S. Tedlow (2003), *Giants of Enterprise: Seven Business Innovators in the Empires They Built* (New York: Collins), pp.336-39。其他幾個例子取自沃爾頓的自傳：Sam Walton and John Huey (1992), *Sam Walton: Made in America* (New York: Doubleday)。有關 Kmart 的部分參見第一〇四頁；折扣商店的部分見第五十四頁，發貨中心的部分參見第一〇二頁。沃爾頓說，在剛開始經營的幾年，沃爾瑪「規模太小，引不起市場大咖的注意」，於是他想辦法去這些折扣商店總部的所在地，並大聲說：「嗨！我是來自阿肯色州邊頓市的山姆．沃爾頓。我在那裡開了幾家店。」照他的說法，大多數人會願意跟他聊一聊。「可能是因爲好奇，」他說，「我會問他們很多有關訂價和發貨的問題，反正從他們那裡學到了很多。」請參見第一〇五頁。對這些折扣商店來說，就像養了隻可愛的小短吻鱷當寵物，有天鱷魚長大了，卻把家裡的狗吞下肚子。

③ 凱瑟帕曼內特的故事，取自二〇一二年八月奇普．希思與羅勃．波爾（Robert Pearl）、亞蘭．惠比及黛安．葛雷格幾位醫生的訪談內容。與前列腺癌和乳癌的統計數字比較，全美因敗血症死亡的病患估計在二十一萬到三十五萬人之間。取自 National Institutes of Health, “Sepsis Fact Sheet,” October 2009, http://www.nigms.nih.gov/education/factsheet_sepsis.htm。以上述數字區間的中間值來估算，如果所有醫院都比照凱瑟帕曼內特降低二八%的話，每年可以拯救的病患高達七萬八千人。根據二〇〇九年國家生命指標統計（National Vital Statistics）的數字，死於癌症的有四萬一千人，死於前列腺癌的有二萬八千人，見 Kenneth D. Kochanek, et al., “Deaths: Final Data for 2009,” *National Vital Statistics Reports* 60, no. 3 (December 29, 2011): 105 (http://www.cdc.gov/nchs/data/nvsr/nvsr60/nvsr60_03.pdf)。完全揭露：這是奇普請教凱瑟帕曼內特關於其醫療體系的諸多改革

後所寫的個案，但還未有機會與惠比或是葛雷格兩位醫生聊過。

④狄翁．休斯與馬克．強生的故事，來自奇普．希思在二〇一〇年九月與二〇一二年三月與休斯兩次訪談的內容。我們也曾與 StrawberryFrog 執行長史考特．古德森（Scott Goodson）聊過他和這兩位奇才工作的經驗。古德森這家廣告創意公司是以虛擬網絡的方式運作的，它聯結了世界各地數百位自由工作者，根據專案的需要找到相關人等參與工作，客戶包括菲多利（Frito-Lay）、海尼根（Heineken）、Google 以及 Smart Car 等。古德森接觸的是世界各地的創意工作者，但他對休斯與強生兩位提出的創意有高度評價：「跟他們工作，我會給他們幾天時間，之後再打電話，每次都有『X的，這眞是好到爆的點子』之感。他們思考的方式非常特別，有獨特的能力以策略性的角度，思考品牌和它們的未來。他們對世界各地的動態掌握得很清楚，並且可以把這些東西統統串在一起。」

⑤凱文．敦博「找到過去曾被解決的類似問題」以及「科學家似乎並不知道，這種類比的做法在他們解決問題的方式上扮演如此重要的角色」，取自 Kevin Dunbar (2000), "How Scientists Think in the Real World: Implications for Science Education," *Journal of Applied Developmental Psychology* 21: 49-58。其他的引述和觀察取自 Kevin Dunbar (1996), "How Scientists Really Reason," in *The Nature of Insight*, ed. Robert J. Sternberg and Janet E. Davidson (Boston: MIT Press)。

⑥Bo T. Christensen and Christian D. Schunn (2007), "The Relationship of Analogical Distance to Analogical Function and Preinventive Structure: The Case of Engineering Design," *Memory & Cognition* 35: 29-38.

⑦行銷人員使用「爬樓梯」這個名詞的時候，是指瞭解消費者核心需求的一種程序。比方說有個女孩用肥皀洗臉，行銷人員會用「爬樓梯」的概念繼續追問「爲什麼」，直到找到她深層的需求和欲望是爲了「美麗」爲止。對行銷人員來說，在這樣的樓梯往上爬的意義，是找尋更抽象層次的需求。我們用這個字眼，則比較是視覺上的意義，當你爬上樓梯的時候，可以看到更多、更廣以及距離更遠的類比。

⑧關於費爾赫思特泳裝設計的故事，自然歷史博物館的部分見 American Public Media, “The Waldo Canyon Fire,” *The Story* (hosted by Dick Gordon), June 29, 2012, available at http://thestory.org/archive/The_Story_62912.mp3/view。「粗糙是關鍵」以及「八三%的獎牌」之統計取自一段錄影資料，內容是費爾赫思特為什麼得到二○○九年歐洲發明者年度首獎的故事。見 http://www.epo.org/news-issues/european-inventor/finalists/2009/fairhurst.html。

⑨見 Peter Reuell, “A Swimsuit Like Shark Skin? Not So Fast,” *Harvard Gazette*, February 9, 2012, http://news.harvard.edu/gazette/story/2012/02/a-swimsuit-like-shark-skin-not-so-fast/（二○一二年九月十一日存取）。有趣的是，同一位科學家認為，司必得團隊在模仿鯊魚皮膚這事上做得不夠好。他認為，根據某些測試，新泳衣之所以速度會加快，主要是因為「魚雷」的概念。

⑩“Inventor Awards to Be Announced,” BBC, April 28, 2009, http://news.bbc.co.uk/today/hi/today/newsid_8022000/8022077.stm.

⑪禁止選手穿著某種特定纖維製成的泳衣參賽以及相關爭議，見 Deidre Crawford, “London Olympics: Advances in Swimwear for Athletes—and You,” *Los Angeles Times*, July 29, 2012, http://articles.latimes.com/2012/jul/29/image/la-ig-olympic-swimwear-20120729。

5 反向思考

①這部分的材料，包括四一%的溢價以及巴菲特的說法都來自 Mathew L. A. Hayward and Donald C. Hambrick

(1997), "Explaining the Premiums Paid for Large Acquisitions: Evidence of CEO Hubris," *Administrative Science Quarterly* 42: 103-27。我們引用了一段較長的版本，出自 Warren E. Buffett, "The Essays of Warren Buffett: Lessons for Corporate America," ed. Lawrence A. Cunningham, pp.137-39, http://bit.ly/fAQgBX。兩位學者的研究也顯示，當執行長支付溢價的時候，他們付出了更高的代價：當企業執行長爲購併支付高額溢價後，後來的經營績效顯著地惡化。

② Peter F. Drucker (2006), *The Effective Executive* (New York: HarperBusiness), p. 148.

③ William Hart, et al. (2009), "Feeling Validated Versus Being Correct: A Meta-analysis of Selected Exposure to Information," *Psychological Bulletin* 135: 555-58.

④ 有關魔鬼代言人的討論及其在天主教的角色，見 Paul B. Carroll and Chunka Mui (2008), *Billion Dollar Lessons: What You Can Learn from the Most Inexcusable Business Failures of the Last Twenty-Five Years* (New York: Portfolio Books)。尋求眞正反對意見的價值來自加州柏克萊大學三位教授的研究：Charlan Nemeth, Keith Brown, and John Rogers (2001), "Devil's Advocate Versus Authentic Dissent: Stimulating Quantity and Quality," *European Journal of Social Psychology* 31: 707-20。

⑤ Chip Heath, Richard P. Larrick, and Joshua Klayman (1998), "Cognitive Repairs: How Organizational Practices Can Compensate for Individual Shortcomings," *Research in Organizational Behavior* 20:1-37.

⑥ 羅傑・馬丁和礦場的故事，取自作者奇普・希思在二〇一二年三月到五月間跟馬丁、羅斯以及桑德斯的訪談內容。亦見於馬丁的部落格貼文："My Eureka Moment with Strategy, " *Harvard Business Review: HBR Blog Network*, May 30, 2010, http://blogs.hbr.org/martin/2010/05/the-day-i-discovered-the-most.html。「當你已經認爲用某種想法去解決某個問題是錯誤的時候」也取材於此。

⑦ 希爾茲法官給法律系畢業生的建議，見 U.S. District Court Judge Patrick J. Schiltz (1999), "On Being a Happy,

Healthy, and Ethical Member of an Unhappy, Unhealthy, and Unethical Profession," *Vanderbilt Law Review* 52: 945-48。我們曾在網路上發現 PDF 版原文，但網址不確定會永久存在，故不在此引述。建議搜尋「Schiltz unhappy unethical」，運氣好的話可以找到原文。

⑧ Julie A. Minson, Nicole E. Ruedy, and Maurice E. Schweitzer (2012), "There Is Such a Thing as a Stupid Question: Question Disclosure in Strategic Communication," Working paper, Wharton School of Business, University of Pennsylvania.

⑨ Allen Barbour (1995), *Caring for Patients* (Stanford, CA: Stanford University Press), pp. 10-12.

⑩ 這是羅徹斯特大學的貝克曼（Howard Beckman）博士在一九八四年和幾位同仁一起發表的研究，發表時造成了一陣恐慌。經過十五年，在醫學院教導醫學生要更以病患爲中心的努力下，貝克曼的團隊做了後續追蹤研究，結果發現醫生們進步了……增加到二十三秒。以這種速度進步的話，二〇一一年的病患在醫生打斷他的話之前，有一分鐘的說話時間。Meredith Levine, "Tell the Doctor All Your Problems, but Keep It to Less Than a Minute," *New York Times*, June 1, 2004, http://www.nytimes.com/2004/06/01/health/tell-the-doctor-all-your-problems-but-keep-it-to-less-than-a-minute.html。

⑪ Aaron T. Beck (1989), *Love Is Never Enough* (New York: HarperPerennial)。哥德思坦的研究請參見第二四八頁，凱倫和泰德的婚姻日記請參閱第二四五至二四六頁。

⑫ 茵卓拉・諾怡的引述，出自 "The Best Advice I Ever Got," *CNNMoney*, April 30, 2008, http://money.cnn.com/galleries/2008/fortune/0804/gallery.bestadvice.fortune/7.html。羅茄莉・阿諾西蒙絲的部分出自 Rochelle Arnold-Simmons, "Day 158 Honoring My Husband Beyond Affection," *I Will Honor My Husband*, July 22, 2011, http://iwillhonormyhusband.blogspot.com/2011/07/day-158-honoring-my-husband.html。工業科技的例子來自 Malia Spencer, "Conversational Nuances Come with Working in Asia," *Pittsburgh Business Times*, June 15, 2012, http://

www.bizjournals.com/pittsburgh/print-edition/2012/06/15/conversational-nuances-asia.html。

⑬ 反向思考見 Katherine L. Milkman, Dolly Chugh, and Max H. Bazerman (2009), "How Can Decision Making Be Improved?" *Perspectives on Psychological Science* 4: 379-85。反向思考看起來可減少某些特別棘手的偏見：第十章會討論的「過度自信」問題（就像本章談到的狂妄自大企業執行長），還有其他幾個很不一樣的偏見，像是「事後諸葛」的偏見，認爲所有事情的發生都是無可避免的；或過分看重某些數字的價值（例如根據去年的狀況來分配今年的預算，即使已知狀況發生重大改變）。

⑭ 建議書邀約刻意錯誤的故事，以及相關引述見 Paul J. H. Schoemaker (2011), *Brilliant Mistakes: Finding Success on the Far Side of Failure* (Philadelphia: Wharton Press)。「爲什麼要讓錯誤只能是意外發現的？」則來自二〇一二年八月奇普・希思和舒馬克的訪談資料。

⑮ John T. Molloy (2003), *Why Men Marry Some Women and Not Others* (New York: Warner Books), p. 73.

6 大範圍觀照，近距離檢視

① 玻里尼西亞樂園旅館的案例，漂亮的照片見 http://polynesian-resort.com/Amenities.html（二〇一一年七月八日存取）。最骯髒的旅館評價，請參考 http://www.tripadvisor.com/PressCenter-i4557-c1-Press_Releases.html（二〇一二年九月二十七日存取）。所有的評論取自 TripAdvisor，見 http://www.tripadvisor.com/ShowUserReviews-g54359-d259744-r115031196-Polynesian_Beach_Golf_Resort-Myrtle_Beach_South_Carolina.html#CHECK_RATES_CONT（二〇一一年七月八日存取）。「度過一個墮落的春假」是由 dangle2011 在二

○○九年十月二十七日貼上的（二○一二年九月二十七日存取）。

② 關於基本率的計算：使用基本率最大的挑戰，在於知道哪一個基本率是可信賴的。我們是要參考所有創業者的，或只參考開餐廳的人？或是在德州開餐廳的？或在奧斯丁的？或者是在奧斯丁開泰式料理餐廳的？任教於芝加哥大學商學院的決策專家克雷門建議了一種簡單的原則：範圍愈窄愈好，但樣本至少要有十到二十個。如果奧斯丁地區有十五家泰式料理餐廳，那就可以選這個集合做參考。如果只有六家，那最好把樣本擴大到奧斯丁地區的亞洲餐廳。

③ 康納曼的教科書編輯故事，取自康納曼二○○七年七月二十至二十二日在加州的盧瑟福（Rutherford）爲一群知名企業界人士（包括 Google 及 Amazon 創辦人）和科學家授課的內容，見 Daniel Kahneman, “A Short Course on Thinking About Thinking” (Edge Master Class 07, Rutherford, CA, July 20-22, 2007)。文字紀錄可見於 http://edge.org/3rd_culture/kahneman07/kahneman07_index.html。

④ 專家未必要是重量級的權威人士。與兩方互動相關的研究都顯示，只要願意採納別人的意見，通常會比較準確，即便另一位不是所謂的專家。在這類研究裡，一般都是聚集了同領域的專業人士，這些人會讓自己的意見占七○%的比重，他人的意見占三○%。然而，如果能讓他人的意見和自己的意見有相同比重，事情的結果通常會更好（有個研究是，受試者都有一位外國籍的夥伴做搭檔，結果顯示，人們即便是對與外國夥伴的國家相關之問題，都會讓自己的看法取得較大比重——六五%）。如果有比你知道多一點的人向你尋求諮商，那你可能會讓自己的意見比重低一點。Jack B. Soll and Richard P. Larrick (2009), “Strategies for Revising Judgment: How (and How Well) People Use Others’ Opinions,” *Journal of Experimental Psychology: Learning, Memory, and Cognition* 35: 780-805。

⑤ 來自奇普．希思和布萊恩在二○一二年七月的訪談。

⑥ 布萊恩最後的決定是跳脫自己的想法，從其他人（他的女兒）眼中看問題。這跟第一章安迪．葛洛夫的做法

是相同的。在後續克服短期情緒的篇章中，我們會再次談到，如何透過社會距離的模擬（simulating social distance）問出：「你會勸你的朋友怎麼做？」當我們拉出一點距離，跨出短期情緒的迷霧，優先順序通常會馬上變得很清楚。

⑦這段落裡的幾個例子取自 Lorraine Ashley Riley, "A Finger in Every Pie: FDR's Mastery of Alternative Channels of Information Gathering," in *A Dialogue on Presidential Challenges and Leadership: Papers of the 2006-2007 Center Fellows* (Washington: Center for the Study of the Presidency and Congress, 2007), pp. 22-32，亦見於 http://www.thepresidency.org/storage/documents/Vater/Section1.pdf。羅斯福總統從民眾來信中掌握訊息的做法，在科學化的民意調查尚未成形之前是很特別的。幕僚在「某個地方的大石頭底下找到雞毛蒜皮的新鮮事」，取自 Richard E. Neustadt (1960), *Presidential Power: The Politics of Leadership* (New York: Wiley), p. 132。關於「用鼻子嗅嗅外面的氣氛」（第四九八頁）、羅斯福夫人的相關引述、易凱思的抱怨（第五二四頁），以及什麼事都要插上一手（第五二八頁），取自 Arthur M. Schlesinger (1958), *The Coming of the New Deal* (New York: Houghton Mifflin)。有趣的是，羅斯福總統很瞭解「專家未必要是重量級的權威人士」。他會詢問訪客一些不屬於他們領域的問題。有時在會議裡逮到聰明的人，會安排在接續的會議裡再跟他聊上一個鐘頭，各式各樣的主題都聊。史列辛格（Schlesinger）認爲：「所有這類被認爲是小心眼的做法，卻讓他在沒人有把握的事情上，擴增了採取行動的廣度。」（第四九八頁）這種把不同見解的人找到房間裡，問他一些駁斥性的問題，其實是非常好的「擴增更多選項」和「眞實驗證假設」的技巧。

⑧主管輪値客服部門總指揮與「聚焦五百」計畫引自 Bertrand Marotte, "The New Xerox Battle Cry," *Globe and Mail*, October 15, 2005, p. B3。財務相關訊息來自 Kevin Maney, "Mulcahy Traces Steps of Xerox's Comeback," *USA Today*, September 21, 2006, p. B4。

⑨「現場」（genba）引自維基百科，見 http://en.wikipedia.org/wiki/Gemba。

⑩ 來自奇普・希思與保羅・史密斯在二〇一二年二月、七月兩次訪談的內容。

7 試水溫

① 取自二〇一〇年十二月奇普・希思與漢克斯的訪談，以及二〇一一年四月丹・希思與漢克斯的訪談。

② 見 http://www.hunter.cuny.edu/pt/admissions/clinical-experience-requirement。

③ Matthew McKay, Martha Davis, and Patrick Fanning (2011), *Thoughts and Feelings: Taking Control of Your Moods and Your Life*, 4th ed. (Oakland, CA: New Harbinger Publications).

④「先開槍再炮轟」是吉姆・柯林斯以及摩坦・韓森在探討產品錯置市場時，哪些企業存活了下來。他們發現，生存下來的企業多半在簡單低成本的市場測試完成前，是不會下大賭注在創新的事物上的。而那些倒下的企業卻好像是真的在做「創新」，但在測試前就全部賭進去，經常是一敗塗地。Jim Collins and Morten T. Hansen (2011), *Great by Choice: Uncertainty, Chaos, and Luck—Why Some Thrive* (New York: HarperBusiness)；Peter Sims (2011), *Little Bets: How Breakthrough Ideas Emerge from Small Discoveries* (New York: Free Press)。

⑤ Philip E. Tetlock (2005), *Expert Political Judgment: How Good Is It? How Can We Know?* (Princeton, NJ: Princeton University Press)。給專家們回答的問題，請參考第二四六至二四七頁。「天沒有塌下來」這部分，請參考這書第 xiv 頁的導論。副標題很精湛的學術論文請參考 Colin F. Camerer and Eric J. Johnson (1991), "The Process-Performance Paradox in Expert Judgment: How Can the Experts Know So Much and Predict So Badly?" in *Toward a General Theory of Expertise: Prospects and Limits*, ed. K. A. Ericsson and J. Smith (Cambridge, England: Cambridge

University Press), pp. 195-217。

⑥ 取自訪談："Andy Zimmerman on How Fresh Ideas Turn into Real, Live Internet-Related Companies at idealab!" *Business News New Jersey* 13 (September 26, 2000), p. 15。

⑦ 莎拉思瓦西針對創業者和企業高階主管的研究，請參考 Saras D. Sarasvathy (2002), "What Makes Entrepreneurs Entrepreneurial?" Working paper, Darden Graduate School of Business Administration。引用的部分出自ＰＤＦ版的第六頁，http://papers.ssrn.com/sol3/papers.cfm?abstract_id=909038。另一篇經常被引用的論文可參考 Leigh Buchanan: "How Great Entrepreneurs Think," *Inc.*, February 1, 2001, http://www.inc.com/magazine/20110201/how-great-entrepreneurs-think_pagen_2.html。

⑧ 史考特・庫克的 Intuit 印度團隊，取自二〇一一年八月奇普・希思與庫克的訪談內容。「當老闆做決策時，可能是因為政治、說服以及簡報」引自庫克的演說，見 "Leadership in an Agile Age" (lecture at Innovation 2011: Entrepreneurship for a Disruptive World conference, March 2011), http://network.intuit.com/2011/04/20/leadership-in-the-agile-age/。

⑨ 面談的預測能力有限，見 David G. Myers (2002), *Intuition: Its Power and Perils* (New Haven, CT: Yale University Press), p.189。有關「面談的幻影」請參考第一九〇至一九一頁。這部分我們也曾經發表，見 "Why It Might Be Wiser to Hire People Without Meeting Them," *Fast Company*, June 2009。

⑩ 德州大學醫學院的經驗引自 Robyn M. Dawes (1994), *House of Cards: Psychology and Psychotherapy Built on Myth* (New York: Free Press), pp.87-88。

⑪ 取自二〇一一年五月奇普・希思和寇爾的訪談內容。

8 克服短暫的情緒

① Chandler Phillips, "Confessions of a Car Salesman," Edmunds.com, January 18, 2001, http://www.edmunds.com/car-buying/confessions-of-a-car-salesman.html.

② 安德魯・哈蘭買車的故事來自一本很棒的書：Andrew Hallam (2011), *Millionaire Teacher: The Nine Rules of Wealth You Should Have Learned in School* (New York: Wiley)。他在第一章談到自己買車的方法，以及如何節儉度日。規則一：用想成爲富翁的方式花錢。

③ Suzy Welch (2009), *10/10/10* (New York: Scribner)。魏爾許提出的這個決策建議，是全世界最聰明且最簡單的方法。

④ 安妮和卡爾（兩個名字都是虛構的）的故事，取自二〇一二年五月丹・希思和「安妮」的訪談，以及二〇一二年八月之後往返的電子郵件。

⑤ 黑板寫字的研究，來自 Rick Crandall (1972), "Field Extension of the Frequency-Affect Findings," *Psychological Reports* 31: 371-74。羅伯・查瓊克對單純曝光的研究，是社會心理學研究上最常被引用的經典論文：Robert Zajonc (1968), "Attitudinal Effects of Mere Exposure," *Journal of Personality and Social Psychology* 9: 1-27。正反臉部相片的研究來自 Theodore H. Mita, Marshall Dermer, and Jeffrey Knight (1977), "Reversed Facial Images and the Mere Exposure Hypothesis," *Journal of Personality and Social Psychology* 35: 597-601。「重複足以誘發相信」取自 Alice Dechêne, et al. (2010), "The Truth About the Truth: A Meta-analytic Review of the Truth Effect," *Personality and Social Psychology Review* 14: 238-57。

⑥ 討論「害怕失去」的第一篇經典論文是 Daniel Kahneman and Amos Tversky (1979), "Prospect Theory: An Analysis of Decision Under Risk," *Econometrica* 47: 263-92。這篇由兩位心理學家完成的論文，刊登在被喻爲技術經濟學界最高殿堂的期刊上，已成爲該期刊被引用次數最多的論文。在康納曼獲得諾貝爾獎、表彰他的諸多成就時，這篇論文是其中之一（不幸的是，另一位作者阿默斯．特佛斯基早幾年前就過世了）。丟銅板的研究也出自這篇論文。

⑦ 購買產品保險的研究取自 David M. Cutler and Richard Zeckhauser (2004), "Extending the Theory to Meet the Practice of Insurance," Working paper, Harvard University。

⑧ 咖啡馬克杯的研究見 Daniel Kahneman, Jack L. Knetsch, and Richard Thaler (1990), "Experimental Tests of the Endowment Effect and the Coase Theorem," *Journal of Political Economy* 98: 1325-48。

⑨ PayPal 一開始其實叫作 Confinity，PayPal 是這家公司發展出來的產品。經過一次購併後，公司才改名爲 PayPal。爲了簡化，我們就以 PayPal 稱之。這個案例研究來自一本有趣的書，作者是潔西卡．李文思頓，她訪問了三十多家新創公司的創辦人，包括 Craigslist、Adobe 及 Hotmail 等。見 Jessica Livingston (2008), *Founders at Work: Stories of Startup's Early Days* (New York: Apress), pp. 1-17。

⑩「解釋水平理論」是新的研究領域，也有幾篇非研究人員的作品。見 Yaacove Trope and Nira Liberman (2010), "Construal Level Theory of Psychological Distance," *Psychological Review* 117: 440-63，這篇論文是很好的文獻回顧。

⑪ Laura Kray and Richard Gonzalez (1999), "Weighting in Choice Versus Advice: I'll Do This, You Do That," *Journal of Behavioral Decision Making* 12: 207-17.

⑫ Amy H. Beisswanger, et al. (2003), "Risk Taking in Relationships: Differences in Deciding for Oneself Versus for a Friend," *Basic and Applied Social Psychology* 25: 121-35.

9 尊重核心優先事項

① 取自丹・希思二〇一二年二月與金・拉米雷茲的訪談內容。金・拉米雷茲與喬許是虛構的人名，但故事情節是真實的。

② 有關英特普拉思特的討論，來自史丹佛大學商學研究所的教學個案及影片：Jim Phills (2006), “Interplast’s Dilemma,” Stanford Graduate School of Business, Case SI-14。「這個立場的確定，改變了所有的事」與其他背景細節，引自二〇一二年三月奇普・希思與蘇珊・海耶思的訪談內容。

③ 戴爾電腦的「韋恩原則」：取自奇普・希思在二〇一一年十一月與二〇一二年七月與韋恩・羅伯茲的兩次訪談內容。

④ Morgan W. McCall and Robert E. Kaplan (1990), *Whatever It Takes: The Realities of Managerial Decision-Making* (Upper Saddle River, NJ: Prentice-Hall), p.40.

⑤ Jim Collins, “Best New Year’s Resolution? A ‘Stop Doing’ List,” *USA Today*, December 30, 2003.

⑥ Captain D. Michael Abrashoff (2002), *It’s Your Ship: Management Techniques from the Best Damn Ship in the Navy* (New York: Business Plus)。清單 A／清單 B 的故事，請參考第四十六至四十八頁。

⑦ Daniel H. Pink, “The Power of an Hourly Beep,” October 24, 2011, http://www.danpink.com/archives/2011/10/the-power-of-an-hourly-beep。彼得・布列格曼的書對於如何移除讓人分心之事、專注在優先事項上，提出了很多好建議：Peter Bregman (2011), *Eighteen Minutes* (New York: Business Plus)。

10 拉出未來的區間

① 拜隆．潘思塔克和銅板之星的投資，取自丹．希思與潘思塔克在二〇一一年九月、二〇一二年三月和二〇一二年八月的三次訪談內容。相關營收與機台的數字來自銅板之星的年報。當潘思塔克在十月賣掉股票後，銅板之星的股價在十一月二十四日飆漲到六十六．九八美元的歷史高價，之後就在下個月開始下滑。當然，潘思塔克也希望自己是在十一月賣的。不過，對於在次高點賣掉所有股票，他並不覺得有什麼不妥。如果他當時沒賣，股票就會漲到他所訂區間的上限，這並不是他想賭的事。

② 我們對這主題的完整說明，請參考〈恐怖的共同基金〉（The Horror of Mutual Funds）一文，收錄在我們的選集《車庫神話》（*The Myth of the Garage*）中，可至以下網址免費閱讀：http://www.heathbrothers.com/the-myth-of-the-garage/。關於指數型基金的優點，若想參考更明晰且易懂的研究，請見百萬富翁教師安德魯．哈蘭於二〇一一年出版的《我用死薪水輕鬆理財賺千萬》，關於法則三的章節，引用了四位諾貝爾獎得主建議投資指數型基金的策略，也可從中瞭解一般共同基金的成本與費用。他引述一篇發表在《投資組合管理月刊》（*Journal of Portfolio Management*）的文章，指出在十五年的期間，有九六%的共同基金之績效低於指數型基金。個別投資人的狀況更糟，尤其是因過度自信而頻繁交易者。見 Brad M. Barber and Terrance Odean (2001), “Boys Will Be Boys: Gender, Overconfidence, and Common Stock Investment,” *Quarterly Journal of Economics* 116: 261-92。

③ 八〇%信心度的研究取自 Jack B. Soll and Joshua Klayman (2004), “Overconfidence in Interval Estimates,” *Jour-*

nal of Experimental Psychology: Learning, Memory, and Cognition 30, 299-314。與安潔莉娜・裘莉有關的票房統計請參考 http://boxofficemojo.com/people/chart/?view=Actor&id=angelinajolie.htm。

④ 跟美國總統有關的部分乃受到 Jay E. Russo and Paul J. H. Schoemaker (2002), *Winning Decisions* (New York: Currency/Doubleday), pp. 111-12 的啓發。員工的情況來自最初的研究：Deborah J. Mitchell, J. Edward Russo, and Nancy Pennington (1989), "Back to the Future: Temporal Perspective in the Explanation of Events," *Journal of Behavioral Decision Making* 2: 25-38。

⑤ Gary Klein (2009), *Streetlights and Shadows: Searching for the Keys to Adaptive Decision Making* (Cambridge, MA: MIT Press), pp. 63, 235-236.

⑥ FMEA和馬龍的故事取自丹・希思與幾位相關人士的訪談內容，包括二〇一一年九月與克麗絲提娜・康什默菲、貝絲・桑德和潔西卡・凡娜嘉斯（Jessica Venegas，社區解方的團隊成員）；二〇一二年七月與馬提・羅德的訪談，以及定期與蓓姬・康妮絲溝通。「十萬家園計畫」的啓動見 "100,000 Homes Campaign Launch Video," http://100khomes.org/blog/watch-100000-homes-campaign-launch-video。克麗絲提娜・康什默菲曾在醫療改善協會（IHI）工作，此組織曾發起「拯救十萬生命計畫」（100,000 Lives Campaign），且非常成功——這是令人難以置信的故事，很多人都寫過（請參考我們的著作《改變，好容易》第一章）。

⑦ 鎖住塑膠瓶供應商的故事取自 Hugh Courtney (2001), *20/20 Foresight: Crafting Strategy in an Uncertain World* (Boston: Harvard Business School Press), pp.60-61。故事細節請參考哈佛商學院的案例研究 Adam Brandenburger and Vijay Krishna (1995), "Minnetonka Corporation: From Softsoap to Eternity" (HBS case 9-795-163)。

⑧ 美國的讀者或許會記得二〇〇九年全美航空（US Airway）一五四九號班機經歷此類事件的精彩故事。見 http://en.wikipedia.org/wiki/US_Airways_Flight_1549。

⑨ Wayne Hale, "Factors of Safety," *Wayne Hale's Blog*, http://blogs.nasa.gov/cm/blog/waynehalesblog/posts/

post_1229459081779.html.

⑩ Michael A. Cusumano and Richard Selby (1995), *Microsoft Secrets* (New York: Free Press), p. 94.

⑪ 依歐富電話客服中心個案研究，來自兩位作者於二〇一一年八月、九月與依歐富執行長辛姆可夫的訪談內容。

⑫ Jean M. Phillips (1998), "Effects of Realistic Job Previews on Multiple Organizational Outcomes: a Metaanalysis," *Academy of Management Journal* 41: 673-90.

11 設置絆腳索

① 「被遺忘的鞋子」有很多報導，例如 Jim Ryan, "Outstanding Customer Service Beyond Zappos," *Interactive Depot*, May 15, 2012, http://talk2rep-call-centers-idea-depot.com/tag/zappos/。白色百合和玫瑰的故事取自 Meg Marco, "Zappos Sends You Flowers," *The Consumerist*, October 16, 2007, http://con.st/311369。奇普・希思與瓊・烏思柯的訪談在二〇一一年八月。

② 見 http://www.youtube.com/watch?v=nBJV56WUDng（這段影片裡宣稱猴子都是這樣剝香蕉皮的。但只要花幾分鐘在 YouTube 上找找，你會發現猴子根本是一口就往中間咬下去）。柯斯克納在二〇一一年八月還回了封信給我們，說另一個讓他很有感覺的影片是瑪莎・史都華（Martha Stewart）怎麼摺 T 恤。「對我來說，洗衣服最困難的事就是怎麼把衣服摺好，可以讓我節省時間的任何方法，對我都會有幫助。」請見 http://www.youtube.com/watch?v=Jvcuy4k17DI。關於和家人一起晚餐時的良好對話氣氛，奇普和家人從如何當父母的課

程中借用了一種方法，稱爲「傷心、生氣、高興」的技巧。餐桌上的人輪流說一個當天讓自己傷心或生氣或高興的事。到目前爲止對二到十歲的小孩效果很好，但我們不敢保證對青春期的小孩管用。

③ 柯達的故事請參考 Paul B. Carroll and Chunka Mui (2008), *Billion Dollar Lessons: What You Can Learn from the Most Inexcusable Business Failures of the Last Twenty-five Years* (New York: Portfolio), pp.88-100。市値的歷史數據取自 Wolfram Alpha，見 http://www.wolframalpha.com/input/?i=market+cap+eastman+kodak+history&dataset=（二〇一一年七月二十日存取）。

④ Amos Tversky and Eldar Shafir (1992), “Choice Under Conflict: The Dynamics of Deferred Decision,” *Psychological Science* 3: 358-61.

⑤ 經濟與社會研究院的例子引自 Colin Camerer, et al. (2003), “Regulation for Conservatives: Behavioral Economics and the Case for ‘Asymmetric Paternalism,’” *University of Pennsylvania Law Review* 151: 1211-54。

⑥ 小餅乾的研究見於 Dilip Soman and Amar Cheema, “The Effects of Partitioning on Consumption,” *Rotman*, Spring 2008, pp. 20-24。領取日薪工作者的研究引自 Dilip Soman, “Earmarking Money,” *Rotman*, Fall 2009, pp. 96-98。

⑦ Chip Heath (1995), “Escalation and De-escalation of Commitment in Response to Sunk Costs: The Role of Budgeting in Mental Accounting,” *Organizational Behavior and Human Decision Processes* 62: 38-54.

⑧ 與凱特・梁、卡拉・昂思特的談話，取自奇普・希思在二〇一一年三月與她們兩位的訪談。報導相關工作的論文見 Paul J. Sharek, et al. (2007), “Mortality and Code Rates Outside the ICU in a Children’s Hospital,” *Journal of the American Medical Association* 298: 2267-74。

⑨ 與彼得・杜拉克相關的引述見 Drucker Institute, “We’ll Accept It if You Like This Post for Reasons We Didn’t Anticipate,” *Drucker Exchange*, November 14, 2011, http://thedx.druckerinstitute.com/2011/11/well-accept-it-if-you-like-this-post-for-reasons-we-didnt-anticipate/。落建的故事取自維基百科 http://en.wikipedia.org/wiki/Minoxidil。

威而剛的故事見“Viagra: A Chronology,” *Viagra.md*, http://www.about-ed.com/viagra-history。記者所言引述自Simon Davies, “The Discovery of Viagra,” *Biotech/ Pharmaceuticals@Suite101*, August 1, 2007, http://suite101.com/article/the-discovery-of-viagra-a27733。

⑩ “When You Learn a New Word and Then Suddenly Start Seeing It Everywhere,” *1000 Awesome Things*, April 20, 2010, http://1000awesomethings.com/2010/04/20/523-when-you-learn-a-new-word-and-then-suddenly-start-seeing-it-everywhere/.

12 信任程序

① Paul C. Nutt (2005), “Search During Decision Making,” *European Journal of Operational Research* 160: 851-76。在決策品質方面，討價還價而來的決策，第三方的評價通常是「令人滿意的」或「傑出的」。以時間優勢來比較納特研究的兩種決策模式：最佳構想（championed idea）與討價還價（bargain）。最佳構想來自某個概念提倡者發現一件有益的事，然後說服組織去做（我們應該跟某公司引進同樣的訂單處理系統，那樣比較有效率！）。這是媒體經常頌揚的創新形式：發現一個超棒的構想！支持創新者！由於這類想法已有特定方向，所以決策的速度也很快，平均為六個月。在納特的資料庫裡，一般決策的平均時間是九個月。討價還價後的決策則是七個半月（還是比平均速度要快些，很有趣吧）。

但最佳構想的決策速度雖快，在執行階段卻比較痛苦。做了決策之後，最佳構想的執行率只有五六％，而討價還價後的決策則有七九％。幾年後再回頭檢視，前者完全執行的比率僅四〇％，後者則有七五％。這表示，最佳構想在決策階段有速度快的優勢，卻犧牲了執行階段的速度與最後的成果。（請注意，納特稱「最佳構想」為「突發的機遇」〔emergent opportunity〕——但我們認為「最佳構想」是比較精準的用語。）

② 有關麥可、卡羅斯與珍的相對幸福之結論，乃基於強大的統計交互作用效應，見 Joel Brockner and Batia M. Wisenfeld (1996), "An Integrative Framework for Explaining Reactions to Decisions: Interactive Effects of Outcomes and Procedures," *Psychological Bulletin* 120: 189-208。

③ 奇普記得努金是在大約一九八九年的一場決策／談判研討會上發表這番評論。因為十分驚人，所以奇普自那時起便一直記著這番話。

④ 處理反對意見的方法取自 Dave Hitz (2009), *How to Castrate a Bull: Unexpected Lessons on Risk, Growth, and Success in Business* (San Francisco: Jossey-Bass), p. 152。這本書具啓發性且有趣，每個致力於發展業務的企業家，書單上一定要有這本書。

⑤ 個案資料取自兩位作者與麥特．達立葛的五次訪談。時間分別在二〇一〇年六月、八月，以及二〇一一年二月、三月、七月。

⑥ Nina Hattiangadi, Victoria Husted Medvec, and Thomas Gilovich (1995), "Failing to Act: Regrets of Terman's Geniuses," *International Journal of Aging and Human Development* 40: 175-85。一九二〇年代，史丹佛大學的心理學家特曼（Lewis Terman）找了一群智商極高的小孩作為研究對象，研究人員持續追蹤這些天才直到上個世紀快結束時，這些人都死亡為止。但即便是這些很成功、很有成就的人，因為「有事情沒去做而感到後悔」與「後悔做了一些事情」的比例是四比一。研究人員發現，短時間內我們後悔的是我們做了不該做的事，但長期而言，我們後悔的是該做而沒做的事。這份研究引述了詩人惠迪爾（John Greenleaf Whittier）的詩句：「在所有言談和書寫的可悲字語之中，最可悲的莫過於『悔不當初』。」（"Of all sad words of tongue or pen, the saddest are these: 'it might have been' ", p. 176）。

個案診療室

① Jennifer Alsever (January 24, 2012). "Case Study: To Sue or Not to Sue." *Inc.*, http://www.inc.com/magazine/201202/case-study-the-rival-mixed-chicks-sally-beauty.html.

國家圖書館出版品預行編目資料

零偏見決斷法：如何擊退阻礙工作與生活的四大惡棍，用好決策扭轉人生/奇普・希思(Chip Heath),丹・希思(Dan Heath)著；程嘉君譯. -- 二版. -- 臺北市：大塊文化出版股份有限公司, 2024.04
388面；14.8×21公分. -- (from；96)
譯自：Decisive : how to make better choices in life and work
ISBN 978-626-7388-66-2(平裝)
1.CST: 思考　2.CST: 決策管理

176.4　　102022845

L O C U S

LOCUS